普通高等教育新能源科学与工程系列教材

综合能源建模与优化

杨东升　张化光　周博文　著

机械工业出版社

本书通过分析我国经济、环境、资源及技术等因素并结合我国现有的能源体制情况，阐述了建设综合能源系统对推进我国能源系统转型的重要性。书中重点介绍了综合能源建模和优化相关理论与技术，包括综合能源系统概述以及综合能源系统的建模、优化求解方法、配置优化、运行优化、效益评价体系、典型案例这7个方面的内容。本书旨在解决综合能源系统目前所面临的能源利用率低、能源风险高等问题。

本书可以为能源动力专业学生提供理论参考，同时也可供能源电力行业从业者以及相关科研工作者参考。

图书在版编目（CIP）数据

综合能源建模与优化 / 杨东升，张化光，周博文著 .—北京：机械工业出版社，2021.12

ISBN 978-7-111-69461-8

Ⅰ.①综… Ⅱ.①杨… ②张… ③周… Ⅲ.①能源战略-研究-中国 Ⅳ.①F426.2

中国版本图书馆 CIP 数据核字（2021）第 218102 号

机械工业出版社（北京市百万庄大街 22 号 邮政编码 100037）
策划编辑：王雅新 责任编辑：王雅新 聂文君
责任校对：潘 蕊 王明欣 封面设计：马若濛
责任印制：常天培
北京机工印刷厂印刷
2022 年 3 月第 1 版第 1 次印刷
184mm×260mm · 12.5 印张 · 303 千字
标准书号：ISBN 978-7-111-69461-8
定价：59.00 元

电话服务 网络服务

客服电话：010-88361066 机 工 官 网：www.cmpbook.com
　　　　　010-88379833 机 工 官 博：weibo.com/cmp1952
　　　　　010-68326294 金 书 网：www.golden-book.com
封底无防伪标均为盗版 机工教育服务网：www.cmpedu.com

前　言

随着化石能源过度消费和自然环境问题恶化，推进国家能源转型、构建综合能源系统势在必行。推动能源变革转型，解决我国能源发展深层次的矛盾和问题，关键是要打造以清洁主导、电为中心、互联互通的中国能源互联网，实现能源生产从"一煤独大"向清洁主导的转变，能源消费从化石能源为主向电为中心的转变，能源配置从就地平衡向大范围互联互通的转变。随着能源绿色转型的加速，电、热、气、交通等能源之间的耦合越来越强，综合能源系统作为综合了能源生产、输送和消费的复杂系统，通过使用清洁能源替代传统化石能源，优化能源供应模式，能够有效减少化石燃料的消耗量，并降低社会发展对传统化石燃料的依赖性。为了提高能源利用效率，实现清洁能源规模化开发，提高社会能源供用灵活性与安全性，亟需推动我国能源结构转型，构建综合能源系统，因此，本书在综合能源系统的通用建模、运行优化、仿真计算等方面开展相关研究。全书共分为7个章节。第1章概述了综合能源系统的含义、发展历程、综合能源建模和优化技术。第2章介绍了综合能源系统的典型设备模型、供能网络模型以及综合能源枢纽模型，典型设备模型包括发电单元模型、负荷单元模型和储能单元模型，供能网络模型包括电力网络、热力网络、天然气网络和交通网络模型，综合能源枢纽模型包括能源转换模型、能源存储模型等。第3章阐述了综合能源系统优化的两类主要求解方法：数学优化精确算法和智能优化算法，为后续对综合能源系统的运行优化求解奠定了基础。第4章介绍了能源枢纽、电—气综合能源系统、电—热综合能源系统以及电—气—热综合能源系统的配置优化，设计了合理的优化配置方案，实现对不同综合能源系统的最优配置。第5章介绍了能源枢纽、电—气综合能源系统、电—热综合能源系统以及电—气—热综合能源系统的运行优化，通过优化各种综合能源系统的运行状态，满足系统稳定、经济运行的同时，提高能源利用效率。第6章介绍了综合能源系统的效益评价体系，概述了经济、安全、环境、社会效益四种评价指标和TOPSIS法、层次分析法、模糊综合评价方法三种评价方法。第7章介绍了典型综合能源系统案例，着眼于近些年来各地区综合能源系统的建设，可为我国未来能源系统的发展提供可行之路。本书由东北大学杨东升教授、张化光教授、周博文副教授编写，本书内容若有不到和不妥之处，恳请读者见谅并予以指正！

编　者

目 录

前 言

第1章 综合能源系统 ... 1
1.1 综合能源系统概述 ... 1
1.1.1 什么是综合能源系统 ... 1
1.1.2 综合能源和传统能源的区别 ... 1
1.1.3 综合能源系统亟需解决的问题 ... 2
1.1.4 综合能源系统的建设目的 ... 5
1.2 综合能源发展历程 ... 7
1.2.1 综合能源技术国内发展历程 ... 7
1.2.2 综合能源技术国外发展历程 ... 8
1.3 综合能源建模与优化技术 ... 9
1.3.1 综合能源系统建模 ... 9
1.3.2 综合能源系统优化 ... 9
1.4 小结 ... 10

第2章 综合能源系统的建模 ... 11
2.1 综合能源系统典型设备模型 ... 11
2.1.1 供能设备模型 ... 11
2.1.2 用能设备模型 ... 15
2.1.3 能源存储设备模型 ... 18
2.2 综合能源供能网络模型 ... 20
2.2.1 电力网络模型 ... 21
2.2.2 热力网络模型 ... 21
2.2.3 天然气网络模型 ... 22
2.2.4 交通网络模型 ... 22
2.3 综合能源枢纽模型 ... 23
2.3.1 能源转换模型 ... 24
2.3.2 能源存储模型 ... 28
2.3.3 考虑需求响应的能量枢纽模型 ... 30
2.4 小结 ... 31

第3章 综合能源系统优化求解方法 ... 32
3.1 数学优化算法 ... 32
3.1.1 拉格朗日松弛法 ... 32
3.1.2 内点法 ... 33
3.1.3 线性规划法 ... 34
3.1.4 分支定界法 ... 34
3.2 智能优化算法 ... 35
3.2.1 蚁群算法 ... 35
3.2.2 模拟退火算法 ... 37
3.2.3 神经网络算法 ... 39
3.2.4 禁忌搜索算法 ... 41
3.2.5 粒子群算法 ... 41
3.2.6 遗传算法 ... 43
3.3 小结 ... 44

第4章 综合能源系统配置优化 ... 45
4.1 能源枢纽配置优化 ... 45
4.1.1 目标函数 ... 45
4.1.2 约束条件 ... 48
4.1.3 优化求解 ... 49
4.1.4 算例分析 ... 52
4.2 电-气综合能源系统配置优化 ... 55
4.2.1 目标函数 ... 55
4.2.2 优化求解 ... 56
4.2.3 算例分析 ... 57
4.3 电-热综合能源系统配置优化 ... 61
4.3.1 目标函数 ... 62
4.3.2 约束条件 ... 63
4.3.3 优化求解 ... 64
4.3.4 算例分析 ... 65
4.4 电-热-气综合能源系统配置优化 ... 70
4.4.1 目标函数 ... 70
4.4.2 约束条件 ... 70
4.4.3 优化求解 ... 70
4.4.4 算例分析 ... 72
4.5 小结 ... 75

第5章 综合能源系统运行优化 ... 76
5.1 能源枢纽运行优化 ... 76

5.1.1　目标函数 ………………………… 76
　5.1.2　约束条件 ……………………… 76
　5.1.3　优化求解 ……………………… 78
　5.1.4　算例分析 ……………………… 78
5.2　电-气综合能源系统运行优化 ……… 85
　5.2.1　目标函数 ……………………… 85
　5.2.2　约束条件 ……………………… 86
　5.2.3　优化求解 ……………………… 87
　5.2.4　算例分析 ……………………… 88
5.3　电-热综合能源系统运行优化 ……… 91
　5.3.1　目标函数 ……………………… 92
　5.3.2　约束条件 ……………………… 93
　5.3.3　算例分析 ……………………… 95
5.4　电-气-热综合能源系统运行优化 …… 114
　5.4.1　目标函数 ……………………… 115
　5.4.2　约束条件 ……………………… 116
　5.4.3　优化求解 ……………………… 118
　5.4.4　算例分析 ……………………… 120
5.5　小结 ………………………………… 127

第6章　综合能源系统效益评价体系 …… 128

6.1　综合能源系统综合效益分析 ……… 128
6.2　综合能源系统效益评价指标 ……… 129
　6.2.1　经济效益评价指标 …………… 129
　6.2.2　安全效益评价指标 …………… 129
　6.2.3　环境效益评价指标 …………… 130
　6.2.4　社会效益评价指标 …………… 130
6.3　综合能源系统效益评价方法 ……… 131

　6.3.1　TOPSIS法 ……………………… 131
　6.3.2　层次分析法 …………………… 133
　6.3.3　模糊综合评价方法 …………… 137
6.4　综合能源系统效益评价案例 ……… 139
6.5　小结 ………………………………… 150

第7章　典型综合能源系统案例 ………… 151

7.1　中央创新区 ………………………… 151
　7.1.1　资源分析 ……………………… 151
　7.1.2　用能负荷预测分析 …………… 153
　7.1.3　配置方案研究 ………………… 161
　7.1.4　能源站负荷汇总 ……………… 163
　7.1.5　综合能源投资及收益分析 …… 164
7.2　农村 ………………………………… 166
　7.2.1　基本用能情况 ………………… 166
　7.2.2　用能负荷预测分析 …………… 166
　7.2.3　优化策略研究 ………………… 167
7.3　医院 ………………………………… 173
　7.3.1　基本用能情况 ………………… 173
　7.3.2　用能负荷预测分析 …………… 173
　7.3.3　配置方案研究 ………………… 175
7.4　海岛 ………………………………… 184
　7.4.1　资源分析 ……………………… 184
　7.4.2　用能负荷预测分析 …………… 186
　7.4.3　优化策略研究 ………………… 187
7.5　小结 ………………………………… 190

参考文献 ……………………………………… 191

综合能源系统

综合能源系统是指一定区域内利用先进的物理信息技术和创新管理模式,整合区域内煤炭、石油、天然气、电能和热能等多种能源,实现多种异质能源子系统之间的协调规划、优化运行、协同管理、交互响应和互补互济。在满足系统内多元化用能需求的同时,有效地提升能源利用效率,促进能源可持续发展的新型一体化的能源系统。

1.1 综合能源系统概述

1.1.1 什么是综合能源系统

综合能源系统是具备多能协调互补特性,能够协调多种能源和消纳的关键的能源利用新模式。综合能源系统利用物联网、通信信息和人工智能大数据等技术融合,实现对多种能流信息的整合,强调对于电、气、热多种能源的互补特性挖掘,采用梯级综合利用的方式,通过对综合能源系统内部各系统的整合规划和运行调度,提升综合能效,提高可再生能源渗透率、消纳能力,降低各能源系统运行成本。综合能源系统既涉及能源传输网络,也涉及接入的多种能源的系统,还涉及能源系统本身与其他系统,如数据与信息网络的互联。综合能源系统可以很好地利用潜在和协同效益,提高能源系统的可靠性,实现不同供能系统间的有机协调、优化调度和协同利用。

综合能源系统由供能网络、能源交换环节、能源存储环节、供用单元和大量终端用户共同构成。通过石油、煤炭、天然气和电力等多种能源子系统之间互补协调实现各类能源之间的平等性、可替代性和互补性,通过多种能源子系统在能源生产、运输、转化和综合利用等环节的相互协调,达到满足多元需求、提高用能效率、降低能量损耗和减少污染排放等目的。

1.1.2 综合能源和传统能源的区别

在经济发展中,能源生产和消费总量不断增长,传统化石能源被过度开发和利用,导致的生态环境污染和能源安全等问题比较突出,制约社会和经济的可持续发展。同时,随着经济全球化深入发展和"一带一路"建设扎实推进,我国的国际能源合作进一步加强,能源资源、技术和市场更加多元化。随着能源互联网的发展,电、气、热等多种能源网之间的耦合与内部依赖显著增加,源—网—荷互动加强,多能协同运行趋势日趋明显。

传统的能源系统是按照不同能源类型划分的,由单一类型的子系统构成,各类能源产业都通过自身的规划、建设、投资和运营来确保本能源的供需平衡，各子系统彼此之间缺乏协调与耦合，不利于供能系统的经济、高效、稳定运行，导致能源利用率低。传统能源系统中的电力系统、热力系统、天然气系统作为独立系统都有非常成熟的技术和研究方法，但在各类异质能源耦合技术方面还存在欠缺，不能充分发挥出各类能源之间的互补优势，实现能源的梯级利用。此外，目前我国清洁能源供应占比不断提升，但是在规划能源系统时对综合能源利用意识不强，未充分发挥多能源互补控制的灵活性，导致了清洁能源消纳不足、供能成本高等问题。

伴随着智能电网、互联网等技术的飞速发展，以互联、低碳、高效和多源协调等为特征的综合能源系统应运而生，构成了以电力系统为核心，融合多种能量形态、多个供能环节、多种网络结构、多种负荷类型、多种耦合形式、多层次物理架构，形成了多源高效利用、多元主体协同的能源互联共享网络。综合能源系统运行正朝着多能源统一、精细化管控的方向发展。合理统筹综合能源系统的规划与运行，成为能源行业的发展趋势。

综合能源系统可划分为供能侧、能源枢纽和用能侧三个部分。其中供能侧包括传统的发电机组，还包括供气机组、燃气机组、热力机组和新能源机组等。

能源枢纽是综合能源系统的重要组成部分，可容纳多种形式能源的输入和多元化的负荷类型。能源枢纽由能源传导设备、能源转换设备和能源存储设备三个部分组成，其中能源传导设备不进行任何能量转化，能够实现能源的直接传输，如电缆、热网管道、气网管道等；能源转换设备可以实现不同能源形式之间的转化与耦合，如燃料电池、电动机、蒸汽和燃气轮机、内燃机、电解槽等；能源存储设备指电池、抽蓄电站、储热装置等设备。

用能侧包括电负荷，同时还包括冷/热负荷、气负荷等不同形式的负荷，且各种形式负荷存在越来越强的耦合特性。综合能源系统在用能侧，可实现对多种能源互补优化和梯级利用，提高能源利用率并满足负荷的多元化需求。

在推进构建综合能源系统建设的过程中，用户的用能需求越来越多样化，用户的用能体验越发重要，推进综合能源服务的发展也显得尤为重要。传统能源服务模式是以产品为中心，无法满足用户的需求。而综合能源服务，将传统能源以及风、光、储能等新能源一起收纳并整合，利用信息平台、智能管理等技术，将多类型能源生产、存储、传输、消费以及能源市场交易进行深度融合，并提供电能替代、电能质量治理以及围绕电力衍生出来的金融商品，可实现对各类能源分配、转化、存储、消费等环节的协调与优化，最终达到节能减排提升能效的目的。

综上所述，综合能源系统实现了电力、热力、制冷、天然气、交通等系统的耦合，以电力网络为基础，各能源系统之间协调运行、互联互通、互补互济，改变了过去独立规划和运行的局面。传统能源系统和综合能源系统在能源结构、用能方式、市场模型上都有不同，因此，要对综合能源系统的相关内容开展研究。

1.1.3　综合能源系统亟需解决的问题

1. 规划问题

综合能源系统的规划不仅是一个多目标优化问题，还需考虑大量不确定、不精确和不可量化因素的影响。传统综合能源系统规划仅着眼于局部利益，而综合能源系统规划涉及诸多部门，彼此间存在复杂的耦合关系。规划方案在寻求整体目标优化的同时还需兼顾各方不同的利益诉求，须在全局与局部优化间寻找平衡。在综合能源系统中，用能侧存在特性各异且随机变动的不同负荷。供能侧存在大量风能、太阳能等间歇性能源，在规划过程中需综合考虑这些广泛存在的不确定性所造成的影响；同时，在进行规划方案优选时，还须综合考虑经济性、安全性、可靠性、灵活性、可持续性、环境友好性等诸多因素的影响，其中很多因素因涉及社会、经济、政策、人文约束而难以量化。

综合能源系统规划是一个多层次、滚动优化的过程，需在空间及时间两个维度下实施协调优化。综合能源系统存在形式各异的终端综合能源单元，这些终端能源单元在进行自身优化的同时，还需要与广泛存在的、集中式的区域电力、热力和燃气网络互为支撑，以实现满足用户多样性能源需求、提高能源利用效率、提高供能系统安全性与灵活性等目的。因此，从空间维度上考虑，综合能源系统规划将涉及能源供应网络规划、终端能源单元以及两者的协同规划三个层面的问题。而从时间维度上考虑，由于综合能源系统的最终实现将是一个较长的过程，规划方案必将在一种滚动优化的过程中实现。而在不同的规划阶段，不仅要考虑终端能源单元与供能网络之间耦合程度的不断变化，还需兼顾长期愿景与短期利益间的有机平衡，更要考量规划方案不同实施阶段的前后衔接，再考虑到该过程中大量不确定性因素的影响，使得综合能源系统规划必然呈现一个随机的复杂动态优化过程。

综上所述，综合能源系统规划面临来自能源结构、耦合方式、用能需求等诸多方面的挑战。在大力发展和消纳清洁能源的新形势下，如何真正实现区域综合能源系统整体的部署和规划，并在此基础上考虑多个区域综合能源系统和能源网络的双层规划，亟需开发一套成熟可靠的解决方案。

2. 运行调度问题

运行调度问题是合理安排综合能源系统各单元的运行方式和资源的储量及其调度，使整个系统得到最大可能的经济效益。综合能源系统根据电、热、气等多种能源类型的互补特性以及能量梯级利用原则，对多能系统进行统一规划和协调优化运行，是提高能源利用率的重要途径。

综合能源系统优化调度是综合能源系统能量产生、利用并实现供需平衡的前提，其主要面临以下困难和挑战。在综合能源系统优化调度方面：①综合能源系统中功率实时平衡，气的传输和热力的传递速度远慢于电能传输。这意味着当电力系统达到稳态时，天然气系统和热力系统仍处于动态过程。因此，天然气系统和热力系统的慢时变特性是不可忽视的，否则有可能导致不可行或次优解。②除了耦合元件以及储能装置，负荷也能为综合能源系统提供灵活性。如何建立各部分间的耦合互动模型，使多种能源模式相互配合发挥最大的作用是目前值得研究的问题。③随着源荷不确定性的增加，电、热、气各个环节都存在不确定性因素，与单一的电力系统相比，综合能源系统中更高维度的随机变量和更大规模的优化问题，对其调度带来了极大的挑战。在综合能源系统优化调度模型的求解方法方面：①从数学角度分析，天然气网络和热力网络的传输过程往往采用微分方程表征，利用差分方法将微分方程转化为代数方程再求解。然而，目前差分方程的求解方法不能满足计算要求。②系统中复杂的网络约束、节点混合约束、储能运行约束等导致调度模型具有高度非线性，这对非线性约束的处理方法和模型求解提出挑战。

3. 多能源主体交易问题

在综合能源系统多能源主体交易中，主要存在着综合能源服务需求用户、综合能源系统供需市场、综合能源服务主体三方。综合能源服务需求用户是多能源主体交易中的用户方。出于冷热电气等综合能源的消费需要、对能源项目的投资和金融服务的需要、对用户自身能源系统管理的需要等各种能源服务的需求，用户们进入综合能源系统的供需市场，寻找符合其需求、物美价廉的服务对象。

综合能源系统供需市场是多能源主体交易市场规则的制定者和维护者，承担着多种多样的工作，包括对用户、服务商等不同主体进入市场开展交易的资质核定工作，通过交易平台中心实时发布市场主体的能源交易信息的工作，对用户和综合能源服务商达成的交易进行审核监管的工作，以及负责操作市场的集中交易并发布交易阶段结果的工作等。

综合能源服务主体是具有不同能源服务能力的服务商，包括分布式能源供应商、冷热电供应方、储能运营方、配售电公司等。综合能源服务主体的服务与交易形式多样，既有基本的能源销售服务，也有能源咨询、改造、租赁等能源增值服务。综合能源服务主体们为了在市场中获得尽可能多的利益，会通过市场竞争，争取尽可能大的市场份额。

综合能源系统的建设需要引入多种能源，可以预见到需求不稳定、能源类型多、购售主体多、能源市场发展尚未稳定是综合能源市场的特点。因此，传统的能源交易模式会因为不同能源商品特性的差异与供能主体之间存在的利益矛盾，能源供应与交易大多是行业独立运作，跨行业交易存在市场利益和体制壁垒，导致难以满足多能源主体的综合能源系统的交易需要，难以保证冷、热、电等多能源耦合在交易上的实现，因此，需要一套合理、科学的优化与交易理论，突破相互孤立的传统能源交易格局，构建合理、完整的综合能源多主体交易模式。

4. 效益评估问题

在能源互联的背景下，多能互补、协同供应的综合能源系统成为未来能源系统的主要形态。对综合能源系统进行效益综合评估，可为综合能源系统各参与主体的规划决策和运行调度提供重要判据，对引导综合能源系统高效稳定运行和有序、可持续发展具有重要意义。

在进行综合能源系统综合效益分析时，应从综合能源系统的经济效益、社会效益和环境效益等方面进行分析。其中，经济效益评价指标包括但不限于装置使用寿命年限、系统设备投资费用、系统运行费用、网损率、能源经济水平、管网热损失率、设备利用率；社会效益评价指标包括但不限于缓建效益能力、用户端能源质量、用户舒适度、主动削峰负荷量、智能电表普及率；环境效益评价指标包括但不限于能源转换效率系数、清洁能源功能占比、单位能量二氧化碳排放量、单位能量氮氧化合物排放量。

目前国内外关于综合能源系统的研究多集中于规划设计、运行控制和平台开发等方面，涉及效益评价的内容相对较少，即使设计了较为完善的综合效益评估指标，也面临评估指标数据难以获得的问题。随着我国各项能源互联网示范工程和多能互补示范项目的落地，开展综合能源系统的效益评估具备了一定的实施条件，有必要尽快建立起科学、合理的综合能源系统综合效益评估指标体系并提出适用的评估方法，以保障综合能源系统投资效益目标的顺利实现。

5. 商业模式问题

现如今，互联网、大数据、云计算等技术出现，融合清洁能源与可再生能源的区域微网技术的新型综合能源服务模式开始诞生。伴随着电力市场逐渐放开，未来电力企业比拼的不仅仅是发配售输电，更应该比拼全方位、综合性的能源服务。根据中能智库整理，目前，国际国内主要综合能源服务商业模式如下：

（1）配售一体化模式

在法国、德国等欧洲国家，大多数配电网都是由私人进行投资和建设。之后随着售电市场的开放，诞生了许多拥有配电网资产的配售一体化售电公司，这样的售电公司相对其他售电公司最大的区别在于，公司不仅可以从售电业务中获得收益，同时还可以从配电网业务中获得配电收益。

（2）供销合作社模式

供销合作社模式的售电公司是将发电与售电相结合，合作社社员拥有发电资源，通过供销合作的方式将电力直接销售给其他社员，同时售电公司获得的售电收入中的一部分将继续投入建设发电厂，以此达成发售双方共赢的局面。

（3）综合能源服务模式

国外一些售电公司在开展售电业务的同时，也对该地区开展其他能源甚至公共交通、设施等服务，相对于单独签订合同，同时与公司签订供电与供气等合同能够得到更多的优惠。

（4）售电折扣模式

售电折扣商不仅提供较低的基本电费，还针对新用户提供诱人的折扣。许多新加入的工商业用户能够通过这类套餐在初期显著地降低用电成本，而居民用户更是通过返现和折扣有可能在第一年减少20%的电费支出。

（5）虚拟电厂包月售电模式

大范围虚拟电厂建立的基础在于拥有众多分布式可再生能源发电设备的控制权，分布式储能设备等一系列灵活性设备，可再生能源的市场化销售机制和一套精准的软件算法。基于此类虚拟电厂的电力共享池系统提供了更加新型的售电模式。

（6）"配售一体化+能源综合服务"模式

在售电侧和配电网同时放开的情况下，同时拥有配售电业务，并且能为园区内电力用户提供能效监控、运维托管、抢修检修和节能改造等综合用电服务。

（7）互联网售电服务模式

为了降低交易成本，提升竞争力，成熟的电力市场都有比价网站，供用户选择套餐及更换售电商服务。

当前，综合能源系统商业模式的研究在国外已成体系，国内也在逐步探索综合能源服务盈利模式。但是，综合能源系统的成本收益情况与用户多元选择以及国家政策息息相关，在不同时空尺度下成本收益构成更为复杂化，为综合能源系统商业模式的设计增加了难度。如何结合用户多元选择和政策环境，提出包括目标用户、开发策略和收入模式等方面内容的综合能源系统的商业模式是目前综合能源系统发展的一项问题。

1.1.4 综合能源系统的建设目的

1. 提高能源综合利用率

传统能源系统在运行分析时，往往忽略了各能源间的耦合关系，未能充分发挥不同能源的互补效应。综合能源系统由于其多能耦合的特点，可以实现电、热、天然气等能源的综合利用，从而最大化的发挥能源的协同作用和互补效益，提高能源的综合利用效率。

通过电、气、冷、热等多种不同形式能源的供应系统在生产和消费等环节的协调规划和运行，综合能源系统可以实现能源的梯级利用，有效提高能源综合利用效率。实现能源的梯级利用有两个方面的含义：一是按质用能。尽可能不使高质能源去做低质能源可完成的工作；在一定要用高温热源来加热时，也尽可能减少传热温差；在只有高温热源，又只需要低温加热的场合下，则应先用高温热源发电，再利用发电装置的低温余热加热，如热电联产。二是逐级多次利用。高质能源的能量不一定在一个设备或过程中全部用完，因为在使用高质能源的过程中，能源的温度是逐渐下降的，而每种设备在消耗能源时，总有一个最经济合理的使用温度范围。当高质能源在一个装置中已降至经济适用范围以外时，即可转至另一个能够经济使用这种较低能质的装置中去使用，使总的能源利用率达到最高水平。虽然能源梯级利用是针对发电和供热企业提出的，但可以广泛地扩展到制冷、深冷、化工、冶金等各种工业过程，必要时可用热泵来提高热源的温度品位后再利用。

综合能源系统利用先进的信息感知和传输技术，整合电力系统、天然气系统、供热系统和储能系统，实现多种异质能源系统之间的协调规划、优化运行、协同管理和多能互补，从而有效地提升能源的利用效率。

2. 促进可再生能源的开发利用

能源是人类生存发展的基础，如何利用能源关乎到国民经济发展的命脉。近年来，能源需求持续增长，化石能源逐步枯竭，生态环境日益恶化，能源合理开发与综合利用已成为当今人类社会面临的严峻课题，如何在确保人类社会能源可持续发展的前提下，保障能源利用的安全性、经济性和环保性，是当今世界各国关注的焦点问题。

在传统的发电系统中，主要的燃料以煤炭为主，其燃烧产物存在大量污染环境的有害物质，是造成环境恶化的主要来源。传统发电系统的电力转换效率一般仅为 30% 左右，大部分的能源损耗均以废热的形式排放到大气中，并且在输电的过程中还存在大量的能量损耗。

综合能源系统可以充分利用多种能源的时空耦合特性和互补替代性，弥补可再生能源具有明显的间歇性和随机波动性等问题，促进可再生能源的开发利用。例如，通过大量储热的方式消纳可再生能源，采用可再生能源发电制氢等。

3. 实现能源的可持续供应

我国正处于社会经济水平高速发展的阶段，能源需求量逐年持续增长。而我国主要的能源消耗品为以煤炭和石油为主的化石能源，但一则我国人均化石能源占有率不高，难以满足我国经济持续高速发展的需求；二则以煤炭等为主的化石能源在产能过程中带来了严重的环境污染问题，已对我国城镇居民的环境生活质量造成了巨大威胁。我国能源形势严峻，若不加重视，能源问题将成为制约我国经济发展的重要问题。可再生能源技术的飞速发展与大范围推广，为解决能源问题和环境污染问题，实现能源的可持续性发展提供了可能。因此国家开始大力推动风能、太阳能等可再生清洁能源的利用，但随之也带了清洁能源的消纳与并网问题；另外分布式电源的大量接入带来的电网高渗透率和双向潮流，也都对电网的安全稳定运行，造成了极大的影响。

综合能源系统集成多个能源子系统，通过系统内的能源转换元件实现能源的转置和梯级利用，通过供需信号对不同能源进行合理调配，使能源子系统具备更加灵活的运行方式，可以较为有效地解决清洁能源的消纳问题。清洁能源电力富余时，综合能源系统可以将其吸收转化甚至存储起来；清洁能源电力不足时，综合能源系统可调配其他能源填补空缺。此外，清洁能源可以通过综合能源系统进行能量形式转换，并利用综合能源系统中其他能源系统的管网和负荷进行输送或消纳。因此，利用综合能源系统的多能互补特性可以实现能源的可持续供应。

4. 提高能源供应的安全与可靠性

安全、可靠、经济是人们对能源系统最基本的要求。随着经济社会的发展，人们对能源供给的可靠性要求越来越高，但近些年传统能源系统在极端条件下存在很多安全问题，如2008年初我国南方发生的低温雨雪冰冻灾害，最初在电力系统中引发了多米诺骨牌效应，然后殃及其他供能系统，并引发了交通、通信、金融等多个部门的故障，暴露出大电网在极端情况下缺乏足够自愈能力的问题。单纯通过加大某一供能系统（如电力系统）的投入来提高其安全性和自愈能力，并不能保证整体系统的安全性。而通过构建综合能源系统，通过各供能系统间的有机协调，则是解决上述问题的一种有效途径。

综合能源系统可以很好地利用互补协调能力，提高能源系统的可靠性，实现不同供能系统间的有机协调、优化调度和协同利用，以供电系统为核心，电、气、冷/热等供能系统间存在紧密的耦合关联，单一功能系统故障可能导致其他供能系统停运，因此通过多个供能系统的协调规划和运行，可以避免单纯加大某一供能系统投入提高其安全性与自愈能力带来的弊端，从而有效提高综合能源供应的安全性和可靠性。

1.2 综合能源发展历程

1.2.1 综合能源技术国内发展历程

为了加强我国对能源行业的集中管理，于2008年特组建国家能源局；在此基础上于2010年国家能源委员会应运而生，旨在推动多能源综合能源系统的形成和发展，通过制定863计划、973计划、国家自然科学基金等研究计划，进一步促进全国能源的整合利用，使能源结构系统化、精细化、协调化。此外，我国将大局观放至全球层面，初步开展了全球资源整合利用的战略合作，通过与能源发展强国英国、德国以及新加坡等国家的合作，基于国际大平台从能源基础理论、核心技术、新型智能设备以及试点工程等方面进行了深入探讨，促进了综合能源系统的绿色、智能、可持续化发展。为整合终端电能、热能、燃气、制冷多需求消费结构，做到资源开发的科学统筹，完成资源结构调整的战略部署，实现新型再生能源与传统能源的优势互补，推动能源供应转向绿色、高质量发展，建成具有多能互补结构的能源体系，2016年7月国家发改委、国家能源局联合发布《关于推进多能互补集成优化示范工程建设的实施意见》，指出多能互补结构体系应因地制宜，进行结构优化调整与统筹开发，从而实现多能协同供应与梯级利用，满足市场经济的合理需求。2017年国家能源局发布《关于公布首批多能互补集成优化示范工程的通知》，表明多能互补有利于提高可再生能源系统利用效率，是解决我国新能源长期存在弃风、弃光、弃水等顽疾的重要手段。2019年国家电网公司提出建设世界一流能源互联网企业，明确了开展我国综合能源系统的建设，并在2020年实现了我国新能源机组装机量位居世界第一。

当前我国对综合能源系统技术的研究已取得阶段性成果，但是还存在许多不足，且多能源之间的系统耦合是一个复杂问题，不同能源之间的特性相差甚远，如何实现考虑多种能源运行特性的综合能源系统的能源优化是一个复杂的、长期的系统性工程。

1.2.2 综合能源技术国外发展历程

对于国外，美国为提高各类清洁能源的协调利用及统一调度、提高清洁能源的利用率，美国能源部出台了相应的政策和法规，各能源通过统一的供应商进行生产和配送，实现了新能源管理有关政策与市场的高度结合，奠定了美国综合能源系统发展的基础。从 2007 年发展至今，美国现有的能源结构较之前能源结构体现出更为突出的安全性、高效性和灵活性，在能源独立和安全法（EISA）的保驾护航下，美国政府先后补贴 6.5 亿美元经费用于该规划项目的专项研究，其中发展最为迅速的是天然气与电气联动结构，该项举措使得天然气在美国能源结构中的占比快速上升。而随着天然气在能源消耗中所占比例的持续提升，美国国家自然科学基金会、能源部等机构设立多项课题，研究天然气与电力系统之间的耦合关系。其中，受美国国家自然科学基金项目"The Future Renewable Electric Energy Delivery and Management System（FREEDM System）"资助，美国北卡罗来纳大学研究团队将能源互联网的研究定位在构建一种在可再生能源发电和分布式储能装置基础上的新型电网结构。自 2003 年美国发生有史以来最严重的一次大停电事故后，美国能源部认识到加快智能电源建设的重要性和紧迫性，迅速将智能电网的建设提升至国家战略地位。美国前总统奥巴马推进的智能电网国家战略，在强化原电力网络的建设基础上，加大在综合能源网络建设方面的技术研究与资金投入，旨在提高能源网络的可靠性与灵活性，提供稳定的能源市场发展环境。

日本由于自身地理条件限制，能源资源长期极度匮乏，96% 的能源需要依赖进口，因此为了最大化地提高清洁能源的利用率、缓解供能压力和实现可持续发展，日本率先规划了一系列的能源政策与能源技术开发研究工作，成为最早实施综合能源系统的亚洲国家。为了改变能源结构和实现节能减排，日本先后制定了"阳光计划""新能源基本计划"等，形成了独具特色的能源发展之路。日本的主要能源机构研究了多种促进综合能源系统发展和实现日本能源结构优化的方案，由 NEDO 牵头开展的智能社区建设，即实现社区范围内的水资源、交通资源、信息资源等的整合利用，以及含氢能供应网络的综合能源系统方案，即在以往综合能源基础之上，引入氢能供应网络，形成了氢能源与其他多能源互联的供电、供热、供气的多能源网络，并通过电转气技术将多余的风电转化成氢气或天然气，注入天然气管道或存储设备中进行存储，减少弃风弃光等现象。

同样地，欧洲也较早对综合能源系统进行了一系列相关研究，并最早进行实践工作。通过欧盟框架项目，欧洲各国在此领域开展了卓有成效的研究工作，如 District of Future、Microgrids and More Microgrids、Intelligent Energy、Trans – European Networks 等。欧盟随后也启动了未来智能能源互联网项目，明确指出实施能源互联网发展计划。英国工程与物理科学研究会对大批该领域的研究项目给予了资助，以及即将启动的 SIES&D（systems integration of energy supply and demand）研究计划，不仅关系到可再生能源并网，不同能源协调的协同优化，也涵盖能源与交通系统及公共设施之间的交互与建筑能效提高等众多方面。

综合能源系统已成为当前的研究热点，随着能源互联网的迅速发展，调度运行等问题也接踵而至，如何建立供能侧与用能侧的多种能源生产、转化、使用设备模型，以及能源枢纽及能源网络模型，研究综合能源系统互补协调特性，分析电、气、热、冷各种能流的相互影响作用，实现综合能源系统的优化，对解决未来能源系统各项问题尤为重要。

1.3 综合能源建模与优化技术

1.3.1 综合能源系统建模

综合能源系统的建模可分为典型设备建模、供能网络建模以及能源枢纽建模。综合能源典型设备建模包括发电单元、负荷单元和储能单元等模型；综合能源供能网络模型包括电力网络、热力网络、天然气网络和交通网络等模型；综合能源枢纽模型包括能源转换模型、能源存储和考虑需求响应的能源枢纽等模型，能源枢纽可视为能源网络中某个扩展的网络节点，各能流在此节点中耦合交互，因此能源枢纽可视作一个多输入—多输出的模型。

综合能源系统中各能源子系统间耦合关系十分复杂，并普遍存在于源、网、荷、储等各个环节。建立准确、有效的综合能源系统模型对系统的运行、分析与规划具有支撑性作用。国内外学者对于综合能源系统统一建模理论已开展了许多研究，可将其分为区域级综合能源系统与园区级综合能源系统两类。园区级综合能源系统主要指包含电、气、冷/热等各类能源的楼宇建筑或工业园区的综合能源系统，其建模重点关注终端能源系统的能源转换与存储技术，主要设备包括热电联产机组、燃气锅炉、吸收式制冷机、电制冷机和电储能等。区域级综合能源系统则主要负责实现电、气的大规模生产与远距离传输，因此需要考虑电力系统与天然气系统的具体网络模型，其主要设备包括气井、燃煤机组、输电线路和天然气管道等。

1.3.2 综合能源系统优化

综合能源系统优化指的是协调各类供能系统及供能网络的运行特性，利用综合能源系统的互补协同特性，满足用户的用冷/热/电的需求，保证综合能源系统运行的可靠性的同时，降低系统运行成本，提高综合能源系统运行的经济性。

综合能源系统的优化研究主要表现在两个方面：综合能源系统优化配置、综合能源系统优化运行。综合能源系统优化必须以系统为整体，考虑系统电/热负荷需求，电价、天然气价格、电能质量要求等作为决策信息，以决定综合能源系统与大电网间的交互功率、各个电源出力分配及负荷控制命令，实现综合能源系统中各电源、储能单元及负荷之间的最佳匹配。

传统能源系统优化运行往往只考虑单一能源系统调度时的优化问题。综合能源系统的优化运行与调度本质上是基于各能源系统特征，充分考虑其运行特性与优势，在供能单元可运行的区间范围内，通过调度可控资源（包括电源及负荷），在保证用户供能需求的前提下，实现综合能源系统供能时的总成本削减，提高能源的利用效率。综合能源系统的性能表现与它的运行情况密切相关。如果没有合适的运行策略，那么系统将没法实现其应有的效益。因此，为了使综合能源系统的效益得到最大化，必须对其运行进行合理的优化。

随着综合能源系统发展，其优化控制也面临着新的挑战，综合能源系统在实现多能源系统之间的协调规划、优化运行、交互响应和互补互济的同时要满足多元化用能需求且有效提升系统能效，进而促进能源可持续发展。在实现综合能源系统全局优化的过程中，需要处理多个约束，这对综合能源系统的协同优化控制提出了很高的要求。

现有的综合能源优化或综合能源系统优化运行研究，多对综合能源系统结构做了简化，能源优化主要集中在简单的电热联合优化或电-气联合优化，对电-热-气的综合能源系统协同优化的研究不足。一方面未能充分发挥综合能源运行时的协同效益与互补优势，另一方面也难以对实际的 IES 运行情况进行更为准确的描述；另外，在综合能源系统优化时，现有研究对能源间的耦合关系（电-热、电-气、热-气）考量均集中与定性分析，综合能源系统中各能源间的耦合关系强弱究竟如何，各能源间的耦合情况对系统运行成本有何影响，影响关系及程度均缺乏定量计算及评估，进而由多能耦合、互补带来的系统运行收益也就难以准确评估，无法对多能耦合带来的综合能源系统运行效益进行进一步深入研究。同时，随着综合能源系统概念的提出，各能源进一步紧密结合，系统规模也成几何倍数增长，而且系统内部供能单元的数学模型并不是简单的线性模型，部分单元出力呈非线性特性，随着系统规模的增加，在进行优化调度时最优解往往难以求得，甚至会在寻优过程中陷入局部振荡，难以收敛。

综合能源系统的优化运行是以满足系统负荷需求为目标，协调分配各网络供能量，实现各网络安全、稳定、经济运行。多能互补有利于能源供需协调能力的提高，推动能源清洁生产并实现就近消纳，减少弃风、弃光、弃水、限电，促进可再生能源消纳，是提高能源系统综合效率的重要举措，对于建设清洁低碳、安全高效的现代能源体系具有实际的参考价值和深远的战略意义。

1.4　小结

随着新技术、新设备的不断发展和应用，综合能源系统的基本架构也在不断进步和衍变，其能够带来的经济、环境和社会效益也将日益明显。在我国综合能源系统理论研究不断深入和试点项目有序落地的背景下，开展综合能源系统建模仿真、运行优化与效益评价具备了良好的实施条件，是未来需要进一步深入研究的重点方向。

综合能源系统的建模

当前,国内外已有研究中提出了综合能源系统的基本物理架构,如图2-1所示综合能源系统的建模主要包括典型的设备建模、供能网络建模和能源枢纽建模。按照设备供能类型进行分类,综合能源系统中各类设备可以分为供能设备模型、用能设备模型和能源存储设备模型,按照供能网络的类型可分为电力网络、热力网络、天然气网络和交通网络模型,按照综合能源枢纽的功能可分为能源转换模型和能源存储模型。

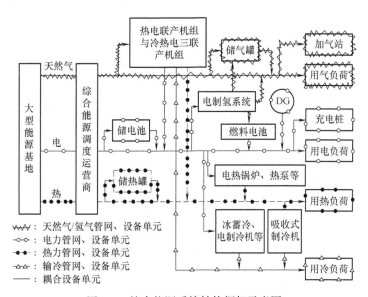

图 2-1 综合能源系统结构框架示意图

2.1 综合能源系统典型设备模型

典型设备建模单元中电/热/气/冷维持自身特有的能质属性,不存在异质能流之间的耦合转化和互补利用,综合能源系统中典型设备主要包括供能设备模型、用能设备模型和能源存储设备模型等,此类设备只生产、传输、存储电能,是综合能源系统重要的组成部分。

2.1.1 供能设备模型

1. 风力发电机模型

图2-2显示了由两个水平轴连接组成的经典风力发电机,通过齿轮箱将末端(叶片)

的叶轮与另一端的发电机连接。风施加了一个气动转矩 T_v 在叶轮上，以及电网或电源施加了一个电动转矩 T_e 在发电机上。

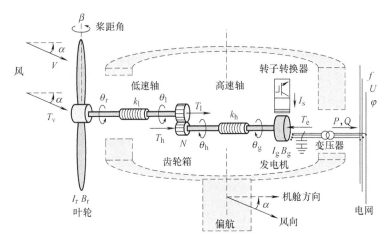

图 2-2 经典风力发电机

叶轮上的转动惯量为 I_r，黏性系数为 B_r，低速轴上的扭转刚度系数为 k_l，齿轮箱中低速到高速部分的增速比为 N，高速轴上的扭转刚度系数为 k_h，发电机上的转动惯量为 I_g，黏性系数为 B_g，叶轮转角为 θ_r，叶轮转速 $\Omega = \dot{\theta}_r$，发电机的转角是 θ_g。齿轮箱上的转角：低速轴上是 θ_l，高速轴上是 θ_h。施加在齿轮箱上的两个转矩：低速轴上是 T_l，高速轴上是 T_h。α 是偏航失准角（机舱与风的夹角），β 是桨距角（叶片）。I_s 是转子励磁电流，P 和 Q 是分别是供到电网上的有用功率和无用功率，f、U、φ 分别是电网连接点上的频率、电压和功率系数。经典的风力发电机的主要方程如下：

$$\theta_h = N\theta_l \tag{2-1}$$

$$T_l = NT_h \tag{2-2}$$

$$I_r \ddot{\theta}_r(t) + B_r(t)\dot{\theta}_r(t) = T_v(t)\cos[\alpha(t)] - k_l[\theta_r(t) - \theta_l(t)] \tag{2-3}$$

$$I_g \ddot{\theta}_g(t) + B_g(t)\dot{\theta}_g(t) = -T_e(t) - k_h[\theta_g(t) - \theta_h(t)] \tag{2-4}$$

$$T_l(t) = k_l[\theta_r(t) - \theta_l(t)] \tag{2-5}$$

$$T_h(t) = k_h[\theta_h(t) - \theta_g(t)] \tag{2-6}$$

风电机组的输出功率与风速呈正相关关系，风机的叶轮半径决定了其扫风能力，即实时的风能利用率。风机的输出功率与风速关系可由式(2-7) 表示

$$P_w = \frac{1}{2}C_w \rho \pi r^2 v \tag{2-7}$$

式中，P_w 表示风机的输出功率；ρ 表示空气密度；r 表示风机叶轮半径；C_w 表示风机的风能利用系数；v 表示当前实时风速。

风力发电机组的输出功率与实际风速有关，当实际风速小于切入风速或者大于切出风速时，风力发电机组输出功率为零；当实际风速大于切入风速并小于额定风速时，风力发电机组功率输出与风速之间关系近似为一次函数；当实际风速大于额定风速并小于切出风速时，风力发电机组输出功率为额定功率。风机具体功率输出数学模型如下：

$$P_w = \begin{cases} 0 & v < v_{ci} \text{ 或 } v > v_{co} \\ k_1 v + k_2 & v_{ci} < v < v_N \\ P_w^N & v_N < v < v_{co} \end{cases} \quad (2\text{-}8)$$

$$k_1 = \frac{P_w^N}{v_N - v_{ci}} \quad (2\text{-}9)$$

$$k_2 = -k_1 v_{ci} \quad (2\text{-}10)$$

式中，v_{ci} 为切入风速；v_{co} 为切出风速；v_N 为额定风速；P_w^N 为额定输出功率；P_w 为风机输出功率。

图 2-3 所示为双馈风机 MATLAB 模型，仿真模型的主要构成部分包括双馈感应电机、"背靠背"功率变换器、功率变换器的网侧控制、功率变换器的机侧控制。它的主电路最大特点是具有两个结构完全相同的 PWM 变换器，我们通常把这种结构称为"背靠背"链接，故该变换器也被称为"背靠背"功率变换器。根据两个 PWM 变换器接入风力发电系统的位置不同，把靠近电网侧的变流器称为网侧变流器，把靠近电机侧的变流器称为机侧变流器。PWM 整流器不仅实现了传统的 AC-DC 整流功能，还由于其具备四象限运行能力，使得其可工作在逆变状态，实现电能从直流侧向电网侧传输。

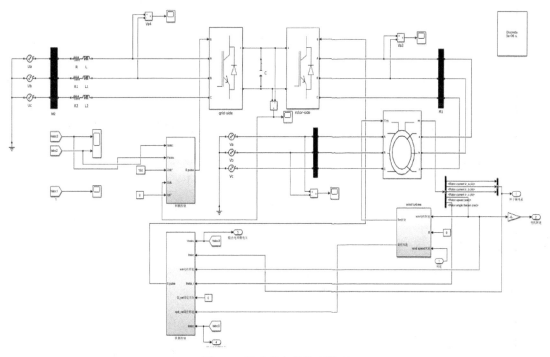

图 2-3 风力发电机仿真模型

2. 光伏电池模型

光伏电池利用光伏效应进行发电，可以接收光能并可以将其转化成电能。目前的单晶硅、多晶硅、非晶硅等都能产生光伏效应从而产生电能，光伏电池单体由晶体硅构成的光伏电池的结构本身就是一个 PN 结，当太阳光（或其他光）照射到光伏电池表面时，PN 结吸收光能，激发出大量的电子空穴对。电子空穴的运动使 PN 结两端聚集了大量的异号电荷，使 PN 结产生了"光生电压",若电池外部接通电路时,"光生电压"将会使电路产生电流输出一定的功率。这就实现了光能转化为电能的过程。

光伏电池的内部结构如图 2-4 所示,当入射光照射到电池片表面,能量较大的光子进入硅材料中,光子的能量传递给了硅原子的活跃电子,分别在 N 区、P 区和耗尽区产生了电子空穴对,而由于内建电场的作用,耗尽区新产生的电子空穴对受力方向不同,新生电子运动到 N 区而新生空穴运动到 P 区。N 区和 P 区的电子空穴对也受耗尽区电场的作用反向运动。最终使得大多数光生空穴留在 P 区,而大多数光生电子进入了 N 区,在 PN 结的两端积累了不同的电荷,从而产生了光生电动势,若接通电路,便可具有一定的输出功率。

目前,国内外提出了不同的太阳能电池模型,有单二极管模型和双二极管模型。在实际工程应用中,一般都采用单二极管型光伏电池,该模型结构简单易于计算,广泛用于工程应用中。光伏电池相当于一般的 PN 结,电池的模型可以用反向二极管与电流源的并联电路来等效。由于光伏电池本身的介质也具有阻抗,硅材料、顶层的添加剂等都能产生电阻阻抗,当光伏电池产生光生电流时,流经这些电阻时就会产生能量损耗。在等效电路中,将这些产生电量损耗的部分等效为串联电阻 R_s 和并联电阻 R_{sh},光伏电池模型的等效电路图如图 2-5 所示。

图 2-4 光伏电池的空间电荷区

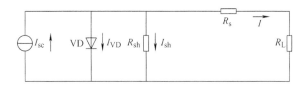
图 2-5 光伏电池模型等效电路

光伏电池等效电路的电流电压关系表达式如下:

$$I = I_{ph} - I_o \left\{ \exp\left[\frac{q(V+IR_s)}{KAT}\right] - 1 \right\} - \frac{V+IR_s}{R_{sh}} \tag{2-11}$$

式中,V 为负载两端电压;I 为通过负载电流;I_{ph} 为光生电流;I_o 为二极管反向饱和电流;A 为二极管品质因子;R_s 为电池串联电阻;R_{sh} 为电池并联电阻;T 为电池的绝对温度;K 为玻耳兹曼常数,$K=1.380\times10^{-23}$ J/K;q 为电子电荷,$q=1.602\times10^{-19}$ C。光伏阵列由若干光伏模块经串联或并联组成,单件光伏模块的输出功率可表示为

$$P_s(G,T) = P_s^N \frac{G}{G_{ST}}[1+\eta_T(T_s - T_{ST})] \tag{2-12}$$

式中,P_s^N 为标准测试条件下的最大测试功率;G_{ST} 为标准测试条件下的太阳能光照强度;G 为实际光照强度;η_T 为温度系数;T_{ST} 为参考温度;T_s 为组件工作实际温度,可通过环境温度和太阳能光照强度进行估算,算式如下:

$$T_s = T + \frac{G}{800}(T_N - 20) \tag{2-13}$$

式中,T 为环境温度;T_N 为组件工作额定温度,单位为℃。

代入式(2-13)后得太阳能组件的输出功率为光照强度和环境温度的函数

$$\hat{P}_s(G,T) = \frac{P_s^N(1-25\eta_T)}{1000}G + \frac{P_s^N(T_N-20)}{1000}G^2 + \frac{P_s^N \eta_T}{1000}GT \tag{2-14}$$

由式(2-14)可知光伏阵列的平均输出功率

$$P_s = \frac{N_s}{G_{max}} \int_0^{G_{max}} \hat{P}_s(G,T) f\left(\frac{G}{G_{max}}\right) dG \tag{2-15}$$

如图 2-6 所示，光伏电池仿真模型中输入的是光照强度、温度、电压，输出的是电池正负极电气输出，相当于电流源。光伏电池是一种利用半导体的光生伏打效应，将光能转化成电能的装置，该模型最大功率点电压 U_m、最大功率点电流 I_m、开路电压 U_{OC}、短路电流 I_{SC} 的值可依据串并联情况修改。并网光伏发电系统的总效率由光伏阵列效率、逆变器转换效率、交流并网效率三部分组成。

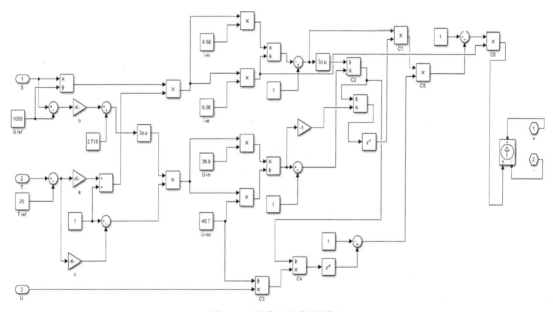

图 2-6 光伏电池仿真模型

1）光伏阵列效率 η_1：光伏阵列实际的直流输出功率与标称功率之比。光伏阵列在能量转换过程中的损失包括：组件的匹配损失、表面尘埃遮挡损失、不可利用的太阳辐射损失、温度影响、最大功率点跟踪精度及直流线路损失等。

2）逆变器转换效率 η_2：逆变器输出的交流电功率与直流输入功率之比。

3）交流并网效率 η_3：从逆变器输出至高压电网的传输效率，其中主要是升压变压器的效率。

因此，考虑系统总效率 η_S 为：$\eta_S = \eta_1 \eta_2 \eta_3$。

2.1.2 用能设备模型

1. 热泵模型

热泵是以少量电能作为驱动能源，从低位热源中吸取热量，并将热量传递给高位热源的一种节能装置。热泵的系统设备主要由压缩机、蒸发器、冷凝器和节流阀组成。着眼于放热至高温部分，以制热为目的的机器就叫作热泵。近几年来，随着技术的不断发展，热泵技术的应用也越来越广泛。在实际应用中，通过消耗少部分电能，将生产污水中的低品位热能转换成原油采出液中的高品位热能，而且环保无污染。因此，热泵的规模化应用具有良好的前景。

热泵的工作原理如图2-7所示，热泵的工作过程为工质经过蒸发器吸热后，低温低压蒸汽在压缩机中进行绝热压缩转化成高温高压气体，然后经过冷凝器定压冷凝为高温高压液体，液体工质进入膨胀阀进行绝热节流后转化为低温低压液体，而后进入蒸发器定压吸热并蒸发为过热蒸汽。

如此不断循环，将热源热量输出。热量转移过程中，据热力学第二定律，热泵性能

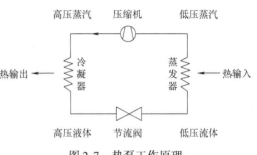

图2-7　热泵工作原理

的好坏以消耗每单位机械功所制取的热量作为衡量，转移的热量和输入的机械能之比称为性能系数，可用下式表示

$$COP = \frac{Q}{W} = \frac{传给高温区的热量}{输入功} \tag{2-16}$$

在理想循环逆卡诺循环中，此性能系数与温度差成反比

$$COP = \frac{Q}{W} = \frac{T'}{T' - T''} \tag{2-17}$$

式中，Q为传给高温区的热量；W为输入功；T'为高温区的温度；T''为低温区的温度。

热泵出力模型为

$$Q_t^{hp} = P_t^{hp} COP \tag{2-18}$$

式中，P_t^{hp}为热泵在时段t内消耗的电功率；Q_t^{hp}为在时段t内做功交换的热量；二者的比值为能效系数。

COP经常作为评价热泵经济性能的重要指标。其物理意义是从温度较低的物质中传递到温度较高的物质中的热量与输入热泵之中的能量的一个比值。COP在恒定的工作情况下，数值一般为定值，但不同的热泵结构或者周围温度改变都会对其有一定程度的影响。

如图2-8所示，为综合能源的热泵MATLAB仿真模型，该仿真系统包括蒸发器、压缩机、冷凝器部分的模块，低温低压的液态制冷剂通过蒸发器，在低位热源环境下吸收热量汽化，之后在压缩机中经外力做功形成高温高压的蒸汽，然后在冷凝器中散热冷凝，将潜热释放至高位热源，最后经节流装置恢复成低温低压液体。

2. 制冷机

制冷机的系统设备与热泵相同，主要由压缩机、蒸发器、冷凝器和节流阀组成。着眼于放热至低温部分，目的是用于制冷的机器就叫作制冷机，制冷机是一种以机械或制冷剂为媒介，能够将一定区域或一个物体的温度降低的设备。按照制冷方式的不同，可将制冷机分为吸收式制冷机、压缩式制冷机、半导体制冷机和其他热驱动制冷机等种类。现如今，制冷技术相对来说已经十分成熟，其中大多采用溴化锂吸收式制冷机

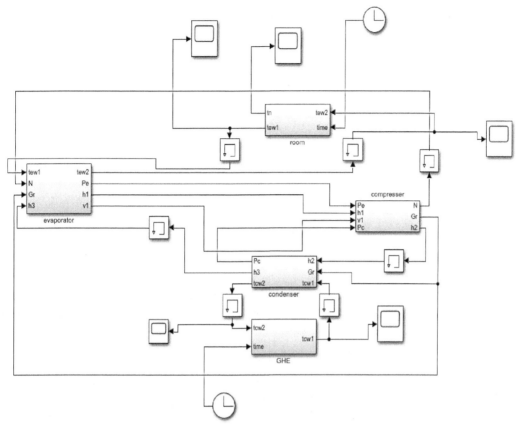

图 2-8 热泵仿真模型

和压缩式电制冷机。

(1) 吸收式制冷机

吸收式制冷机是利用吸收剂对制冷剂的吸附作用使制冷剂蒸发而制冷,是液化汽化制冷的一种形式。其工作原理是以热能作为热源驱动,通过一系列换热器之间的热传递转换成冷能输出。溴化锂吸收式制冷机能源利用范围广,可利用系统中的废热和余热,制冷量调节范围广,驱动温度低,消耗电力少,安全可靠,安装基础要求低,溴化锂溶液环保,无毒。溴化锂吸收式制冷机由于具有很多独特的优点,故发展迅速,特别是在大型空调制冷和低品位热能利用方面占有重要地位。蒸汽溴化锂吸收式冷水机组是一种以蒸汽为驱动热源,溴化锂溶液为吸收剂,水为制冷剂,制取工艺或空调用冷水的设备。机组由高压发生器、低压发生器、蒸发器、冷凝器、吸收器和高温热交换器、低温热交换器、凝水热交换器等主要部件,以及屏蔽泵(溶液泵和冷剂泵)、真空泵和抽气装置等辅助部分组成,是几个管壳式换热器的组合体。并由真空泵和抽气装置保证机组内一直处于真空准确状态。

描述溴机制冷量、耗功率、冷冻水出口温度、冷却水进口温度等各参数之间关系的多元非线性函数表达式如下:

$$r_{\text{cop}} = a_1(a_2 r_{T_{\text{ci}}}^2 + a_3 r_{T_{\text{ci}}} + 1)(a_4 r_{T_{\text{eo}}}^2 + a_5 r_{T_{\text{eo}}} + 1) + a_6 \qquad (2\text{-}19)$$

$$r_{\text{cop}} = \frac{cop}{cop_{\text{r}}} \qquad (2\text{-}20)$$

$$r_{T_{ci}} = \frac{T_{ci} - T_{ci,r}}{T_{ci,r} - T_{eo,r}} \tag{2-21}$$

$$r_{T_{eo}} = \frac{T_{eo} - T_{eo,r}}{T_{ci,r} - T_{eo,r}} \tag{2-22}$$

式中，r_{cop} 为实际工况时的 COP 与运行工况时的 COP 的比值；$r_{T_{ci}}$ 为相对运行工况冷却水进口温度的偏差率；$r_{T_{eo}}$ 为相对运行工况冷冻水出口温度的偏差率；T_{ci} 为冷却水入口温度（℃）；T_{eo} 为冷冻水出口温度（℃）；下标 r 表示该参数运行工况的值。

其数学模型如下：

$$Q_{AC} = Q_{ch} COP_{AC} \tag{2-23}$$

式中，Q_{AC} 为 t 时刻吸收式制冷机输出的制冷量（kW·h）；Q_{ch} 为 t 时刻提供给吸收式制冷机的热量（kW·h）；COP_{AC} 为吸收式制冷机的制冷系数（衡量吸收式制冷机的转换系数，即输入的热能与输出冷能之比）。

（2）电制冷机

电制冷机是将电能转化成冷能的一种设备，就是通过输入一定的高品位能量给压缩机，压缩机通过一个等熵过程将能量的品位提高，使能量由低温体（蒸发器）传递到高温体（冷凝器），从而达到制冷的效果。目前电制冷机应用最多的就是压缩式电制冷机，现已应用在各类场所中。电制冷机属于压力容器，具有制冷效率高，冷水循环量小等特点。其数学模型如下：

$$Q_{EC} = W_{EC} COP_{EC} \tag{2-24}$$

式中，Q_{EC} 为 t 时刻电制冷机输出的制冷量（kW·h）；W_{EC} 为 t 时刻电制冷机输入的电量（kW·h）；COP_{EC} 为电制冷机的制冷系数（电制冷机的转换系数，即输入的电能与输出的冷能之比）。

2.1.3 能源存储设备模型

1. 蓄电池模型

蓄电池储能系统结构包括储能单元、电池能量管理系统、滤波器等。蓄电池是储能单元的核心，由多个电池组成，用于电能储存和释放。电池管理系统实时监测、控制储能系统的输出电压、电流、温度、荷电状态，保证储能运行在安全、高效、经济的运行状态，根据功率转换系统可分为电压源型和电流源型。电网中电流经过整流后流向蓄电池系统，蓄电池放电经过逆变反向流向电网，实现电能在蓄电池与电网之间双向流动。

蓄电池的电压为

$$V_b = E_b + R_b I_b \tag{2-25}$$

而蓄电池的另一重要指标即为蓄电池的荷电状态（state of charge，SOC），用以描述剩余容量与其完全充电状态的容量的比值，常用百分数表示。其取值范围为 0~1，当 SOC = 0 时表示电池放电完全，当 SOC = 1 时表示电池完全充满。SOC 的算式为

$$SOC = 1 - \frac{Q}{C} = 1 - \frac{\int I dt}{C} = \frac{e_b}{\overline{e_b}} \tag{2-26}$$

式中，$\overline{e_b}$ 为蓄电池的总电容量；e_b 为蓄电池的剩余电容量（Ah）；I 为蓄电池放电电流。

上述公式表明，电池容量的瞬时值是随平均放电电流不断变化的，因此电池运行过程中瞬时容量不仅与 t 时刻的运行模式有关，也与到 t 之前电池的使用状态有关。蓄电池的荷电状态随时间的变化可表示为如下关系式：

$$\text{SOC}(t+1) = \text{SOC}(t)(1-\sigma(t)) + \frac{\eta_b(t)}{\overline{e_b}} I_b(t)\tau \tag{2-27}$$

式中，$\sigma(t)$ 为自放电率；τ 为所定义的时间间隔；$\eta_b(t)$ 为充放电率，充电时为 SOC 和 I_b 的函数，放电时取值为 1，公式如下：

$$\eta_b(t) = \begin{cases} 1-\exp\left[\dfrac{2\,\overline{e_b}(\text{SOC}-1)}{I_b(t)}\right] & I_b(t) > 0 \\ 1 & I_b(t) \leqslant 0 \end{cases} \tag{2-28}$$

$$p_b(t) = N_b V_b I_b \tag{2-29}$$

如图 2-9 所示，蓄电池仿真系统的电池充电采用电流滞环比较控制，放电采用 PI 补偿。处于切换模式下的 Buck/Boost 双向变换器有两种工作状态，其控制目的不同，Buck 电路模式工作状态的目的是给锂电池组充电；Boost 电路模式工作状态的目的是维持并网变换器的直流母线电压稳定，以使并网变流器能够向电网输出恒定的有功功率。

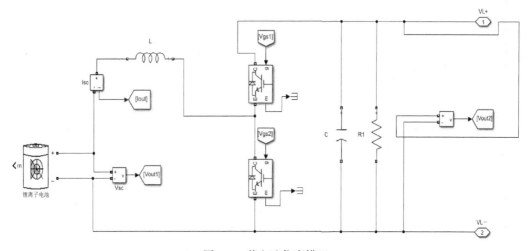

图 2-9 蓄电池仿真模型

2. 飞轮储能模型

飞轮储能系统是一种基于物理方法实现的储能设备，不同于原来的化学蓄电池，它是快速高效的机电能量储存和转换设备。它打破了化学电池的使用局限，且绿色环保，在蓄电储能的应用中受到更多的重视。当飞轮储能系统运行在储能模式下，经电力电子装置变换，通过控制电动机驱动飞轮本体加速旋转，电能转换为机械能，维持飞轮转速能量以机械能形式储存；当飞轮储能在能量保持模式下，即飞轮空闲运转时损耗要非常小，此时能量以动能形式保存下来；当飞轮工作运行在放电模式下，飞轮转子带动着发电机减速运行，经电力电子电路，将能量输送给负荷或者电网。

同时，飞轮储能系统也是一种基于机电能量转换的储能系统，它将能量以动能的形式储存在高速旋转的飞轮中。飞轮储能系统主要包括三部分：轴承、飞轮、电机，其基本结构如

图 2-10 所示。目前飞轮储能系统中采用的轴承有机械轴承、超导磁轴承、电磁轴承、永磁轴承等；飞轮一般采用高强度复合纤维材料，通过一定的绕线方式缠绕在与电机转子一体的金属轮毂上；飞轮储能系统中一般采用内置电机，需满足转速高、运转范围大、具有可逆性、运行可靠、易于维护等特点，多采用感应电机、永磁无刷电机、开关磁阻电机等。为减少各部分高速旋转产生的损耗，一般将飞轮储能设备置于真空室中。

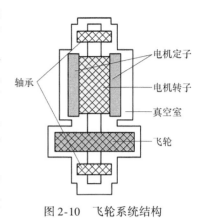

图 2-10　飞轮系统结构

飞轮转动惯量的大小取决于物体的质量、质量对轴的分布情况以及转轴的位置。对于圆盘形飞轮，其转动惯量计算公式为

$$J = \frac{1}{2}mR^2 = \frac{1}{2}\rho h\pi R^4 \tag{2-30}$$

式中，R 为飞轮半径（m）；h 为飞轮厚度（m）；m 为飞轮质量（kg）；ρ 为飞轮材料密度（kg/m^3）。

由物理学原理可知，飞轮本体高速旋转状态下储存的能量为

$$E = \frac{1}{2}Jw^2 \tag{2-31}$$

式中，J 为飞轮本体的转动惯量；w 为其转速。

对于圆环形飞轮，其转动惯量计算公式为

$$J = \frac{1}{2}m(R_i^2 + R_e^2) = \frac{1}{2}\rho h\pi(R_i^4 - R_e^4) \tag{2-32}$$

式中，R_e 为环形飞轮外半径（m）；R_i 为环形飞轮内半径（m）；m、ρ、h 含义与式(2-30) 一致。

当飞轮在给定的最高转速 w_{max} 和最低转速 w_{min} 之间旋转时，可以吸收和释放的最大能量为

$$E_{max} = \frac{1}{2}J(w_{max}^2 - w_{min}^2) \tag{2-33}$$

由式(2-33) 可知，有两种途径可以提高飞轮系统的储能总量：一是增加飞轮的转动惯量；二是提高飞轮的旋转速度。前者更适宜于低速飞轮，用于固定应用场合；后者更适宜于高速飞轮，用于对质量和体积有严格要求的场合。

对于给定的飞轮储能系统，其储存的能量与转速密切相关，当前转速为 w 时，飞轮储能系统的剩余容量可由下式表示：

$$SOC = \frac{E}{E_{max}} = \frac{w^2 - w_{min}^2}{w_{max}^2 - w_{min}^2} \tag{2-34}$$

2.2　综合能源供能网络模型

已有的 IES 优化运行及规划研究，多侧重于多种能源类型间的转化过程及能量平衡关系，而忽略了系统的网架结构。但实际运行中的 IES 具有显著的网络化特征，其静态模型既包括能源流入流出的源、荷、储单元模型，也包括实现能源输送的供能网络模型。对供能网

络进行合理建模，是 IES 综合能源潮流计算的基础，也是 IES 静态安全分析的关键。不同的供能网络在物理形态上存在差异，但在数学建模方式上却存在共性，电力网络、热力网络以及天然气网络均可通过合理的网络拓扑约束以及广义基尔霍夫定律进行建模分析。

2.2.1 电力网络模型

电力网络模型是面向节点的，选取节点电压（包括幅值和相角）为状态变量，建立节点的有功和无功平衡方程，如式(2-35)所示。

$$\begin{cases} P_i = U_i \sum_{j \in i}^{n} U_j (G_{ij}\cos\theta_{ij} + B_{ij}\sin\theta_{ij}) \\ Q_i = U_i \sum_{j \in i}^{n} U_j (G_{ij}\sin\theta_{ij} - B_{ij}\cos\theta_{ij}) \end{cases} \tag{2-35}$$

式中，P_i 和 Q_i 分别表示节点 i 注入的有功功率和无功功率；U_i 和 U_j 分别表示节点 i、j 的电压幅值；G_{ij} 和 B_{ij} 分别表示节点 i、j 间的电导和电纳；θ_{ij} 为节点 i、j 之间的相角差。

在计算系统线路的负荷过载情况时，往往更为关注网络的有功功率分布，而忽略网络的电压分布情况，此时为了提升计算的速度及收敛性，往往采用直流潮流模型对式(2-35)所示的交流潮流模型作近似，如式(2-36)所示

$$P_{ij} = -B_{ij}(\theta_i - \theta_j) \tag{2-36}$$

式中，P_{ij} 表示以节点 i、j 为端点的支路有功功率潮流；θ_i 和 θ_j 分别为节点 i、j 的电压相角。

2.2.2 热力网络模型

热力网络将热源与热负荷相连，通过管道工质（一般包括热水或蒸汽），完成热量由热源向用户的输送。热网一般包括一次管网和二次管网两级，两级管网通过换热站相连，且两级管网均包含出/回水管道。热源产生的热量通过一级换热站进入一级管网，之后分配给二级换热站，再经过二级换热站输送，将热量分配给各个热负荷用户，同时冷却工质经回水管道完成工质循环。T_S 表示热工质流入热负荷节点前的温度；T_o 表示热工质流出热负荷节点后的温度；T_r 表示流出某热负荷节点的热工质在回水管道处与该处热工质混合后的温度。

热力网络建模包括水力（热工质）模型以及热力模型。水力模型描述了热力网络中的工质流量关系，管道中的热水流量在各个节点处应连续，即满足广义基尔霍夫电流定律，每个节点处流入流出热水流量的矢量和应为零，每个回路水压降的矢量和应为零。水力模型是面向支路的，通常选取管道支路流量 $\boldsymbol{m}_1$ 作为状态变量，其数学模型可由式(2-37)表示

$$\begin{cases} \boldsymbol{A}_s \boldsymbol{m}_1 = \boldsymbol{m}_i \\ \boldsymbol{B}_h \Delta \boldsymbol{H}_1 = 0 \end{cases} \tag{2-37}$$

式中，$\boldsymbol{A}_s$ 为热力网节点支路关联矩阵，若热水流质从管道 j 流入节点 i，则 $A_{s,ij}=1$，若热水流质从管道 j 流出节点 i，则 $A_{s,ij}=-1$，若管道 j 与节点 i 之间无流质的流入流出关系，则 $A_{s,ij}=0$；$\boldsymbol{m}_1$ 为管道流量向量；$\boldsymbol{m}_i$ 为节点流量向量；$\boldsymbol{B}_h$ 为热力网回路支路关联矩阵；$\Delta \boldsymbol{H}_1$ 为管道水压降向量。

管道水压降可由式(2-38)表示

$$\Delta h_1 = R(l + l_d) = s\boldsymbol{m}_1^2 \tag{2-38}$$

式中，R 表示压力沿程损失；l 表示管道长度；l_d 表示管道局部阻力当量长度；s 为管道阻力特征系数，可由式(2-39)表示

$$s = \frac{f^{0.25}}{d^{5.25}}(l + l_d)\rho_1 \tag{2-39}$$

式中，f 表示管道内壁绝对粗糙度；d 表示管道内径；ρ_1 表示管道内部工质密度。

热力网络热力模型描述了网络中热量平衡关系以及热量传输时的损失过程，其数学模型可由式(2-40)~式(2-42)表示

$$q_i = C_1 m_i (T_i^{in} - T_i^{out}) \tag{2-40}$$

$$T_{end} = (T_{start} - T_\alpha) e^{-\frac{\lambda l}{C_1 m_1}} + T_\alpha \tag{2-41}$$

$$\left(\sum m_{out}\right) T_{out} = \sum (m_{in} T_{in}) \tag{2-42}$$

式中，q_i 为节点 i 热功率；C_1 为水比热；T_i^{in} 和 T_i^{out} 分别表示热力节点 i 流入、流出热水的温度；T_{start}、T_{end} 及 T_α 分别表示管道的始末端及环境温度；λ 表示管道的热传导系数；m_{in}、T_{in} 及 m_{out}、T_{out} 分别表示节点流入、流出的热水流量及温度。

2.2.3 天然气网络模型

天然气网络是气源到负荷或储气设备的传输网络，其模型可由质量守恒定律，气体状态以及运动方程等偏微分方程在特定的假设条件下简化得到。天然气网络模型通常选取节点气压作为状态变量。天然气网络中的节点压力和管道气流的关系可通过 Weymouth 方程表示，即

$$f_{ij} = K_{ij} s_{ij} \sqrt{|p_i^2 - p_j^2|} \tag{2-43}$$

式中，K_{ij} 为关于天然气管道 ij 的常数，通常和天然气管道的长度、直径以及摩擦阻力系数等因素相关；p_i 和 p_j 分别表示天然气网节点 i、j 压力；s_{ij} 为天然气流动方向的状态参数，可由式(2-44)表示

$$s_{ij} = \begin{cases} 1, & p_i \geq p_j \\ -1, & p_i \leq p_j \end{cases} \tag{2-44}$$

当天然气管网中含加压站，即管道支路中含有压缩机时，该支路的天然气流量和压力满足式(2-45)所示关系。

$$F_c = \frac{\alpha f_m}{\eta \left[k_1 \left(\frac{p_i}{p_j}\right)^{s_{ij} \cdot m} - k_2 \right]} \tag{2-45}$$

式中，F_c 为压缩机的气体消耗量；α、k_1、m、k_2 为和压缩机型号相关的常数；η 为压缩机效率；f_m 为压缩机向下游天然气节点的输出天然气量。

2.2.4 交通网络模型

交通网络可用一个连通图 $G_T = [T_N, T_A]$ 表示，其中 T_N 为节点集，T_A 为线路集，T_R 和 T_S 分别为起点、终点集，某一对起点-终点 r-s（$r \in T_R$，$s \in T_S$）包含的路径集为 K_{rs}。设线路 $a \in T_A$ 在时段 t 的交通流量为 x_{at}，车辆通过线路的时间成本采用 bureau of public roads（BPR）函数计算为

$$\tau_{at}(x_{at}) = \tau_a^0 [1 + 0.15(x_{at}/C_a)^4] \tag{2-46}$$

式中，C_a 为线路 a 流量限制；τ_a^0 为时间成本系数。

设某一节点对 $r-s$ 在时段 t 对应的交通流量为 q_t^{rs}，其中某种路径方案 $k \in K_{rs}$ 对应的流量为 f_{kt}^{rs}。可构建如下关系的 Nesterov 交通流量分配模型：

$$\sum_{k \in K_{rs}} f_{kt}^{rs} = q_t^{rs}, f_{kt}^{rs} \geq 0, s \tag{2-47}$$

$$x_{at} = \sum_{rs} \sum_{k} \delta_{at}^{rs} f_{kt}^{rs}, \forall a \in T_A, \forall k \in K_{rs} \tag{2-48}$$

式中，关联系数 δ_{at}^{rs} 表示路径 k 对线路 a 的选取情况，若路径 k 包含线路 a，则其取值为 1，否则为 0。

车辆选取路径方案 $k \in K_{rs}$ 的时间成本 c_{kt}^{rs} 为

$$c_{kt}^{rs} = \sum_a \tau_{at}(x_{at}) \delta_{ak}^{rs}, \forall k \in K_{rs}, \forall r, s \tag{2-49}$$

2.3 综合能源枢纽模型

能量枢纽是对相互协调的综合能源系统进行建模，代表能源生产、消耗和传输设备之间的交互。从数学角度看，能量枢纽可以被视为一个两端口网络。能量枢纽包含三个基本组件：①能量传输设备：将输入的能量直接传输到输出侧，不将其转换成另一种形式，如电缆、架空线、管道等；②能量转换设备：将不同能源形式进行相互转换，如燃气轮机、内燃机、电动机、燃料电池等；③储能装置，如蓄电池、燃料电池、蓄热装置等。电-气-热典型能量枢纽实例如图 2-11 所示。

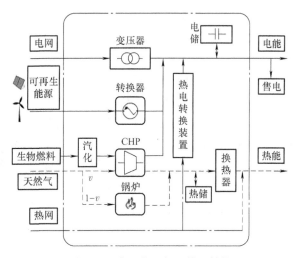

图 2-11 典型能量枢纽模型结构

能源枢纽相当于一个多能源转换的中心，拥有多个能源的输入和输出接口，连接供给侧和负荷侧，各种各样的能源可以在能源枢纽中进行转换、调节、存储等。能源枢纽还能够将目前各类能源网络连接在一起，如电力网络、天然气网络、供冷供热网络以及交通网络等，实现不同能源网络之间的能源交换。最基本能源枢纽包含 CHP 和燃气锅炉。典型能源枢纽的输入能源包括电能、天然气，经过能源枢纽内部各种装置的转化及相关处理之后，能够为负荷终端提供电、气、热三类可直接消耗的能源。能源枢纽内部的主要能源转换装置可以包含变压器、CHP、燃气锅炉、电锅炉、P2G、储电储热储气设备、热交换器等。能源枢纽内部还可以包含小型的风力发电、光伏发电等可再生能源利用设备。能源枢纽在实际中的具体表现形式可以是多种多样的，小到一户家庭、一栋居民楼、一个综合商业区，大到一片居民小区、工业园区等，都可以抽象为能源枢纽进行研究。

2.3.1 能源转换模型

能源枢纽相当于一个黑箱子,是一个多输入—多输出模型,各条转换路径描述对应的能源转换关系。输入能量枢纽的电能、天然气等多种形式的能量经过转换装置、存储设备后得到系统的输出(如电、热、冷)。输入输出之间可用函数关系表示为:$\boldsymbol{L}=\boldsymbol{CP}$,矩阵形式表示如下:

$$\underbrace{\begin{bmatrix} L_1 \\ L_2 \\ \vdots \\ L_n \end{bmatrix}}_{L} = \underbrace{\begin{bmatrix} c_{11} & c_{12} & \cdots & c_{1m} \\ c_{21} & c_{22} & \cdots & c_{2m} \\ \vdots & \vdots & \ddots & \vdots \\ c_{n1} & c_{m2} & \cdots & c_{nm} \end{bmatrix}}_{C} \underbrace{\begin{bmatrix} P_1 \\ P_2 \\ \vdots \\ P_m \end{bmatrix}}_{P} \quad (2\text{-}50)$$

式中,$\boldsymbol{P}$ 代表能量枢纽的输入载体矢量;$\boldsymbol{L}$ 代表能量枢纽的输出载体矢量;c_{ij} 为耦合因子,对应的耦合矩阵 $\boldsymbol{C}$ 包含效率因子与分配因子。输入能源分别分配到不同的能源传输或转换装置的比例用分配因子表示,定义分配系数为 $v_{\alpha\beta}$。这个系数代表能源枢纽在一定的运行方式下,输入与输出之间的耦合关系,它一般由能源枢纽内部转换装置种类、转换效率、输入能源分配系数以及内部拓扑结构确定,每个耦合系数对应一种能源输入与一种能源输出之间的转换关系。

一般而言,在能源枢纽内部,输入与输出之间存在冗余的转换路径,如能源枢纽为满足负荷端的电力需求时,既可以选择直接通过变压器从电网直接购入电能,也可以从天然气网络购入天然气,然后通过 CHP 进行发电。因此,能源枢纽具有以下两个优点:

1) 可靠性:一种能源的需求可以通过多种能源输入进行满足,不再仅仅依靠单一的来源。如果某种能源的供应突然出现危机,能源枢纽仍然可以通过其他形式的能源输入来满足相应的负荷需求。同时,对于一些单独的设备而言,可靠性的要求也得到了降低,如维护要求。

2) 灵活性:多条冗余的能源转换路径为满足负荷的需求提供了各种能源转换选择,能源枢纽可以根据各类能源的购入价格、污染排放、易获得性或者其他因素,选择相应的运行方式,对输入的能源进行合理的分配,从而能够实现能源转换的优化。

1. 热电联供

热电联供是一种重要的供能形式,技术也日渐成熟,它可以将电力网、天然气网和热网联结在一起。它以天然气作为动力能源,进行燃气—蒸汽联合循环发电,输出电能和热能,是能源枢纽最重要的能源转换设备之一。热电联供系统一般由天然气发电机组以及余热利用设备构成。其中,天然气发电机组根据机组的容量等特点,主要可以分为燃气轮机、微型燃气轮机、燃气发动机、斯特林发动机等。余热利用设备主要是利用天然气燃烧后产生的烟气等高温气体,进行供热,主要设备包括余热锅炉、吸收式溴冷机等。

以燃气轮机为例,典型热电联供系统的工作示意图如图 2-12 所示,它的工作过程主要包括以下两步:

1) 天然气与空气在燃气轮机内部混合后,燃烧产生大量高温气体,高温气体膨胀做功,为发电机提供原动力,直接进行发电。

2) 剩余的未能被直接用于发电的高温烟气,通过余热设备进行回收利用,加热水或者产生蒸汽。热水可以通过热水网,直接应用于生活取暖或者提供生活热水;蒸汽可以应用于吸收式溴冷机或者热交换器等,进行供热。

热电联供系统将高品位的热能直接用于发电,低品位的热能再回收利用,能够实现不同品位能量的梯级利用,有利于提高能源的综合利用效率。目前较先进的热电联供机组综合能源效率可以达到80%以上。且热电联供机组具有起停灵活的优点,同时,天然气的硫含量低,燃烧的过程当中,基本不会产生硫化物以及各种烟尘,所以污染物排放相较火电机组明显更小,因此具有更为突出的环保效益。缺点是热电联供对天然气连续供给的要求性高、维护成本高、受天然气市场的价格影响也较大,在我国,目前天然气发电的价格仍然高于常规的煤电机组。

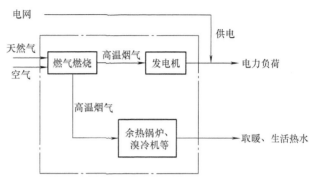

图 2-12 热电联供系统工作流程

忽略外界环境对于热电联供燃烧效率的影响,其热电之间的数学模型可以表示为

$$Q_{\mathrm{chp}}(t) = \frac{P_{\mathrm{chp}}(t)(1 - \eta_{\mathrm{e}}(t) - \eta_{\mathrm{L}})}{\eta_{\mathrm{e}}(t)} \tag{2-51}$$

$$Q_{\mathrm{Br}}(t) = Q_{\mathrm{chp}}(t)\eta_{\mathrm{rec}}C_{\mathrm{Br}} \tag{2-52}$$

$$\eta_{\mathrm{rec}} = \frac{T_{\mathrm{i}} - T_{\mathrm{o}}}{T_{\mathrm{i}} - T_{\mathrm{c}}} \tag{2-53}$$

式中,$Q_{\mathrm{chp}}(t)$ 为燃气轮机 t 时段天然气燃烧后排气的余热功率;$P_{\mathrm{chp}}(t)$ 为燃气轮机 t 时段的发电功率;$\eta_{\mathrm{e}}(t)$ 为 t 时段燃气轮机的发电效率,燃气轮机在不同的时段,由于负载的变化,会导致发电效率并不是一个常数,而是随时间变化的;η_{L} 为燃气轮机的热损失系数;$Q_{\mathrm{Br}}(t)$ 为 t 时段溴冷机的制热功率;η_{rec} 为高温烟气余热量的回收效率;C_{Br} 为溴冷机的制热系数;T_{i} 和 T_{o} 分别表示余热烟气进、出溴冷机时的温度;T_{c} 表示环境温度。

忽略燃气轮机发电效率随负载水平的变化而产生的变化,对于热电联供系统而言,其热电输出比 δ_{chp} 一般可以看作是一个常数,表达式为

$$\delta_{\mathrm{chp}} = \frac{Q_{\mathrm{Br}}}{P_{\mathrm{chp}}} = \frac{(1 - \eta_{\mathrm{e}} - \eta_{\mathrm{L}})(T_{\mathrm{i}} - T_{\mathrm{o}})}{\eta_{\mathrm{e}}(T_{\mathrm{i}} - T_{\mathrm{e}})} \tag{2-54}$$

热电联供系统在 t 时段所消耗的天然气燃料总成本可以表示为

$$C_{\mathrm{chp}}(t) = \rho_{\mathrm{gas}} \frac{P_{\mathrm{chp}}(t)\Delta t}{\eta_{\mathrm{e}}(t)H_{\mathrm{gas}}} \tag{2-55}$$

式中,$C_{\mathrm{chp}}(t)$ 为 t 时段总的燃料成本;ρ_{gas} 为单位立方米天然气的价格;Δt 为时段的长度;H_{gas} 为天然气的高位热值。

对于能源枢纽中的热电联供系统,其输入的天然气功率与输出的电功率、热功率的耦合关系可以简化为

$$\begin{pmatrix} P_{\mathrm{e},t} \\ P_{\mathrm{h},t} \end{pmatrix} = \begin{pmatrix} \eta_{\mathrm{e}}^{\mathrm{c}} \\ \eta_{\mathrm{h}}^{\mathrm{c}} \end{pmatrix} P_{t}^{\mathrm{chp}} \tag{2-56}$$

式中，$P_{e,t}$ 和 $P_{h,t}$ 分别为 CHP 机组 t 时刻输出的电功率和热功率；P_t^{chp} 为 t 时刻 CHP 机组的天然气消耗功率；η_e^c 和 η_h^c 分别为 CHP 机组的电效率和热效率。

CHP 机组的约束包括出力上下限约束以及爬坡约束

$$P_{\min}^{chp} \leqslant P_t^{chp} \leqslant P_{\max}^{chp} \tag{2-57}$$

$$-\Delta P_{down}^{chp} \leqslant P_t^{chp} - P_{t-1}^{chp} \leqslant \Delta P_{up}^{chp} \tag{2-58}$$

式中，$P_{\max}^{chp}$ 和 $P_{\min}^{chp}$ 分别为 CHP 消耗天然气功率的上限和下限；P_{up}^{chp} 和 P_{down}^{chp} 分别为 CHP 的上爬坡和下爬坡最大速率。

2. 电锅炉与燃气锅炉

电锅炉是指以电力作为能源，通过电阻或者电磁感应发热，并将热能通过热交换设备传递给高温水、蒸汽或其他有机热载体的一种锅炉设备。主要有工业类电锅炉和生活类电锅炉。燃气锅炉是指以天然气或者其他气体作为燃料，进行燃烧产热的锅炉，目的也是生产工业或者生活所需要的热能。电锅炉和燃气锅炉输出的能量形式都是热能，区别是输入的能源形式不同，因此，二者的能量转换模型可以用统一的形式表示

$$P_t^{out,eb} = \eta_h^{eb} P_t^{eb} \tag{2-59}$$

$$P_t^{out,gb} = \eta_h^{gb} P_t^{gb} \tag{2-60}$$

式中，P_t^{eb} 和 P_t^{gb} 分别为电锅炉和燃气锅炉消耗的电功率以及燃气功率；$P_t^{out,eb}$ 和 $P_t^{out,gb}$ 分别为电锅炉与燃气锅炉输出的热功率；η_h^{eb} 和 η_h^{gb} 分别为电锅炉与燃气锅炉的热效率。

电锅炉和燃气锅炉的出力受到自身容量的限制，因此满足的约束主要有功率的上下限约束

$$P_{\min}^{eb} \leqslant P_t^{eb} \leqslant P_{\max}^{eb} \tag{2-61}$$

$$P_{\min}^{gb} \leqslant P_t^{gb} \leqslant P_{\max}^{gb} \tag{2-62}$$

式中，$P_{\min}^{eb}$ 和 $P_{\max}^{eb}$ 分别为电锅炉消耗电功率的下限和上限；$P_{\min}^{gb}$ 和 $P_{\max}^{gb}$ 分别为燃气锅炉消耗燃气功率的下限和上限。

3. 电转气

P2G 技术就是利用电能生产氢气或合成甲烷的一种技术，改变了以前只能依靠燃气轮机进行天然气网络和电力网络单向耦合的局面，实现了电力网络与天然气网络间的双向能量流动，也为消耗多余的可再生能源，解决"弃风"和"弃光"等问题提供了新的思路。虽然 P2G 的装机容量与庞大的电力系统和天然气网络相比，体量微不足道，但未来随着技术的不断发展，P2G 的设计容量也将越来越大，会给能源网络带来更明显的影响。目前，P2G 技术主要可以分为电制氢气（H_2）和电制甲烷（CH_4，也叫合成天然气 SNG）两种类型。电制氢气的总效率要高于电制甲烷，它主要应用于将氢气作为主要燃料的产业，如氢燃料电池汽车。电制甲烷的过程也包含电制氢气的过程，虽然电制甲烷的总效率更低，但它的优势在于最终转换生成的甲烷类似于天然气，可以直接利用原有的天然气管道系统进行远距离传输和大规模存储，应用范围也更加广泛。以电制甲烷的过程为例，P2G 技术主要包括电解水和甲烷化两个过程，其技术流程图如图 2-13 所示。

（1）电解水过程

第一阶段的电解水就是利用电能，通过电解反应，将水（H_2O）分解成氢气（H_2）和氧气（O_2）的过程，是一种比较安全清洁的制氢方法，工艺技术比较简单灵活，产品纯度高。电解水是一个吸热反应，其能量转换的过程可以用如下的化学

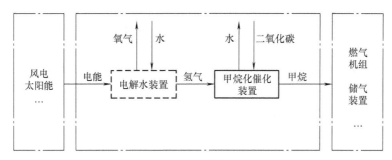

图 2-13 P2G 技术流程图

反应式表示：

$$2H_2O \xrightarrow{\text{电解}} 2H_2 + O_2 \tag{2-63}$$

电解槽是电解水装置的核心部分，根据电解槽的类型，目前可以大致将电解法分成以下 3 种：碱性电解法、固体聚合物薄膜电解法及高温固体氧化物电解法。电制氢效率基本可达 70%~80%，技术也在逐渐成熟，但是目前仍然面临能耗高、核心材料成本高等问题，需要进一步寻找新材料、提高效率、降低成本，才能在未来实现电解水制氢技术的大规模商业化应用。

（2）甲烷化过程

第二阶段的甲烷化是二氧化碳（CO_2）和氢气（H_2）在一定的温度及压力环境下，通过催化剂的作用，生成甲烷（CH_4）的过程。它是实现二氧化碳循环再利用的重要途径之一。该化学反应是一个强放热的可逆反应，一旦开始便能够迅速达到平衡，具体的化学反应方程式如式(2-64)所示：

$$4H_2 + CO_2 \xrightarrow{\text{催化剂}} CH_4 + 2H_2O \tag{2-64}$$

该反应的产物除了 H_2O 和 CH_4 之外，一般还有 CO、C_2H_6 等副反应产物。在标准状态下，甲烷化生成的甲烷单位体积的能量密度约为 0.038MJ/L，是氢气的 3 倍，可以直接注入现有的天然气管网进行综合利用。寻找低温环境仍具有高活性的催化剂是提高甲烷化速率的关键所在。目前，CO_2 甲烷化反应主要使用以 Ni、Ru、Co、Pd 等Ⅷ B 族金属为活性组分的负载型催化剂，化学反应的效率大约为 75%~80%。此外，各种新型的甲烷化技术仍处于研究之中，化学反应的转换效率也在进一步提高。通过 CO_2 甲烷化过程，可以将空气中的 CO_2 利用起来，大规模进行应用时，既能实现能量的转化，又能吸收温室气体，因此也有较好的环保效应，具有较大的发展潜力。

（3）能量转换模型

根据能量的转换关系和转换效率，可以建立 P2G 过程中 SNG 的生成速率（Q_t^{p2g}）与电解过程的消耗功率（P_t^{p2g}）之间的数学模型

$$Q_t^{p2g} = \frac{\phi_{P2G} P_t^{p2g}}{H_{gas}} \tag{2-65}$$

式中，H_{gas} 为天然气的高热值；P_t^{p2g} 为 P2G 过程的综合能量转换效率。

电转气功率满足的约束：

$$0 \leq P_t^{p2g} \leq P_{max}^{p2g} \tag{2-66}$$

式中，$P_{\max}^{\mathrm{p2g}}$ 为 P2G 的最大输出功率。

2.3.2 能源存储模型

储能指通过一定的设备及介质，运用其相关特性，将某种能量在一定的时间段内通过物理或者化学手段，以另外一种或者同一种形式将这部分储存起来，并在未来的某个时间段内，根据实际的能量需求，将之前储存的能量再释放出来的过程。随着储能技术的不断发展，它在电力、能源、交通等各个领域得到了越来越多的应用，根据储存能量形式的不同以及储存技术的不同，其应用的场景及水平也各有不同。储能最重要的一个特征是实现了能源在时间维度上的解耦。对于能源枢纽这个多能源系统而言，根据储存能量形式的不同，可以将储能分成 3 类：储电、储热、储气。

（1）储电

近些年来，对于电力系统而言，无论是在"源侧"还是"负荷侧"，对于储能系统的需求在逐渐增长，储电技术也得到了较快的发展，储电也是最常见且技术种类最多的一种储能形式。储电技术根据电能转化后存储的形式，大致可以分为以下 3 种：电化学储能、电磁储能、物理储能。

1）电化学储能就是通过一些可逆的化学反应，将电能以化学能的形式进行存储和释放的过程，其具有的优点包括转换效率高、能量密度较大、投资建设周期短、对场站选址适应性强，是应用最为广泛的一种电储能形式。根据储能系统内部化学成分的不同，大致可以将电化学储能电池分为：铅酸电池、锂离子电池、钠硫电池和液流电池。

2）电磁储能主要包括超级电容器储能和超导储能。超级电容器通过活性炭多孔电极与电解质构成的双电层来产生超大的电容量，通过正负极板上的离子移动来储存和释放能量，具有性能稳定、安全系数高、低温性能好、充放电速度快、循环使用次数多等优点。超导储能系统依靠以超导线圈为核心部件的功率变换装置，将电能以电磁能的形式存储起来，再根据负荷需要，通过功率变换器再输出到负载。由于超导线圈在工作时，并没有焦耳热损耗，因此具有响应速度极快、转换效率较高、使用寿命长、无污染的优点。

3）物理储能主要包括抽水储能、压缩空气储能和飞轮储能。抽水储能是装机容量最大的一种储能方式。它以水作为能量的载体，在电负荷低谷或者丰水期，将低洼处的水资源输送到地势高的水库，即将电能转换成水的重力势能；在电负荷高峰或枯水期，利用水库的水驱动水能发电机进行发电。抽水储能具有成本低、技术成熟的优点，能够参与电力系统调频、调峰。压缩空气储能是一种基于燃气轮机的储能技术，储能时消耗电能，将空气以高压的形式压缩到储气室中，放能时释放高压气体，与燃料一起进入燃气轮机燃烧，驱动发电机发电。飞轮储能利用电动/发电互逆式双向电机进行工作，储能时，工作在电动机状态，消耗电能，驱动飞轮高速旋转，飞轮以动能的形式存储能量；放能时，工作在发电机状态，原来高速旋转的飞轮驱动发电机发电，输出电能，实现机械能到电能的转化。

（2）储热

储热一般是利用储热材料作为媒介，把地热、太阳能、工业余热、低品位废热等其他热能进行存储，并在适当的时候将热能释放，主要用于解决在空间、时间或者强度上热能供需之间的不平衡问题,提高整个热能系统的综合利用效率。储热包含两个要素,一是热能转化,如热能与其他形式能量间的转化,或者热能不同的载体间的传递,二是热能的存储,即以热力学的特征在载体上存在。

目前,国内外已经有很多的热电机组开始配置储热系统,来解耦"以热定电"的运行方式,提高电力系统与热力系统运行的灵活性。常见的储热系统一般是以水作为媒介的大型蓄热罐,它是利用不同温度的水密度各不相同的原理,进行分层蓄热,其运行成本主要是热损失,一般而言,大型蓄热罐的能量损失率较小。

(3) 储气

储气是指利用一些设备或介质将天然气等气体直接进行存储。储气的主要作用是调节用户用气负荷需求的不均匀性,平衡天然气供给与需求之间的日、月、季节性用气的矛盾,保障天然气网络系统的安全高效经济运行。目前,天然气系统的储气方式主要包括:储罐存储、管道存储、液化存储、地下储气库存储等。对于能源枢纽而言,储气装置能够进一步保障天然气供应的可靠性,当存在"分时气价"时,储气设备也能够根据价格因素进行天然气的存储与释放,实现经济运行。

(4) 储能模型

综合以上 3 类储能系统的特点,虽然储能的类型和方式多种多样,但从能量转换的角度,可以使用统一的储能模型对于 3 类储能进行建模,储能单元可对系统能量进行跨时段转移并完成网内"源—荷"间不平衡量的协调,可实现系统削峰填谷并对可再生能源波动进行抑制,促进供能系统经济高效运行。通过各种形式的能源存储可以确保能源转化过程的进行,除了水泵、电池、飞轮等形式的能源存储,热储也是一种重要的储能形式。电抽水储能具有成本低、技术成熟的优点,能够参与电力系统调频、调峰。

如图 2-14 所示,在转换器输入、输出端口均包含储能装置的能量枢纽,由此得到包含储能的输入、输出侧功率耦合关系

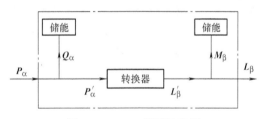

图 2-14 α—β 能源转换器

$$[L + M] = C[P - Q] \tag{2-67}$$

式中,M 为输出侧储能载体矢量;Q 为输入侧储能载体矢量。

对式(2-67)进行变形,可得到

$$L = C[P - Q] - M = CP - M^{eq} \tag{2-68}$$

式中,M^{eq} 为一列向量,表示如下:

$$\underbrace{\begin{bmatrix} M_1^{eq} \\ M_2^{eq} \\ \vdots \\ M_n^{eq} \end{bmatrix}}_{M^{eq}} = \underbrace{\begin{bmatrix} s_{11} & s_{12} & \cdots & s_{1m} \\ s_{21} & s_{22} & \cdots & s_{2m} \\ \vdots & \vdots & \ddots & \vdots \\ s_{n1} & s_{m2} & \cdots & s_{nm} \end{bmatrix}}_{S} \underbrace{\begin{bmatrix} \dot{E}_1 \\ \dot{E}_2 \\ \vdots \\ \dot{E}_m \end{bmatrix}}_{\dot{E}} \tag{2-69}$$

式中，$\dot{E}_i$ 为第 i 种形式能源的存储量；s_{ij} 为储能耦合因子，对应的 S 为储能耦合矩阵。

考虑不同能源之间的分配与转化，并加入储能耦合矩阵，对式(2-69)进行修正得到含储能的能量枢纽模型

$$L = CP - S\dot{E} = [C \ -S]\begin{bmatrix} P \\ \dot{E} \end{bmatrix} \tag{2-70}$$

2.3.3 考虑需求响应的能量枢纽模型

在电力系统中，需求响应表示用户在电价或者激励的作用下改变自身用户用电行为，是用户与电网之间的一种交互机制，可使负荷峰谷转移，平滑负荷曲线，减少由可再生能源与电网互联造成的不确定性，有助于提升能量枢纽的需求供给能力。而在综合能源系统中，对需求响应的概念进一步拓展，用户各种用能形式的切换也包含在内，如当电价较高时不采用电供暖方式而直接利用热供暖等，并将这种需求响应定义为综合能源需求响应。综合能源需求响应最核心的优点体现在用户自身的用能需求不需要做出调整，用户的舒适度不会受到影响，体现了能量枢纽的高度灵活性，因而接受程度更高。

电力系统中，需求响应通常分为基于价格和基于激励这两种模型。基于价格的需求响应是指用户对零售电价的变化做出响应并相应地调整用电需求，包括分时电价、实时电价、尖峰电价、系统峰时段响应输电费用、直接负荷控制尖峰电价、尖峰实时电价。基于激励的需求响应是指需求响应执行机构通过与用户签订确定性的或者随时间变化的协议，来激励用户在电价较高或者系统可靠性受到影响时及时做出响应并削减负荷。基于激励的需求响应是指需求响应的实施机构通过实施确定性的或随时间变化的经济激励的方式，鼓励用户在电力系统可靠性受到影响或系统运行需要时及时削减负荷。可中断负荷的用户响应行为研究是国内对基于激励的需求响应的用户响应特性研究的主要侧重点。含需求响应的能量枢纽建模与上述储能建模过程类似，需求响应通过负荷转移或削减，与在能量枢纽输出侧安装储能装置进行充放能的效果基本相同。能量枢纽的需求响应行为可表示如下：

$$\underbrace{\begin{bmatrix} \Delta L_1 \\ \Delta L_2 \\ \vdots \\ \Delta L_n \end{bmatrix}}_{L} = \underbrace{\begin{bmatrix} d_{11} & d_{12} & \cdots & d_{1m} \\ d_{21} & d_{22} & \cdots & d_{2m} \\ \vdots & \vdots & \ddots & \vdots \\ d_{n1} & d_{m2} & \cdots & d_{nm} \end{bmatrix}}_{D} \underbrace{\begin{bmatrix} H_1 \\ H_2 \\ \vdots \\ H_m \end{bmatrix}}_{H} \tag{2-71}$$

式中，H_i 为第 i 种形式能源的需求响应量；d_{ij} 为需求响应耦合因子，表示第 i 种形式能源的需求响应对第 j 种形式输出能源的影响；D 为需求响应耦合矩阵。

综上，含储能和需求响应的综合能量枢纽数学模型的矩阵表达式为

$$L = [C \ -S \ D]\begin{bmatrix} P \\ \dot{E} \\ H \end{bmatrix} \tag{2-72}$$

2.4 小结

本章主要介绍了综合能源系统中设备模型、供能网络和能源枢纽模型。由于综合能源供给系统中新能源发电的占比逐步增加，因此本文首先介绍了新能源设备的供能设备模型、用能设备模型和能源存储设备模型，然后介绍了电力网络模型、热力网络模型、天然气网络模型和交通网络模型四种供能网络模型，最后介绍了能量枢纽的转换和存储模型，建立了包含需求响应的能量枢纽模型，为第4章和第5章配置优化建模以及运行优化建模提供基础。

第 3 章 综合能源系统优化求解方法

综合能源系统优化问题是一个高维度、非线性,并含有难解约束的问题,由于多种能源系统间的相互作用,综合能源系统的耦合性不断增强,但是在带来综合能源系统互补优势的同时,其优化求解的计算量也随模型决策变量和状态变量的增加呈几何倍数增长,所以适当的求解方法就显得尤为重要,常用的求解方法包括数学优化算法和智能优化算法,本章针对以上两种优化算法展开具体介绍。

3.1 数学优化算法

数学优化算法具有明确的物理意义以及良好的数学理论基础,其全局寻优能力较强,但该类方法对建模过程要求较高,求解时需要避免维数灾难问题。数学优化算法主要包括:拉格朗日松弛法、内点法、线性规划法、分支定界法等。

3.1.1 拉格朗日松弛法

拉格朗日松弛法是用以求解约束规划的一种数学方法。在一些组合优化中,通过减少一些约束,可以使得问题的求解难度大大降低(称这类约束为难约束)。拉格朗日松弛法的基本原理是:将造成问题难的约束吸收到目标函数中,并使得目标函数仍保持线性,使得问题容易求解。拉格朗日松弛法在求解时有以下优点:

第一,对于线性规划问题,将难约束吸收到目标函数后,求解会变得容易,这时解的质量完全依赖于吸收到目标函数时所选取的参数。

第二,实际的求解结果证实拉格朗日松弛法所给出的下界相当不错,且求解时间也可以接受。

如果一个整数规划问题可以在多项式时间内求得最优解,就没有必要用更复杂的算法去求解。而面对一个 NP 难的整数规划问题时,除非 P=NP,构造多项式时间的最优算法已不可能。为了适合拉格朗日松弛法的讨论,将整数规划(IP)问题描述为

$$Z_{IP} = \min \boldsymbol{c}^T x$$
$$\text{s. t. } \boldsymbol{A}x \geq b$$
$$\boldsymbol{B}x \geq d$$
$$x \in Z_+^n$$

(3-1)

式中，$(\boldsymbol{A},\boldsymbol{b})$ 为 $m\times(n+1)$ 整数矩阵，$(\boldsymbol{B},\boldsymbol{d})$ 为 $1\times(n+1)$ 整数矩阵。记 IP 的可行解区域为

$$S=\{x\in Z_+^n\mid \boldsymbol{A}x\geqslant \boldsymbol{b},\boldsymbol{B}x\geqslant \boldsymbol{d}\} \tag{3-2}$$

在 IP 模型中，如果将 $\boldsymbol{A}x\geqslant \boldsymbol{b}$ 该项的约束去掉，则 IP 可以在多项式时间求到最优解，即假定

$$\begin{aligned}&\min \boldsymbol{c}^{\mathrm{T}}x\\ &\text{s. t. } \boldsymbol{B}x\geqslant \boldsymbol{d}\\ &\quad x\in Z_+^n\end{aligned} \tag{3-3}$$

对给定的 $\boldsymbol{\lambda}=(\lambda_1,\lambda_2,\cdots,\lambda_m)^{\mathrm{T}}\geqslant 0$，IP 对 $\boldsymbol{\lambda}$ 的拉格朗日松弛（在不对 $\boldsymbol{\lambda}$ 的取值产生混淆时，简称为 LR）定义为

$$\begin{aligned}Z_{\mathrm{LR}}(\boldsymbol{\lambda})&=\min \boldsymbol{c}^{\mathrm{T}}x=\boldsymbol{\lambda}^{\mathrm{T}}(\boldsymbol{b}-\boldsymbol{A}x)\\ \text{s. t. } &\boldsymbol{B}x\geqslant \boldsymbol{d}\\ &x\in Z_+^n\end{aligned} \tag{3-4}$$

LR 的可行解区域记为 $S_{\mathrm{LR}}=\{x\in Z_+^n\mid \boldsymbol{B}x\geqslant \boldsymbol{d}\}$。

3.1.2 内点法

内点法是一种求解线性规划或非线性凸优化问题的算法，与拉格朗日松弛法形式相似，也是利用拉格朗日乘子把约束条件引入目标函数，区别在于内点法在增广目标函数基础上增设了障碍参数，利用对数壁垒函数作为附加惩罚项，控制整个寻优过程始终保持在可行域中，并且通过迭代修正，得到最优解。

内点法中有一个惩罚函数，用于描述凸集。通过遍历内部可行区域来搜索最优解。

线性规划问题可以描述如下：

$$\begin{aligned}&\min f(x)\\ &\text{s. t. } c(x)\geqslant 0, x\in R^n, c(x)\in R^m\end{aligned} \tag{3-5}$$

与之对应的对数型惩罚函数为

$$B(x,\mu)=f(x)-\mu\sum_{i=1}^m \ln(c_i(x)) \tag{3-6}$$

这里 μ 是一个小的正参数，常被称作"惩罚因子"。当 μ 趋近于 0 时，$B(x,\mu)$ 将趋近于式(3-5) 的解。

惩罚函数的梯度为

$$g_b=g-\mu\sum_{m}^{i=1}\frac{1}{c_i(x)}\nabla c_i(x) \tag{3-7}$$

g 是原始函数 $f(x)$ 的梯度，且 ∇c_i 是 c_i 的梯度。

除了原始变量，还引入了拉格朗日乘子 $\lambda\in R^m$（有时也称松弛变量）

$$\forall_{i=1}^m c_i(x)\lambda_i=\mu \tag{3-8}$$

式(3-8) 有时被称为扰动互补条件，类似于 KKT 条件中的互补松弛。

对比式(3-7) 与式(3-8) 容易得到一个关于梯度的等式

$$g-\boldsymbol{A}^{\mathrm{T}}\lambda=0 \tag{3-9}$$

式中，$\boldsymbol{A}$ 是限制条件 $c(x)$ 的雅克比矩阵。

式(3-9)意味着$f(x)$梯度应该位于限制条件梯度所生成的子空间中。对式(3-8)和式(3-9)应用牛顿法可以得到

$$\begin{bmatrix} W & -A^T \\ BA & C \end{bmatrix} \begin{bmatrix} p_x \\ p_\lambda \end{bmatrix} = \begin{bmatrix} -g + A^T\lambda \\ \mu - C\lambda \end{bmatrix} \quad (3\text{-}10)$$

式中,W是$f(x)$的黑塞矩阵;B是λ的对角矩阵。

因为式(3-5)和式(3-8)在每次迭代时都必须满足$\lambda \geq 0$,所以可以通过式(3-9)选择合适的λ来计算

$$(x, \lambda) \rightarrow (x + \alpha p_x, \lambda + \alpha p_\lambda) \quad (3\text{-}11)$$

3.1.3 线性规划法

线性规划法就是在线性等式或不等式的约束条件下,求解线性目标函数的最大值或最小值的方法。其中目标函数是决策者要求达到目标的数学表达式,用一个极大或极小值表示。约束条件是指实现目标的能力资源和内部条件的限制因素,用一组等式或不等式来表示。

(1) 线性规划的模型建立

从实际问题中建立数学模型一般有以下3个步骤:

1) 根据影响目标的因素找到决策变量。
2) 由决策变量和目标之间的函数关系确定目标函数。
3) 由决策变量所受的限制条件确定决策变量所要满足的约束条件。

当得到的数学模型的目标函数为线性函数,约束条件均为线性等式或不等式时,称此数学模型为线性规划模型。

(2) 标准型

描述线性规划问题最常用和最直观的形式是标准型。标准型包括以下3个部分:

1) 一个需要极大化的线性函数:

$$c_1 x_1 + c_2 x_2 \quad (3\text{-}12)$$

2) 以下形式的问题约束:

$$\begin{aligned} a_{11} x_1 + a_{12} x_2 &\leq b_1 \\ a_{21} x_1 + a_{22} x_2 &\leq b_2 \\ a_{31} x_1 + a_{32} x_2 &\leq b_3 \end{aligned} \quad (3\text{-}13)$$

3) 非负变量:

$$\begin{aligned} x_1 &\geq 0 \\ x_2 &\geq 0 \end{aligned} \quad (3\text{-}14)$$

其他类型的问题,如极小化问题、不同形式的约束问题和有负变量的问题,都可以改写成其等价问题的标准型。

3.1.4 分支定界法

分支定界法(branch and bound)是一种求解整数规划问题的最常用算法。这种方法不但可以求解纯整数规划,还可以求解混合整数规划问题。分支定界法是一种搜索与迭代的方法,通过选择不同的分支变量和子问题进行分支。

把全部可行解空间反复地分割为越来越小的子集,称为分支;并且对每个子集内的解集计算下界,这称为定界。在每次分支后,凡是界限超出已知可行解集目标值的那些子集不再进一步分支,这样,可以剪掉很多子集,这称为剪支。这就是分支定界法的主要思路。

分支定界法的主要步骤如下所述:

步骤一:如果问题的目标函数为最小化函数,则设定最优解的值 $Z = \infty$;

步骤二:根据分支法则(branching rule),从尚未被洞悉(fathomed)节点(局部解)中选择一个节点,并在此节点的下一阶层中分为几个新的节点;

步骤三:计算每一个新分支出来的节点的下限值(lower bound,LB);

步骤四:对每一节点进行洞悉条件测试,若节点满足以下任意一个条件,则此节点可洞悉而不再被考虑。①此节点的下限值大于等于 Z 值;②已找到在此节点中,具最小下限值的可行解,则需比较此可行解与 Z 值,若前者较小,则需更新 Z 值,以此为可行解的值;③此节点不可能包含可行解;

步骤五:判断是否仍有尚未被洞悉的节点,如果有,则进行步骤二,如果已无尚未被洞悉的节点,则演算停止,并得到最优解。

分支定界法可以求得最优解且求解平均速度快。但需要存储很多叶子结点的限界和对应的耗费矩阵,需要花费很多内存空间。

3.2 智能优化算法

"智能优化算法"是指在工程实践中,一些比较"新颖"的算法或理论,这些算法或理论都有一些共同的特性(如模拟自然过程)。它们在解决一些复杂的工程问题时大有用武之地。智能优化算法主要有蚁群算法、模拟退火算法、神经网络算法、禁忌搜索算法、粒子群算法、遗传算法等。

3.2.1 蚁群算法

蚁群算法(ant colony optimization,ACO)又称蚂蚁算法,是一种寻求优化路径的机率型算法。它由 Marco Dorigo 于 1992 年在他的博士论文中提出,其灵感来源于蚂蚁在寻找食物过程中发现路径的行为。蚁群算法是一种模拟进化算法,具有许多优良的性质。

(1)蚁群算法的特点

1)蚁群算法是一种自组织的算法。在系统论中,自组织和他组织是组织的两个基本分类,其区别在于组织力或组织指令是来自于系统的内部还是来自于系统的外部,来自于系统内部的是自组织,来自于系统外部的是他组织。如果系统在获得空间、时间或者功能结构的过程中,没有外界的特定干预,便说系统是自组织的。在抽象意义上讲,自组织就是在没有外界作用下使得系统熵减小的过程(即是系统从无序到有序的变化过程)。蚁群算法充分体现了这个过程,以蚂蚁群体优化为例子说明,当算法开始的初期,单个的人工蚂蚁无序地寻找解,经过一段时间的演化,通过信息激素的作用,自发地越来越趋向于寻找到接近最优解的一些解,这就是一个无序到有序的过程。

2)蚁群算法本质上是一种并行的算法。每只蚂蚁搜索的过程彼此独立,仅通过信息激素进行通信,所以蚁群算法可以看作是一个分布式的多 agent 代理系统,它在问题空间的多点同时开始进行独立的解搜索，不仅增加了算法的可靠性，也使得算法具有较强的全局搜索能力。

3）蚁群算法是一种正反馈的算法。从真实蚂蚁的觅食过程中不难看出，蚂蚁最终找到最短路径，这依赖于最短路径上信息激素的堆积，而信息激素的堆积是一个正反馈的过程。对蚁群算法来说，初始时刻在环境中存在完全相同的信息激素，给予系统一个微小扰动，使得各个边上的轨迹浓度不相同，蚂蚁构造的解就存在了优劣，算法采用的反馈方式是在较优的解经过的路径留下更多的信息激素，而更多的信息激素又吸引了更多的蚂蚁，这个正反馈的过程使得初始的不同得到不断的扩大，同时又引导整个系统向最优解的方向进化。因此，正反馈是蚂蚁算法的重要特征，它使得算法演化过程得以进行。

4）蚁群算法具有较强的鲁棒性。相对于其他算法，蚁群算法对初始路线要求不高，即蚁群算法的求解结果不依赖于初始路线的选择，而且在搜索过程中不需要进行人工的调整。其次，蚁群算法的参数数目少，设置简单，易于蚁群算法应用到其他组合优化问题的求解。

(2) 蚁群算法的基本原理

本小节以商旅问题（TSP）为例介绍蚁群算法的原理。

1）每只蚂蚁从一个城市走到另一个城市的过程中都会在路径上释放信息素，并且蚂蚁选择下一个城市的依据是一个概率公式，如下：

$$P_{ij}^k(t) = \begin{cases} \dfrac{\tau_{ij}^\alpha(t)\eta_{ij}^\beta(t)}{\sum_{s \notin \mathrm{tabu}_k} \tau_{ij}^\alpha(t)\eta_{ij}^\beta(t)} & j \notin \mathrm{tabu}_k \\ 0 & \text{other} \end{cases} \quad (3\text{-}15)$$

式中，α 为信息素启发式因子，它反映了信息素对蚂蚁路径选择的作用；β 为期望启发式因子，它反映了信息素在蚂蚁选择路径时被重视的程度；d_{ij} 为城市 i 和 j 之间的距离；$\eta_{ij}(t)$ 为启发函数，表达式为 $\eta_{ij}(t)=1/d_{ij}$；tabu_k 为禁忌表，记录蚂蚁 k 当前所走过的城市；τ_{ij} 为城市 i 到城市 j 的路径上的信息素的量。

2）蚂蚁留下的信息素，因为是化学物质，因此随着时间的过去信息素也应该要以一定的速率挥发。根据不同的规则可以将蚁群算法分为 3 种模型：蚁周模型（ant-cycle）、蚁量模型（ant-quantity）和蚁密模型（ant-density）。通常使用的是蚁周模型，故只介绍蚁周模型。其规则是：完成一次路径循环后，蚂蚁才释放信息素。有了这个规则后，可以来想想，经过一次路径循环后，路径上的信息素为多少？

由蚁周模型的规则可知，当所有的蚂蚁完成一次路径循环后，才更新信息素。因此路径上的信息素应该分为两部分：之前未挥发所残留的信息素和经过当前循环所有蚂蚁在经过该路径后所留下的信息素。用公式表述如下：

$$\begin{aligned}\tau_{ij}(t+n) &= (1-\rho)\tau_{ij}(t) + \Delta\tau_{ij}(t,t+n) \quad \rho \in [0,1] \\ \Delta\tau_{ij}(t,t+n) &= \sum_{k=1}^{m}\Delta\tau_{ij}^k(t,t+n)\end{aligned} \quad (3\text{-}16)$$

式中，ρ 为信息素挥发因子，$\rho \in [0,1]$；$\tau_{ij}(t+n)$ 为经过一次循环后城市 i 到城市 j 的路径上的信息素的增量；$(t, t+n)$ 为走过 n 步以后蚂蚁即完成一次循环；$\Delta\tau_{ij}(t, t+n)$ 表示经过一次循环后蚂蚁 k 在它走过的路上的信息素增量。

未挥发残留的信息素很好解，只需要定义一个信息素挥发因子 ρ 便能解决。但是，经过一次循环所有蚂蚁留下的信息素该怎么定义？在蚁周模型中，它被定义如下：

$$\Delta \tau_{ij}^k(t,t+n) = \begin{cases} \dfrac{Q}{L_k} & \text{ant walk though path}(i,j) \\ 0 & \text{other} \end{cases}$$

(3-17)

式（3-17）表明，蚂蚁留下的信息素跟它走过的完整路径的总长度有关，越长则留下的信息素越少。为了找到更短的路径，就应该让短的路径信息素浓度高些。Q 是控制比例常数，一般定为 1。

（3）蚁群算法步骤

1) $nc \leftarrow 0$（nc 为迭代步数或搜索次数）；
各 τ_{ij} 和 $\nabla \tau_{ij}$ 初始化；
将 m 个蚂蚁置于 n 个顶点上。

2) 将各蚂蚁的初始出发点置于当前解集中；
对每个蚂蚁 k，按概率 P_{ij}^k 移至下一顶点 j；
将顶点 j 置于当前解集。

3) 计算各蚂蚁的目标函数值 Z_k，记录当前的最好解。

4) 按更新方程修改轨迹强度。

5) 对各边弧 (i, j)，置 $\nabla \tau_{ij} \leftarrow 0$，$nc \leftarrow nc + 1$。

6) 若 nc 小于预定的迭代次数且无退化行为（即找到的都是相同解），则返回步骤 2。

7) 输出目前的最好解。

蚁群算法求解流程图如图 3-1 所示。

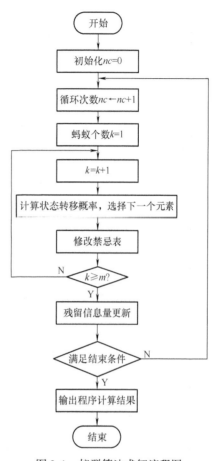

图 3-1　蚁群算法求解流程图

3.2.2　模拟退火算法

模拟退火算法（simulate anneal arithmetic，SAA）是一种通用概率演算法，用来在一个大的搜寻空间内找寻命题的最优解。模拟退火算法是解决商旅问题（TSP）的有效方法之一。

1. 模拟退火算法原理

模拟退火算法来源于固体退火原理，将固体加温至充分高，再让其徐徐冷却，加温时，固体内部粒子随温升变为无序状，内能增大，而徐徐冷却时粒子渐趋有序，在每个温度都达到平衡态，最后在常温时达到基态，内能减为最小。根据 Metropolis 准则，粒子在温度 T 时趋于平衡的概率为 $e(-\Delta E/(kT))$，其中 E 为温度 T 时的内能，ΔE 为其改变量，k 为 Boltzmann 常数。用固体退火模拟组合优化问题，将内能 E 模拟为目标函数值 f，温度 T 演化成控制参数 t，即得到解组合优化问题的模拟退火算法：由初始解 i 和控制参数初值 t 开始，对当前解重复"产生新解→计算目标函数差→接受或舍弃"的迭代，并逐步衰减 t 值，算法终止时的当前解即为所得近似最优解，这是基于蒙特卡罗迭代求解法的一种启发式随机搜索过程。退火过程由冷却进度表（cooling schedule）控制，包括控制参数的初值 t 及其衰减因子 Δt、每个 t 值时的迭代次数 L 和停止条件 S。

2. 模拟退火算法的步骤

模拟退火算法分以下 4 个步骤：

第一步是由一个产生函数从当前解产生一个位于解空间的新解。为便于后续的计算和接受，减少算法耗时，通常选择由当前新解经过简单地变换即可产生新解的方法，如对构成新解的全部或部分元素进行置换、互换等，注意到产生新解的变换方法决定了当前新解的邻域结构，因而对冷却进度表的选取有一定的影响。

第二步是计算与新解所对应的目标函数差。因为目标函数差仅由变换部分产生，所以目标函数差的计算最好按增量计算。事实表明，对大多数应用而言，这是计算目标函数差的最快方法。

第三步是判断新解是否被接受，判断的依据是一个接受准则，最常用的接受准则是 Metropolis 准则：若 $\Delta T < 0$ 则接受 S' 作为新的当前解 S，否则以概率 $\exp(-\Delta T/T)$ 接受 S' 作为新的当前解 S。

第四步是当新解被确定接受时，用新解代替当前解，这只需将当前解中对应于产生新解时的变换部分予以实现，同时修正目标函数值即可。此时，当前解实现了一次迭代。可在此基础上开始下一轮试验。而当新解被判定为舍弃时，则在原当前解的基础上继续下一轮试验。

模拟退火算法流程图如图 3-2 所示。

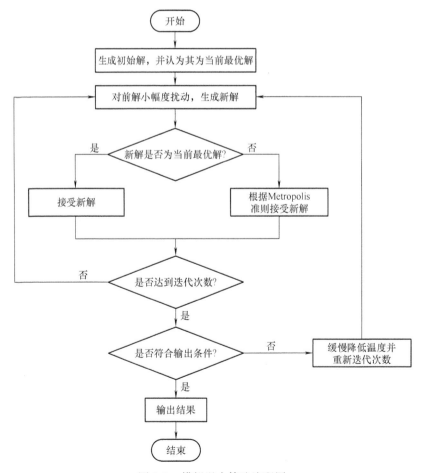

图 3-2 模拟退火算法流程图

3.2.3 神经网络算法

逻辑性的思维是指根据逻辑规则进行推理的过程。它先将信息化成概念,并用符号表示,然后根据符号运算,按串行模式进行逻辑推理,这一过程可以写成串行的指令,让计算机执行。直观性的思维是将分布式存储的信息综合起来,结果是忽然间产生想法或解决问题的办法。

神经网络算法是一种应用直观性思维的算法,通过神经元上的兴奋模式将信息分布存储在网络上,并通过神经元之间同时相互作用的动态过程完成信息处理。

1. 神经网络算法的基本方式

思维学普遍认为,人类大脑的思维分为抽象(逻辑)思维、形象(直观)思维和灵感(顿悟)思维三种基本方式。

人工神经网络就是模拟人类思维的第二种方式。这是一个非线性动力学系统,其特色在于信息的分布式存储和并行协同处理。虽然单个神经元的结构极其简单,功能有限,但大量神经元构成的网络系统所能实现的行为却是极其丰富多彩的。

神经网络的研究内容相当广泛,反映了多学科交叉技术领域的特点。主要的研究工作集中在以下几个方面:

1) 生物原型研究。从生理学、心理学、解剖学、脑科学、病理学等生物科学方面研究神经细胞、神经网络、神经系统的生物原型结构及其功能机理。

2) 建立理论模型。根据生物原型的研究,建立神经元、神经网络的理论模型。其中包括概念模型、知识模型、物理化学模型、数学模型等。

3) 网络模型与算法研究。在理论模型研究的基础上构作具体的神经网络模型,以实现计算机模拟或准备制作硬件,包括网络学习算法的研究。这方面的工作也称为技术模型研究。

4) 人工神经网络应用系统。在网络模型与算法研究的基础上,利用人工神经网络组成实际的应用系统,例如,完成某种信号处理或模式识别的功能、构造专家系统、制成机器人等。

2. 神经网络算法的特点

(1) 有很强的自适应与自组织特性

人类通过后天的学习与训练可以开发许多各具特色的活动功能。如盲人的听觉和触觉非常灵敏,聋哑人善于运用手势,训练有素的运动员可以表现出非凡的运动技巧等。这些各具特色的活动功能都离不开人类的自适应与自组织能力。

而人工神经网络也具有一定的自适应与自组织能力。在学习或训练过程中改变突触权重值,以适应周围环境的要求。同一网络因学习方式及内容不同可具有不同的功能。人工神经网络是一个具有学习能力的系统,可以发展知识,以致超过设计者原有的知识水平。通常,它的学习训练方式可分为两种,一种是有监督或称有导师的学习,是利用给定的样本标准进行分类或模仿;另一种是无监督学习或称无导师学习,是只规定学习方式或某些规则,而具体的学习内容随系统所处环境(即输入信号情况)而异,系统可以自动发现环境特征和规律性,具有更近似人脑的功能。

(2) 泛化能力

泛化能力指对没有训练过的样本，有很好的预测能力和控制能力。特别是，当存在一些有噪声的样本时，神经网络具备很好的预测能力。

(3) 非线性映射能力

当对系统了解很透彻或者很清楚时，一般可以利用数值分析、偏微分方程等数学工具建立精确的数学模型，但当系统复杂时，或者系统未知时，或者系统信息量很少时，建立精确的数学模型会很困难，此时，神经网络由于其具备的非线性映射能力可以表现出优势，因为它不需要对系统进行透彻的了解，但是同时能得到输入与输出的映射关系，这就大大简化设计的难度。

(4) 高度并行性

神经网络是根据人的大脑而抽象出来的数学模型，由于人可以同时做一些事，所以从功能的模拟角度上看，神经网络也应具备很强的并行性。

3. 人工神经元模型

神经网络由许多并行运算、功能简单的神经元组成，神经元是构成神经网络的基本元素。神经元模型如图 3-3 所示。

图中 $X_1 - X_n$ 是从其他神经元传来的输入信号。用 ω_{ij} 表示从神经元 j 到神经元 i 的连接权值，θ 表示一个阈值，则神经元 i 的输入与输出关系表示为

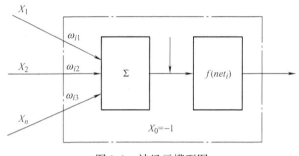

图 3-3 神经元模型图

$$net_i = \sum_{j=1}^{n} \omega_{ij} x_j - \theta \tag{3-18}$$

$$y_i = f(net_i) \tag{3-19}$$

式中，y_i 表示神经元 i 的输出；函数 f 称为激活函数或转移函数；net 称为净激活。若将阈值看成神经元 i 的一个输入（x_0）的权重（ω_{i0}），则式子可以简化为

$$net_i = \sum_{j=1}^{n} \omega_{ij} x_j \tag{3-20}$$

若用 $\boldsymbol{X}$ 表示输入向量，用 $\boldsymbol{W}$ 表示权重向量，即

$$\begin{aligned} \boldsymbol{X} &= [x_0 x_1 x_2 \cdots x_n] \\ \boldsymbol{W} &= [\omega_{i0} \omega_{i1} \omega_{i2} \cdots \omega_{in}]^T \end{aligned} \tag{3-21}$$

则神经元的输出可以表示为向量相乘的形式

$$\begin{aligned} net_i &= \boldsymbol{XW} \\ y_i &= f(net_i) = f(\boldsymbol{XW}) \end{aligned} \tag{3-22}$$

若神经元的净激活 net 为正，则该神经元处于激活状态，否则，神经元处于抑制状态。

4. BP 神经网络结构

BP 神经网络是一种具有 3 层或者 3 层以上的前馈神经网络，含有一个输入层、隐

含层（也称为中间层，可以是一层或者多层）和 1 个输出层，如图 3-4 所示。该网络首先进行信号的前向传播，然后进行误差的反向传播。在第一阶段，信号从输入层经过隐含层向输出层传播，在输出层的神经元获得对应的输出响应。在第二阶段，根据最小化期望输出和实际输出误差的原则，从输出层经过隐含层逐层调整阈值和权重，最终又返回到输入层。上述过程不断进行，期望输出和实际输出的误差会不断减小，网络性能会不断提高。

神经网络算法流程图如图 3-5 所示。

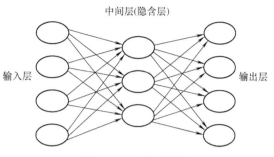

图 3-4　BP 神经网络

3.2.4　禁忌搜索算法

禁忌搜索（tabu search）算法是一种全局性邻域搜索算法，它模拟了人类的记忆功能。禁忌搜索算法最早是由 Glover 在 1986 年提出的，随后很多学者对这个算法进行了完善，形成了一套完整的算法。

禁忌搜索算法主要思路：

1) 在搜索中，构造一个短期循环记忆表——禁忌表，禁忌表中存放刚刚进行过的 |T|（T 称为禁忌表）个邻居的移动，这种移动即为解的简单变化。

2) 禁忌表中的移动称为禁忌移动。对于进入禁忌表中的移动，在以后的 |T| 次循环内是禁止的，以避免回到原来的解，从而避免陷入循环。|T| 次循环后禁忌解除。

3) 禁忌表是一个循环表，始终保持 |T| 个移动，在移动过程中被循环地修改。

4) 即使引入了禁忌表，禁忌搜索仍可能出现循环。因此，必须给定停止准则以避免出现循环。当迭代内所发现的最好解无法改进或无法离开它时，算法停止。

禁忌搜索算法流程图如图 3-6 所示。

3.2.5　粒子群算法

粒子群算法是一种基于对鸟类群体捕食

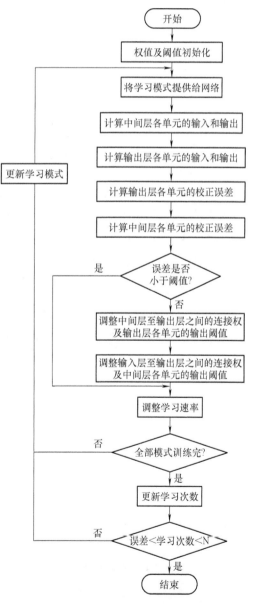

图 3-5　神经网络算法流程图

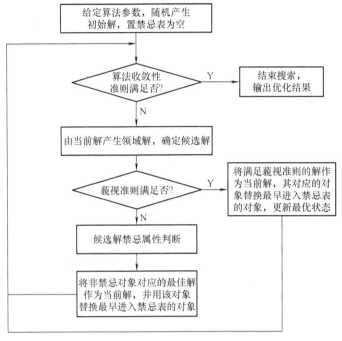

图 3-6　禁忌搜索算法流程图

行为的研究而建立的群体智能优化求解模型,是一种基于群体的迭代优化工具,其采用进化计算的方法,将群体中的个体看作一个具有速度和位置状态信息的抽象微粒,通过群体之间的信息共享进而在竞争与合作中搜索最优解。

每个粒子在解空间追随最优的粒子进行搜索,由 M 个粒子组成的粒子群体以一定的速度在 D 维搜索空间中飞行,每个粒子在搜索时都以群体内所有粒子的历史最优点和自己搜索到的历史最优点为基础进行位置变化,群体中的粒子不仅需要具备记忆能力,而且需具备自学能力、协作能力、响应能力和通信能力。

假设在 D 维空间中有大小为 M 的粒子群寻找最优解,第 i ($i=1, 2, \cdots, M$) 个粒子的速度和位置表示如下。

第 i 个粒子的位置为

$$X_i = (X_{i1}, X_{i2}, X_{i3}, \cdots, X_{id}, \cdots, X_{iD}), X \in [X_{\min}, X_{\max}] \tag{3-23}$$

第 i 个粒子的速度为

$$V_i = (V_{i1}, V_{i2}, V_{i3}, \cdots, V_{id}, \cdots, V_{iD}), V \in [-V_{\max}, V_{\max}] \tag{3-24}$$

其中,$1 \leqslant i \leqslant M$,$1 \leqslant d \leqslant D$

粒子个体历史最优位置

$$P_i = (P_{i1}, P_{i2}, P_{i3}, \cdots, P_{id}, \cdots, P_{iD}) \tag{3-25}$$

粒子群体内历史最优位置

$$P_g = (P_{g1}, P_{g2}, P_{g3}, \cdots, P_{gd}, \cdots, P_{gD}) \tag{3-26}$$

粒子个体的最差历史位置

$$P_{\text{worst}} = (P_{\text{worst1}}, P_{\text{worst2}}, P_{\text{worst3}}, \cdots, P_{\text{worst}d}, \cdots, P_{\text{worst}D}) \tag{3-27}$$

粒子群的位置与速度都是连续空间中的变量,为了保证全局搜索的效果,速度变化的过

程中加入了随机权重,粒子个体的状态信息按如下公式更新:

$$v_{id}^{k+1} = wv_{id}^k + c_1 r_1 (p_{id}^k - x_{id}^k) + c_2 r_2 (p_{gd}^k - x_{id}^k) + c_3 r_3 (x_{id}^k - p_{\text{worst}i}^k) \quad (3-28)$$

$$x_{id}^{k+1} = x_{id}^k + v_{id}^{k+1} \quad (3-29)$$

式中,粒子的速度更新公式由 4 部分组成,第 1 部分是标示粒子当前状态的原速度 wv_{id}^k (k 代表粒子的更新代数,i 代表第 i 个粒子);第 2 部分为代表粒子自身思考的认知部分 $c_1 r_1 (p_{id}^k - x_{id}^k)$;第 3 部分代表粒子间共享信息的社会部分 $c_2 r_2 (p_{gd}^k - x_{id}^k)$;第 4 部分 $c_3 r_3 (x_{id}^k - p_{\text{worst}i}^k)$ 代表粒子的反思能力,使粒子远离较差的位置;通过这 4 部分的共同作用,粒子能有效地到达最优位置。c_1、c_2、c_3 是速度更新的加速度系数也称为学习因子,通常取 2,为了保证粒子能够总结自身经验与学习社会经验,加速度系数使得每个粒子在运动中不断学习自身与群体最优解,加强搜索最优解的能力;r_1、r_2 与 r_3 是 [0,1] 范围内的随机数;w 代表粒子速度保持惯性的惯性权重系数,使得粒子具备拓展搜索空间及探索新区域的能力。

根据粒子群算法的原理,寻找最优解流程如下:

1)在粒子群搜索范围内随机初始化粒子群个体的速度与位置,并设置粒子群算法的有关参数。

2)计算范围内每个粒子的适应度值。

3)分析每个粒子当前的适应度值与历史最优适应度值的优劣,如果当前适应度值更优,则将该粒子当前的位置和适应度值存入 pbest 中,在所有粒子的 pbest 中选出适应度最优的个体,将其位置与适应度值存入 gbest 中。

4)按照更新公式更新每个粒子的位置与速度。

5)计算每个粒子的适应度值,对比其当前与其历史经历过的最好位置适应度值,如果当前位置较好,则更新 pbest 中的储值,将所有 pbest 中最好位置的适应度值与 gbest 比较,若较好,则更新 gbest。

6)当满足搜索停止条件时,停止搜索并输出结果,否则返回步骤 4 继续搜索。

粒子群算法流程图如图 3-7 所示。

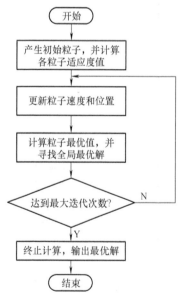

图 3-7 粒子群优化算法流程图

3.2.6 遗传算法

遗传算法(genetic algorithm,GA)最早是由美国的 John holland 于 20 世纪 70 年代提出,该算法是根据大自然中生物体进化规律而设计提出的。它是模拟达尔文生物进化论中的自然选择和遗传学机理以及生物进化过程的计算模型,是一种通过模拟自然进化过程搜索最优解的方法。该算法通过数学的方式,利用计算机仿真运算,将问题的求解过程转换成类似生物进化中的染色体基因的交叉、变异等过程。相对一些常规的优化算法而言,遗传算法在求解较为复杂的组合优化问题时,能够较快地获得较好的优化结果遗传算法已被人们广泛地应用于组合优化、机器学习、信号处理、自适应控制和人工生命等领域。

(1) 遗传算法的特点

1) 遗传算法从问题解的中集开始搜索,而不是从单个解开始。
2) 遗传算法求解时使用特定问题的信息极少,容易形成通用算法程序。
3) 遗传算法有极强的容错能力。
4) 遗传算法中的选择、交叉和变异都是随机操作,而不是确定的精确规则。
5) 遗传算法具有隐含的并行性。

(2) 遗传算法的基本流程

1) 产生初始群体。
2) 计算每个个体适应度函数值。
3) 利用轮盘赌算法选择进入下一代群体中的个体。
4) 两两配对的个体进行交叉操作以产生新个体。
5) 新个体进行变异操作。
6) 将群体迄今出现的最好个体直接复制到下一代中(精英保留策略)。
7) 反复执行步骤2到步骤6,直到满足算法终止条件。

遗传算法流程图如图3-8所示。

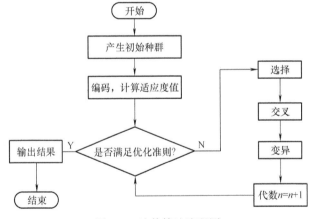

图 3-8 遗传算法流程图

3.3 小结

本章讲述了两种主要的综合能源系统求解方法:数学优化算法和智能优化算法。数学优化算法的全局寻优能力较强,但该类方法对建模过程要求较高,求解时需要避免维数灾问题。而智能优化算法一般是建立在生物智能或物理现象基础上的随机搜索算法,为许多复杂困难问题的求解提供了可行有效的策略,具有简单、通用、便于并行处理等特点,针对不用情况下的综合能源系统需要合理选择算法进行求解。

第 4 章 综合能源系统配置优化

综合能源系统是人类未来的主要能源承载系统，为了提高能源的利用率，发挥综合能源系统节能减排的作用，就需要对系统内各设备进行配置优化，设计合理的优化配置方案。综合能源系统包含多种能量类型，且不同能量与设备之间耦合关系复杂，因此在对综合能源系统进行优化配置时，简单地按照能量形式进行分类之后再单独配置势必会造成资源浪费。为了使设备的使用效率得以提升，降低综合能源系统初期投资成本，需要充分考虑多种能源形式之间的互补特性。本章主要针对能源枢纽、电—气综合能源系统、电—热综合能源系统、电—气—热综合能源系统进行配置优化，实现对不同综合能源系统的最优配置。

4.1 能源枢纽配置优化

能源枢纽是综合能源耦合的关键，其配置结果对优化运行结果有较大影响，本节针对包含风机、CHP 机组、燃气锅炉、电储（蓄电池）、热储（蓄热槽）的能源枢纽，构建能源枢纽优化设计模型，将各微源的装机容量作为优化变量，系统的经济性与可靠性作为优化目标，具体的优化配置模型如图 4-1 所示。

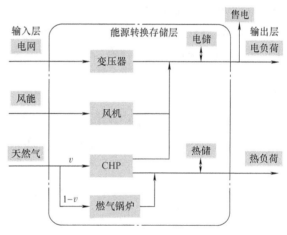

图 4-1 能源枢纽模型结构

4.1.1 目标函数

能源枢纽能够提高综合能源系统的运行灵活性，进而增加综合能源系统的供给可靠性。传统综合能源系统的目标函数主要包含系统的投资成本、运行维护成本等经济因素。本节建立的能源枢纽优化配置模型的目标函数是保证负荷供应的安装总成本、运行总成本与计及可靠性的失负荷惩罚成本之和最小，见式(4-1)。

$$\min TC = IC + OC + PC \tag{4-1}$$

式中，TC 为能源枢纽总成本；IC 为安装总成本；OC 为运行总成本；PC 为计及可靠性的失负荷惩罚成本。

系统安装总成本 IC 包括 CHP、燃气锅炉、蓄电池、蓄热槽和风机的安装成本，可表示为

$$IC = CRF \cdot \left(\sum_{i \in NC} IC_i^{\mathrm{CHP}} + \sum_{j \in NB} IC_j^{\mathrm{GB}} + \sum_{k \in NE} IC_k^{\mathrm{ES}} + \sum_{l \in NT} IC_l^{\mathrm{TS}} + \sum_{w \in NW} IC_w^{\mathrm{W}} \right) \quad (4\text{-}2)$$

$$CRF = \frac{ir(1+ir)^y}{(1+ir)^y - 1} \quad (4\text{-}3)$$

式中，IC_i^{CHP}、IC_j^{GB}、IC_k^{ES}、IC_l^{TS}、IC_w^{W} 分别为 CHP 机组、燃气锅炉、蓄电池、蓄热槽和风机的安装成本；i、j、k、l、w 分别为 CHP 机组、燃气锅炉、蓄电池、蓄热槽、风机的个数；NC、NB、NE、NT、NW 分别为 CHP 机组、燃气锅炉、蓄电池、蓄热槽备、风机等备选设备集合；CRF 为资金回收系数；ir 为实际利率值；y 为规划期年限。

$$IC_i^{\mathrm{CHP}} = CC_i^{\mathrm{CHP}} \cdot P_i^{\mathrm{CHP}} \cdot I_i \quad (4\text{-}4)$$

$$IC_j^{\mathrm{GB}} = CC_j^{\mathrm{GB}} \cdot P_j^{\mathrm{GB}} \cdot I_j \quad (4\text{-}5)$$

$$IC_k^{\mathrm{ES}} = CC_k^{\mathrm{ES}} \cdot P_k^{\mathrm{ES}} \cdot I_k \quad (4\text{-}6)$$

$$IC_l^{\mathrm{TS}} = CC_l^{\mathrm{TS}} \cdot P_l^{\mathrm{TS}} \cdot I_l \quad (4\text{-}7)$$

$$IC_w^{\mathrm{W}} = CC_w^{\mathrm{W}} \cdot P_w^{\mathrm{W}} \cdot I_w \quad (4\text{-}8)$$

式中，CC_i^{CHP}、CC_j^{GB}、CC_k^{ES}、CC_l^{TS}、CC_w^{W} 分别为 CHP、燃气锅炉、蓄电池、蓄热槽、风机的单位容量安装成本；P_i^{CHP}、P_j^{GB}、P_k^{ES}、P_l^{TS} 分别为 CHP、燃气锅炉、蓄电池和蓄热槽的额定功率；P_w^{W} 风机的安装容量；I_i、I_j、I_k、I_l、I_w 分别为 CHP、燃气锅炉、蓄电池、蓄热槽、风机的安装状态，为 0、1 变量。

系统运行总成本 OC 包括 CHP、燃气锅炉等能源转换装置及电网从上游网络购买电能或天然气的运行成本，蓄电池、蓄热槽的运行成本忽略不计，可表示如下：

$$OC = \sum_{t=1}^{8760} \left(\sum_{i \in NC} OC_{i,t}^{\mathrm{CHP}} + \sum_{j \in NB} OC_{j,t}^{\mathrm{GB}} + OC_t^{\mathrm{Grid}} \right) \quad (4\text{-}9)$$

式中，t 为一年 8760h 中的第 t 个时段；$OC_{i,t}^{\mathrm{CHP}}$、$OC_{j,t}^{\mathrm{GB}}$、OC_t^{Grid} 分别为 CHP、燃气锅炉运行维护成本和与电网进行功率交换的费用，具体表达式如下：

$$OC_{i,t}^{\mathrm{CHP}} = FC_{i,t}^{\mathrm{CHP}} + MC_{i,t}^{\mathrm{CHP}} \quad (4\text{-}10)$$

$$FC_{i,t}^{\mathrm{CHP}} = \frac{\pi_{g,t} \cdot P_{i,t}^{\mathrm{CHP}}}{\eta_{i,e}^{\mathrm{CHP}} \cdot HV} \quad (4\text{-}11)$$

$$MC_{i,t}^{\mathrm{CHP}} = P_{i,t}^{\mathrm{CHP}} \cdot CM_i^{\mathrm{CHP}} \quad (4\text{-}12)$$

$$OC_{j,t}^{\mathrm{GB}} = FC_{j,t}^{\mathrm{GB}} + MC_{j,t}^{\mathrm{GB}} \quad (4\text{-}13)$$

$$FC_{j,t}^{\mathrm{GB}} = \frac{\pi_{g,t} \cdot Q_{j,t}^{\mathrm{GB}}}{\eta_j^{\mathrm{GB}} \cdot HV} \quad (4\text{-}14)$$

$$MC_{j,t}^{\mathrm{GB}} = Q_{j,t}^{\mathrm{GB}} \cdot CM_j^{\mathrm{GB}} \quad (4\text{-}15)$$

$$OC_t^{\mathrm{Grid}} = \pi_{e,t}^{\mathrm{p}} P_t^{\mathrm{p}} - \pi_{e,t}^{\mathrm{s}} P_t^{\mathrm{s}} \quad (4\text{-}16)$$

式中，$FC_{i,t}^{\mathrm{CHP}}$、$MC_{i,t}^{\mathrm{CHP}}$、$FC_{j,t}^{\mathrm{GB}}$、$MC_{j,t}^{\mathrm{GB}}$ 分别为 CHP 和燃气锅炉第 t 时段各机组的燃料成本和维修成本；与电网进行功率交换产生的费用为售电收益与购电成本之差；$\pi_{g,t}$、$\pi_{e,t}^{\mathrm{p}}$、$\pi_{e,t}^{\mathrm{s}}$ 分别为购买天然气、购买电能和售出电能的价格；$P_{i,t}^{\mathrm{CHP}}$、$Q_{j,t}^{\mathrm{GB}}$ 分别为第 t 时段 CHP 和燃气锅炉实际发电、产热功率；$\eta_{i,e}^{\mathrm{CHP}}$、$\eta_j^{\mathrm{GB}}$ 分别为 CHP 气电转换效率和燃气锅炉效率；HV 为天然气热值；P_t^{p}、P_t^{s} 分别为购电功率和售电功率。

能源枢纽中不仅包括可再生能源机组还包含分布式供能及储能机组，本节考虑到能源枢纽中存在机组强迫停运率这一不确定因素,引入负荷未供应期望、能源未供应期望等指标来描述综合能源系统运行的可靠性。基本思路是利用负荷未供应期望和能量未供应期望来衡量能源枢纽系统出力的可靠性,当系统可靠性低时,即能源枢纽不能满足负荷的供应需求时,定义能量缺额部分产生的损失成本为能源枢纽的可靠性惩罚成本。

本节研究的能源枢纽包含电、热两种负荷,因此与可靠性相对应的失负荷惩罚成本见式(4-17)~式(4-19)。

$$PC_t = PC_t^e + PC_t^h \tag{4-17}$$

$$PC_t^e = EENS^e \cdot VOLL^e \tag{4-18}$$

$$PC_t^h = EENS^h \cdot VOLL^h \tag{4-19}$$

式中,PC_t^e、PC_t^h 分别为电、热失负荷惩罚成本;$VOLL^e$、$VOLL^h$ 分别为电、热失负荷值。

$$EENS_{jt\gamma} = p_s ES_{jt\gamma} du_t \tag{4-20}$$

式中,$EENS_{jt\gamma}$ 为 t 时刻满足第 j 种负荷需求时组件 γ 发生故障的能量未供应期望;$ES_{jt\gamma}$ 为 t 时刻满足第 j 种负荷需求时组件 γ 发生故障的能量未供应期望;du_t 为相应的时间段。

将惩罚成本这一目标函数线性化,即

$$\begin{aligned} PC_t &= VOLL \cdot \sum_{\gamma} \sum_{t}^{NT} \sum_{j=e,h} p_k ES_{jt\gamma} du_t \\ &= VOLL \cdot \sum_{\gamma} \sum_{t}^{NT} \sum_{j=e,h} I_\gamma FOR_\gamma (1 - FOR_\gamma)^{-1} p_0 ES_{jt\gamma} du_t \\ &= VOLL \cdot p_0 \cdot \Big(\sum_{\gamma} I_\gamma \big[FOR_\gamma (1 - FOR_\gamma)^{-1} \sum_{t}^{NT} \sum_{j=e,h} ES_{jt\gamma} du_t \big] \Big) \\ &= VOLL \cdot p_0 \cdot \Big(\sum_{\gamma} I_\gamma \lambda_\gamma \Big) \end{aligned} \tag{4-21}$$

$$\lambda_\gamma = FOR_\gamma (1 - FOR_\gamma)^{-1} \sum_{t}^{NT} \sum_{j=e,h} ES_{jt\gamma} du_t \tag{4-22}$$

定义

$$\varphi_\gamma = I_\gamma \lambda_\gamma \tag{4-23}$$

使用 Big-M 方法,等价的线性关系如下:

$$\begin{cases} \varphi_\gamma \geq \lambda_\gamma - (1 - I_\gamma) Z \\ \varphi_\gamma \leq \lambda_\gamma + (1 - I_\gamma) Z \end{cases} \tag{4-24}$$

式中,Z 为间隔参数。

因而可得

$$\mu_1 = p_0 \Big(\sum_{\gamma} I_\gamma \lambda_\gamma \Big) = \Big(\prod_{\gamma \in \theta}^{NE} (1 - FOR_\gamma) \Big) \Big(\sum_{\gamma} \varphi_\gamma \Big) \tag{4-25}$$

$$\begin{cases} \mu^p \geq \mu^{p-1} - Z \cdot I_{p-1+NE} \\ \mu^p \leq \mu^{p-1} + Z \cdot I_{p-1+NE} \end{cases} \forall p > 1, p = 2, \cdots, N+1 \tag{4-26}$$

$$\begin{cases} \mu^p \geq \mu^{p-1} \cdot (1 - FOR_{(p-1+NE)}) - Z \cdot I_{p-1+NE} \\ \mu^p \leq \mu^{p-1} \cdot (1 - FOR_{(p-1+NE)}) + Z \cdot I_{p-1+NE} \end{cases} \forall p > 1, p = 2, \cdots, N+1 \tag{4-27}$$

式中,NE 为组件总数。

综上,可以得到惩罚成本的线性化表述,即

$$PC = VOLL \cdot \mu^{N+1} \tag{4-28}$$

4.1.2 约束条件

根据综合能源系统中能源枢纽内部各分布式电源及储能单元的运行特性,约束条件描述如下:

(1) 设备运行约束

能源转换设备的输出功率约束:

1) CHP 运行约束

$$\underline{P}_i^{\mathrm{CHP}} \cdot I_{i,t}^{\mathrm{CHP}} \leqslant P_{i,t}^{\mathrm{CHP}} \leqslant \bar{P}_i^{\mathrm{CHP}} \cdot I_{i,t}^{\mathrm{CHP}} \tag{4-29}$$

式中,$I_{i,t}^{\mathrm{CHP}}$ 为第 i 个 CHP 机组在 t 时段的安装状态,是一个 0、1 变量,0 表示该装置未被用于枢纽中,1 表示该装置参与枢纽运行。

2) 燃气锅炉运行约束

$$\underline{Q}_j^{\mathrm{GB}} \cdot I_{j,t}^{\mathrm{GB}} \leqslant Q_{j,t}^{\mathrm{GB}} \leqslant \bar{Q}_j^{\mathrm{GB}} \cdot I_{j,t}^{\mathrm{GB}} \tag{4-30}$$

式中,$\bar{Q}_j^{\mathrm{GB}}$、$\underline{Q}_j^{\mathrm{GB}}$ 分别表示燃气锅炉输出热功率的上下限。

(2) 储能约束

电、热储能装置中当前时刻储存的能量等于前一时刻的剩余储能量与此时段流入、流出能量之和。

$$E_{k,t} = E_{k,t-1} + (E_{k,t}^{\mathrm{ch}} \cdot \eta_k^{\mathrm{ch}}) - (E_{k,t}^{\mathrm{dis}}/\eta_k^{\mathrm{dis}}) \tag{4-31}$$

$$E_t \leqslant \bar{E} \tag{4-32}$$

$$\zeta_t^{\mathrm{ch}} \cdot \underline{E}^{\mathrm{ch}} \cdot I_t^{\mathrm{E}} \leqslant E_t^{\mathrm{ch}} \leqslant \zeta_t^{\mathrm{ch}} \cdot \bar{E}^{\mathrm{ch}} \cdot I_t^{\mathrm{E}} \tag{4-33}$$

$$\zeta_t^{\mathrm{dis}} \cdot \underline{E}^{\mathrm{ch}} \cdot I_t^{\mathrm{E}} \leqslant E_t^{\mathrm{dis}} \leqslant \zeta_t^{\mathrm{dis}} \cdot \bar{E}^{\mathrm{dis}} \cdot I_t^{\mathrm{E}} \tag{4-34}$$

$$\zeta_t^{\mathrm{ch}} + \zeta_t^{\mathrm{dis}} \leqslant 1 \tag{4-35}$$

式中,$E_{k,t}$ 为第 k 个储能装置 t 时刻的储能容量;η_k^{ch}、η_k^{dis} 表示第 k 个储能装置储能充放能效率;$E_{k,t}^{\mathrm{ch}}$、$E_{k,t}^{\mathrm{dis}}$ 为第 k 个储能装置的充放能功率;ζ_t^{ch}、ζ_t^{dis} 是代表储能充放能状态的二元变量,两种状态仅一种可用。

(3) 功率平衡约束

能源枢纽的输入、输出及储能功率平衡约束可用矩阵形式描述,即

$$\begin{bmatrix} L_e \\ L_h \end{bmatrix} = \begin{bmatrix} \eta_T & v\eta_e^{\mathrm{CHP}} \\ 0 & v\eta_h^{\mathrm{CHP}} + (1-v)\eta^{\mathrm{GB}} \end{bmatrix} \begin{bmatrix} P_e \\ P_g \end{bmatrix} + \begin{bmatrix} \eta_{ES} & 0 \\ 0 & \eta_{TS} \end{bmatrix} \begin{bmatrix} E^e \\ E^h \end{bmatrix} \tag{4-36}$$

其中电、热平衡具体可分别表示为

$$P_t^{\mathrm{p}} + \sum_{w \in NW} P_{w,t}^{\mathrm{W}} + \sum_{i \in NC} P_{i,t}^{\mathrm{CHP}} + \sum_{k \in NE} E_{k,e,t}^{\mathrm{dis}} - \sum_{k \in NE} E_{k,e,t}^{\mathrm{ch}} = L_{e,t} + P_t^{\mathrm{s}} - LS_t^{\mathrm{e}} \tag{4-37}$$

$$\sum_{i \in NC} Q_{i,t}^{\mathrm{CHP}} + \sum_{j \in NB} Q_{j,t}^{\mathrm{GB}} + \sum_{l \in NT} E_{l,h,t}^{\mathrm{dis}} - \sum_{l \in NT} E_{l,h,t}^{\mathrm{ch}} = L_{h,t} - LS_t^{\mathrm{h}} \tag{4-38}$$

式中,$L_{e,t}$、$L_{h,t}$ 分别为 t 时刻的电、热负荷;η_{ES} 为电储能效率;η_{TS} 为热储能效率;LS_t^{e}、

LS_t^h 分别为 t 时刻的电、热失负荷量。

(4) 分配系数约束

$$0 < v_\gamma < 1 \tag{4-39}$$

$$\sum_\gamma v_\gamma = 1 \tag{4-40}$$

式中，v_γ 为某种形式能源分配到不同能源转换装置的分配系数；γ 表示能源转换装置个数。

(5) 负荷旋转备用约束

为应对系统突发状况，含高渗透率可再生能源的综合能源系统在优化配置中需要为系统预留部分旋转备用，并在能源枢纽中起到修正可靠性指标的作用。

$$\sum_k \sum_i I_{ik,t} \times \bar{P}_i \geq L_t + R_t \tag{4-41}$$

式中，$\bar{P}_i$ 为系统全部供能单元功率上限；R_t 为第 t 时段的系统总备用。

$$R_t = \sum_\gamma R_{\gamma,t} \tag{4-42}$$

式中，$R_{\gamma,t}$ 为第 t 时段的组件 γ 的备用容量。

(6) 与大电网交互功率约束

$$\underline{P}_t^{grid} \leq P_t^{grid} \leq \bar{P}_t^{grid} \tag{4-43}$$

式中，$\bar{P}_t^{grid}$ 和 $\underline{P}_t^{grid}$ 分别为 t 时刻能源枢纽与大电网交互功率的最大、最小值。

(7) 可靠性约束

1) 负荷未供应期望约束

$$ELNS \leq ELNS_{max} \tag{4-44}$$

式中，$ELNS_{max}$ 为负荷未供应期望指标值上限。

2) 能量未供应期望约束

$$EENS \leq EENS_{max} \tag{4-45}$$

式中，$EENS_{max}$ 为能量未供应期望指标值上限。

3) 失负荷期望

$$LOLE \leq LOLE_{max} \tag{4-46}$$

式中，$LOLE_{max}$ 为失负荷期望指标值上限。

此外，定义间断供热概率 $P(T < T_{min})$，可以恰当地反映供热间断的延迟效应，使热负荷温度不满足的间断概率小于一定水平，使用户满意度在可以接受的范围内。

$$P(T < T_{min}) \leq P_{set} \tag{4-47}$$

式中，T 是当前时段热负荷温度；T_{min} 为最低允许温度；P_{set} 为系统允许的最大间断供热概率限值；$P(T < T_{min})$ 为热负荷未供应的时段占总时间的比值，计算公式为

$$P(T < T_{min}) = \frac{\sum_t Time(Q_{suppied,t} < Q_{needed,t})}{T} \tag{4-48}$$

综上，式(4-29)~式(4-48)给出了目标函数式(4-1)的约束条件。

4.1.3 优化求解

综合能源系统优化规划方面大多从综合能源系统设备选型、容量配置角度入手，结合运

行策略进行综合能源系统规划较少,且储能控制策略大多依照预先制定的计划进行。而系统优化设计策略主要用于确定各时刻机组的出力,对运行费用有直接影响。基于此,本节制定能源枢纽协调优化设计的组合分配策略,如图 4-2 所示。

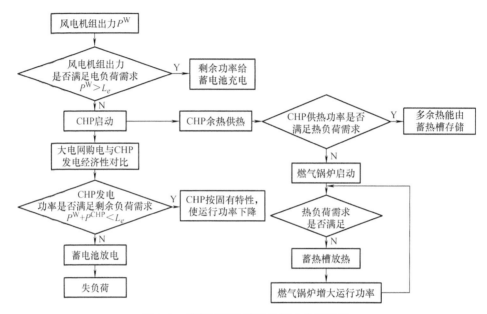

图 4-2 能源枢纽协调优化组合分配策略

当系统含有可再生能源时,基于可再生能源输出及每小时的总负荷需求,确定净电负荷功率,表达式如下:

$$P_{net}(t) = L_e(t) - P^W(t) \tag{4-49}$$

由于系统负荷对运行可靠性的要求较高,因而电网是综合能源系统的主要供能电源,而可再生能源则是作为补充电源,能减轻电网传统发电机组产生的环境污染。但是考虑到可再生能源的随机性,本节设定组合分配策略,步骤如下:

1) 优先考虑风力发电,最大程度地利用可再生能源发电满足负荷用电的基本需求,如果净负荷大于0,则转至步骤3),如果净负荷小于0,则转至步骤2)。

2) 判断储能装置充电条件,若蓄电池满足充电条件,那么蓄电池充电策略用于吸收由可再生能源产生的剩余电量。若蓄电池不满足充电条件,则将剩余风电弃掉。该时间段内包括 CHP 在内的可控电源处于停运状态。热负荷直接由燃气锅炉供给。

3) 分布式发电机组的能源输出被视为负的负荷,净负荷可以被确定。如果净负荷等于0,则转至步骤5),如果净负荷为正,则转至步骤4)。

4) 当风能由于其随机性不能满足负荷用电时,根据当前时段电价、天然气价格和蓄电池的荷电状态,确定 CHP 出力及电网直接供电大小及其顺序。如果 CHP 发电量仍不能满足用电需求,需判断储能装置放电条件,若满足放电条件,则采用蓄电池放电来满足系统中的瞬时短缺能量。当蓄电池的剩余电量不能满足用电需求时,从大电网购买剩余电量。通过计算系统成本,也可根据负荷重要性进行切负荷,同时计入电力不足指标。

此时,综合能源系统中热负荷主要由 CHP 和燃气锅炉供给。随着 CHP 发电量的增加,在热负荷需求低谷期,可将多余的烟气余热转化为热能储存于蓄热装置中,这样在热负荷需求达到峰值时，蓄热装置动作出力从而补充用户侧热负荷的缺额。

5）如果 t 没有达到仿真周期结束时间，那么增加 t，转至步骤1）；如果 t 达到仿真终止时间，那么策略结束。

本节针对3.2.5节中粒子群算法容易陷入局部最优解的缺点，对其进行改进并应用于本节模型求解：

1）自适应调节惯性权重调整。惯性权重对于粒子上次迭代速度对当前速度的影响起决定性作用，能对全局搜索能力与局部搜索能力进行平衡。迭代初期为使粒子有较强全局搜索能力采用较大的惯性权重，有利于全局搜索，迭代后期采用较小的惯性权重使粒子有更精确的局部寻优能力，有利于局部搜索。因此，采用随迭代次数呈线性递减的方式对惯性权重进行调整，计算公式如下：

$$\omega = (\omega_{\min} - \omega_{\max}) \frac{k_{\max} - k}{k_{\max}} + \omega_{\max} \quad (4\text{-}50)$$

式中，$\omega_{\max}$ 和 $\omega_{\min}$ 分别表示惯性权重的上下限；k 为当前迭代次数；$k_{\max}$ 为最大迭代次数。

2）在速度更新公式中，参数 $rand_1$ 和 $rand_2$ 必须都是 [0，1] 之间的随机数，使得粒子的初始位置和速度以及粒子在向量 $\boldsymbol{p}_{id}^k - \boldsymbol{x}_{id}^k$ 和 $\boldsymbol{p}_{gd}^k - \boldsymbol{x}_{id}^k$ 方向上飞行的距离都具有不确定性。为了能够使得种群空间变得更加多样，寻优也能遍历种群空间，将混沌优化思想引入到粒子群算法，利用混沌变量具有的随机性、遍历性的特点对解进行搜寻，采用映射方程如下：

$$rand_i^{k+1} = [\sin(8\pi rand_i^k) + 1]^2 / 4 \quad (i=1,2) \quad (4\text{-}51)$$

式中，$rand_1^0 = 0.444$；$rand_2^0 = 0.444$。

3）粒子越界处理策略。标准PSO算法在越界约束的处理方式上往往采用直接取上下限方法，这样可能导致在搜索寻优过程中在边界处陷入局部最优。为改善上述问题，给予边界粒子跳跃能力，在粒子陷入局部最优前跳出当前位置，具体的策略方式如下：

$$x_{id}^{k+1} = \begin{cases} x_{id}^k + v_{id}^{k+1} & x_{id\min} \leqslant x_{id}^k \leqslant x_{id\max} \\ x_{id\min} + rand_1(x_{id\max} - x_{id\min}) & \text{others} \end{cases} \quad (4\text{-}52)$$

基于上述参数改进方法，设计改进粒子群算法。改进粒子群算法的流程如图4-3所示。

针对本节包含风机、CHP、燃气锅炉、储能装置的能源枢纽优化配置问题的求解步骤如下：

1）输入系统参数、负荷及风功率数据。

2）初始化粒子群参数，包括粒子速度、位置、c_1、c_2、ω、$rand_1$ 及 $rand_2$，迭代次数 $k=0$，在 D 维空间中随机产生 N 个粒子作为初始化粒子群，每个粒子的位置对应一组优化变量的取值。

3）评价每个粒子的适应度，寻找个体极值，比较

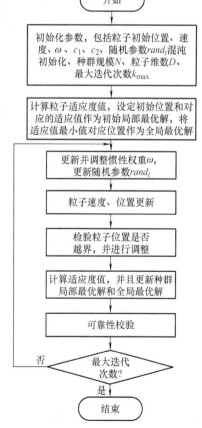

图4-3 改进粒子群算法流程图

所有初始个体的适应度值,选择最小适应值对应的位置作为初始全局最优位置即群体极值,适应度值由目标函数计算。

4)按式(4-50)更新并调整惯性权重,按式(4-51)更新随机参数。

5)更新 $k = k + 1$,速度、位置更新。

6)利用式(4-52)对粒子的位置进行越界检验,如果越界,那么依据调整策略进行调整。

7)依据调整后种群粒子的位置来计算其适应度值,并且更新局部极值和全局极值。

8)针对各粒子,结合提出的组合分配策略分别仿真计算综合能源系统全年的运行情况,得到与各微粒对应的系统可靠性指标,进行可靠性检验,失负荷期望 $LOLE$ 和能量未供应期望 $EENS$ 被用于可靠性校验,通过可靠性指标约束确保运行的安全性。

9)判断是否满足最大迭代次数,若是,则停止迭代,输出能源枢纽优化配置结果;否则继续执行步骤5)~8)。

4.1.4 算例分析

本节分别给出两种变压器、三种 CHP 机组、三台燃气锅炉及两类电热储能装置用于设备选型。能源枢纽组件的数量不做限制。设定规划年限为 10 年,年利率为 5%。综合相关设备出厂数据,各转换器及储能装置的额定容量、效率、安装成本、运行维护成本等参数及可靠性指标值见表4-1~表4-4。

表 4-1 备选变压器特性

变压器	最大功率/kW	初始投资成本/(元/kW)	效率(%)	FOR
T1	800	1000	98	0.02
T2	900	1500	98	0.03

表 4-2 备选 CHP 机组特性

CHP	容量/kW	初始投资成本/(元/kW)	运行维护成本/(元/(kW·h))	转换效率(%)		功率上限/kW	功率下限/kW	FOR
				电	热			
CHP1	1200	4600	1.56	35	50	1200	12	0.07
CHP2	1500	4500	1.554	35	45	1500	15	0.07
CHP3	3000	4000	1.542	40	45	3000	30	0.05

表 4-3 备选燃气锅炉特性

燃气锅炉	容量/kW	初始投资成本/(元/kW)	运行维护成本/(元/(kW·h))	能源效率(%)	功率上限/kW	功率下限/kW	FOR
B1	800	2500	0.4	75	800	8	0.03
B2	1000	2100	0.4	75	1000	10	0.02
B3	1500	1800	0.4	80	1500	15	0.02

表 4-4 备选储能设备特性

储能	初始投资成本/(元/kW)	运行维护成本/(元/kW·h)	充放电效率(%)	备用效率(%)	最大输入和输出能量/kW·h	功率上限/kW	FOR
电储	600	0.01	95	98	1000	250	0.01
热储	450	0.01	90	95	500	150	0.01

本节设定风机容量不参与优化,系统始终以风机最大出力消纳风电。风机特性参数见表 4-5,风电预测功率如图 4-4 所示。电、热失负荷值分别为 30 元/kW·h 和 18 元/kW·h。

表 4-5 风机特性参数

参数	P_r/kW	v_{in}/(m/s)	v_{out}/(m/s)	k	c/(m/s)	安装成本/(元/kW)
数值	400	3	25	2.2	15	9

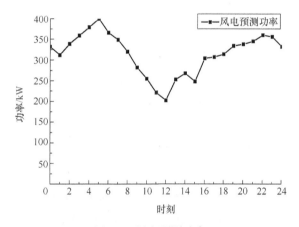

图 4-4 风电预测功率

算例选取的典型日 24h 电、热负荷需求和分时电价分别如图 4-5、图 4-6 所示。其中,购电价格是售电价格的 1.5 倍。天然气价格为 2.5 元/m²。

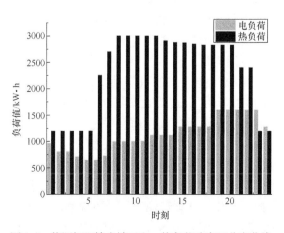

图 4-5 能源枢纽输出端口电、热负荷功率日分布曲线

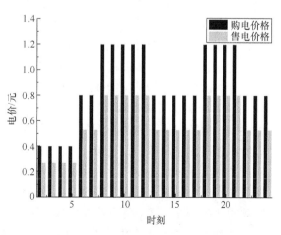

图 4-6 典型日各时段电价

为了分析综合能源耦合、储能单元、负荷供应可靠性约束集成作用的效果，本节设定了 4 个案例。案例 1 采用传统能源供应网络，各能源系统单独运行，即电负荷由电网购电满足，热负荷仅由燃气锅炉产生，无储能设备。案例 2 为电、气、热综合能源耦合模式，无储能设备，考虑组件随机中断。案例 3 在案例 2 基础上加入电、热储能装置。案例 4 考虑储能影响，并考虑枢纽组件全部充分可用。通过求解上述优化问题，得到不同案例下能源转换和存储装置配置结果及各案例成本，分别见表 4-6、表 4-7。

表 4-6 能源枢纽优化配置结果

案例	变压器	CHP	燃气锅炉	电储	热储
1	$1 \times T1 + 2 \times T2$	0	$1 \times B2 + 2 \times B3$	0	0
2	$2 \times T1$	$2 \times CHP2$	$2 \times B3$	0	0
3	$2 \times T1$	$1 \times CHP2$	$2 \times B2 + 1 \times B3$	5	3
4	$2 \times T1$	$1 \times CHP2$	$2 \times B3$	6	3

表 4-7 各案例成本值

案例	总成本值/元	投资成本/元	运行维护成本/元	惩罚成本/元
1	8.792×10^7	1.1×10^7	7.16×10^7	5.32×10^6
2	7.963×10^7	2.05×10^7	5.86×10^7	5.28×10^5
3	5.684×10^7	1.8925×10^7	3.77×10^7	2.15×10^5
4	5.383×10^7	1.8025×10^7	3.58×10^7	1.74×10^3

由表 4-7 可知，案例 2 相比案例 1，由于 CHP 的投资成本明显高于传统发电机组，使得系统投资成本增加，而因为 CHP 燃料消耗少、运行效率高，故运行成本显著减少，总成本降低。案例 3、4 考虑储能作用，使系统安装成本增加、运行成本显著降低，通过储能减缓了风电的不确定性。案例 4 由于所有组件充分可用，投资成本和运行成本相比案例 3 减少，惩罚成本可以近似忽略。

使用上节提到的可靠性约束将会产生不同的可靠性水平。电储能荷电状态达到下限之前预先从电网购电满足电负荷平衡。由于使用储能单元，使系统的可靠性水平显著增加。另一方面，电负荷比热负荷的失负荷值高，这也导致电负荷的可靠性水平比热负荷高。为了阻止在每种能源转换和存储单元可能的中断之后产生任何负荷损失，失负荷期望这一可靠性约束及目标函数中相应的惩罚成本使得枢纽维持更高的备用能量。

各案例可靠性指标见表 4-8，由此可以得出：传统供能网络的可靠性最差；在案例 1、2、3 中，忽略了可靠性约束，失负荷时间期望高于案例 4；通过对比案例 2 和 3 可以看出，组件随机中断案例下储能单元的加入使系统的可靠性水平显著提高；通过对比案例 3 和 4 可以看出，案例 4 所有组件充分可用，即将可靠性约束在一定范围内可以降低系统的失负荷时间期望与能量未供应期望，表明系统可靠性增强。此外，失负荷时间期望对系统 CHP 机组的配置有很大影响。通过比较不同 $LOLE$ 值，当其降低时，系统投资和运行成本增加。因为实现更小的 $LOLE$ 值需要额外配置数量更多的 CHP，因此，结果证明了计及可靠性的能源枢纽优化配置方法的有效性，通过可靠性指标的大小可以说明考虑可靠性约束的能量枢纽优化模型有利于系统可靠性的提升。

表 4-8　各案例可靠性指标值

案例	$LOLE_e$	$LOLE_h$	$EENS_e/(kW \cdot h/年)$	$EENS_h/(kW \cdot h/年)$
1	3.08	2.97	1502.77	1071.35
2	1.69	1.69	629.34	2398.44
3	0	1.21	0	1861.53
4	0	0.25	0	169.22

在案例 3 的基础上，改变风机容量，设定案例 3a、3b、3c 风机安装容量分别为 200kW、400kW、600kW，风机安装容量对可靠性指标的影响见表 4-9，可以看出，电负荷的失负荷时间期望和能量未供应期望均小于热负荷。随着风机安装容量的增加，可靠性指标 $EENS$ 和 $LOLE$ 均降低，表明系统可靠性增强。

表 4-9　风机安装容量对可靠性指标的影响

案例	$LOLE_e$	$LOLE_h$	$EENS_e/(kW \cdot h/年)$	$EENS_h/(kW \cdot h/年)$
3a	0.611	1.299	92.34	1998.48
3b	0	1.212	0	1861.53
3c	0	0.957	0	1532.37

4.2　电-气综合能源系统配置优化

电-气综合能源系统的规划不仅受到经济因素的影响，也需考虑环境因素的影响。本节建立了考虑投资运行总成本和低碳费用的电-气综合能源系统的优化配置模型，通过定义目标隶属度函数将目标函数模糊化，并利用满意度最高原则将多目标优化问题转化为单目标优化问题。

4.2.1　目标函数

本节引入了环境效益指标，在此基础上建立了考虑环境效益的电-气综合能源系统多目标优化配置模型，该模型是以低碳费用成本和总成本最小为目标。总成本包括投资成本和运行成本，低碳费用成本包括低碳投资成本和低碳运行成本

$$\min C_c = \min(C_d + C_f) \tag{4-53}$$

式中，C_c 为低碳费用成本；C_d 为低碳投资成本；C_f 为低碳运行成本。

低碳投资成本 C_d 是指投资方在设备的制造、安装过程中，为减少碳污染而支付的费用，这部分成本可以根据设备技术的配置容量估算得出

$$C_d = C_{d.gt} + C_{d.p2g} + C_{d.wt} + C_{d.pv} + C_{d.es} \tag{4-54}$$

$$C_{d.gt} = \alpha_{gt} P_{gt}^r \tag{4-55}$$

$$C_{d.p2g} = \alpha_{p2g} P_{p2g}^r \tag{4-56}$$

$$C_{d.wt} = \alpha_{wt} P_{wt}^r \tag{4-57}$$

$$C_{d.pv} = \alpha_{pv} P_{pv}^r \tag{4-58}$$

$$C_{\text{d.es}} = \alpha_{\text{es}} P_{\text{es}}^r \tag{4-59}$$

式中，$C_{\text{d.gt}}$、$C_{\text{d.p2g}}$、$C_{\text{d.wt}}$、$C_{\text{d.pv}}$、$C_{\text{d.es}}$ 分别为燃气轮机、电转气、风机、光伏和储能的低碳投资成本；α_{gt}、α_{p2g}、α_{wt}、α_{pv}、α_{es} 分别为燃气轮机、电转气、风机、光伏和储能的低碳投资系数；P_{gt}^r、P_{p2g}^r、P_{wt}^r、P_{pv}^r、P_{es}^r 分别是燃气轮机、电转气、风机、光伏和储能的配置容量。

低碳运行成本 C_f 指的是设备因排放二氧化碳而支付的成本，即运营商交纳的碳排放费，这部分成本可由设备的运行功率估算得出

$$C_f = C_{\text{f.gt}} + C_{\text{f.p2g}} + C_{\text{f.wt}} + C_{\text{f.pv}} + C_{\text{f.es}} + C_{\text{f.buy}} \tag{4-60}$$

式中，$C_{\text{f.gt}}$、$C_{\text{f.p2g}}$、$C_{\text{f.wt}}$、$C_{\text{f.pv}}$、$C_{\text{f.es}}$、$C_{\text{f.buy}}$ 分别为燃气轮机、电转气、风机、光伏和储能的低碳运行成本和碳交易成本。

4.2.2 优化求解

对于本节提出的优化配置问题，首先为各目标函数建立相应的隶属函数：对于最小化的目标总费用 F_{cost}，低碳费用 F_{dis} 选择降半梯形隶属函数，如图 4-7 和图 4-8 所示。

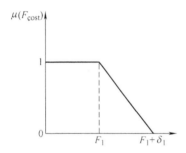

图 4-7 总费用模糊隶属度曲线

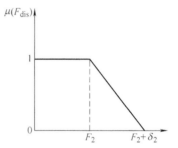

图 4-8 低碳费用模糊隶属度曲线

表达式为

$$\mu(F_{\text{cost}}) = \begin{cases} 1 \\ \dfrac{\delta_1 + F_1 - F_{\text{cost}}}{\delta_1} \\ 0 \end{cases} \tag{4-61}$$

$$\mu(F_{\text{dis}}) = \begin{cases} 1 \\ \dfrac{\delta_2 + F_2 - F_{\text{cost}}}{\delta_2} \\ 0 \end{cases} \tag{4-62}$$

然后令隶属函数满意度 $\lambda = \min(\mu(F_{\text{cost}}), \mu(F_{\text{dis}}))$，根据最大满意度原则，使 $-\lambda$ 最小化（即 λ 最大化）。

$$\begin{cases} \text{Obj. min}(-\lambda) \\ \text{s.t.} \quad 0 \le \lambda \le 1 \\ \delta_1 \lambda \le \delta_1 + F_1 - F_{\text{cost}} \\ \delta_2 \lambda \le \delta_2 + F_2 - F_{\text{dis}} \end{cases} \tag{4-63}$$

式(4-61)中，F_1 为最小总成本的理想值；δ_1 为根据决策者的期望设置的总成本的伸缩值；$\delta_1 + F_1$ 为总成本容许度的极限值。

式(4-62)中，F_2 为最小低碳费用的理想值；δ_2 为根据决策者的期望设置的低碳费用的伸缩值；$\delta_2 + F_2$ 为低碳费用容许度的极限值。

图 4-9 为多目标模型的求解流程，流程如下：

步骤 1：输入原始数据，求解以总费用最小为目标的配置问题，得到总费用最小值 F_1。

步骤 2：同理，求解以低碳费用最小为目标的配置问题，得到低碳费用最小值 F_2。

步骤 3：在步骤 1 和步骤 2 的基础上确定上述两种场景的伸缩度，即 δ_1 和 δ_2，根据决策者的要求进行伸缩。

步骤 4：将多目标函数转化为单目标函数，求解得到优化结果。

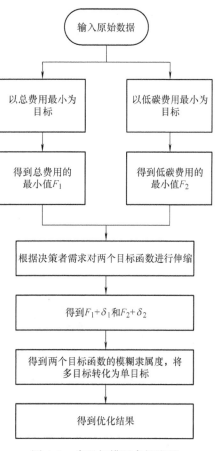

图 4-9 多目标模型求解流程

4.2.3 算例分析

本节构建电-气综合能源系统算例拓扑结构如图 4-10 所示，其中包含冰蓄冷空调和电动汽车，电动汽车充电桩在节点 13 和节点 18，空调负荷在节点 8。

为验证所提出模型的可行性，在优化过程中考虑了以下 3 个算例：

算例 1：考虑集中式冰蓄冷空调和电动汽车的可控性，并以系统经济性最优为目标进行优化。

算例 2：不考虑集中式冰蓄冷空调和电动汽车的可控性，将其按用电时间均匀分布模拟，并以系统经济性最优为目标进行优化。

算例 3：考虑集中式冰蓄冷空调和电动汽车的可控性，并进行多目标优化。

1) 需求侧响应对系统运行和配置结果的影响，以春秋季节典型日为例。

由图 4-11 可知，空调制冰模式的时间为 20:00 ~ 次日 8:00，配电网从主网购电价格在此时段较低，所以在 22:00 之后，空调一直处于满负荷制冰状态。在 8:00 ~ 20:00 期间，空调工作状态处于制冷模式，空调的冷负荷一部分由融冰制冷提供，另一部分由电制冷提供。在 12:00 ~ 15:00 期间和 18:00 时刻，配电网购电价格达到峰值，空调处于满负荷融冰状态，此时电制冷功率较低。在 16:00 ~ 19:00 期间，配电网购电价格下降，电制冷功率增加。通过控制制冰功率和融冰功率，使得系统从电网的购电费用最小，降低运行费用。图 4-12 为不考虑可控性时，空调负荷的运行功率，在 20:00 ~ 次日 8:00，空调负荷恒功率制冰，在 8:00 ~ 20:00 空调负荷恒功率制冷。

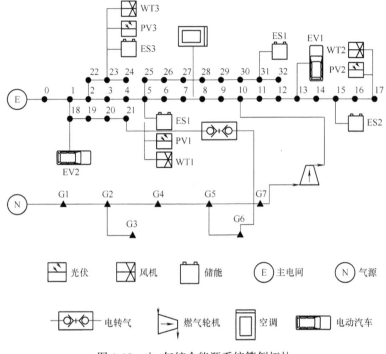

图 4-10 电-气综合能源系统算例拓扑

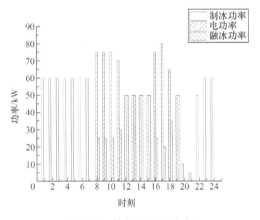

图 4-11 算例 1 空调功率

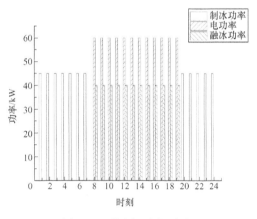

图 4-12 算例 2 空调功率

节点 8 的电压如图 4-13 所示，由于集中冰蓄冷空调的 DSR，节点 8 的电压也随之改变，对比图 4-11 和图 4-12，算例 1 中集中冰蓄冷空调在 22:00～次日 8:00 制冰功率较高，在白天的负荷高峰期电功率较小，通过对功率的调节使得节点的电压偏差较算例 2 小。

图 4-14 与图 4-15 分别是电动汽车充电站的功率和电动汽车的电池电量。相比于按用电时间均匀分布模拟，经过需求侧管理，

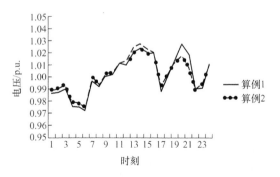

图 4-13 配电网节点 8 电压

集中冰蓄冷空调和电动汽车负荷的功率得到优化。

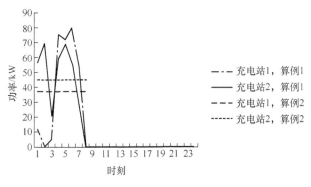

图 4-14 电动汽车充电站功率

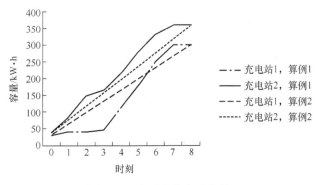

图 4-15 电动汽车电池电量

表 4-10 为算例 1 和算例 2 的配置方案,可以看到,算例 1 中系统设备配置的容量整体上要小于算例 2 中设备的容量,且算例 1 中系统运行收益要更高。通过需求侧响应,可以优化负荷的功率,在提高运行收益的同时令系统中设备所配置的容量下降,降低配置成本。

表 4-10 两种算例下设备容量优化配置结果

设备	配置容量	
	算例 1	算例 2
PV1/kW	515.71	535.75
PV2/kW	393.13	392.33
PV3/kW	1136.42	1169.67
WT1/kW	314.98	328.79
WT2/kW	348.27	364.26
WT3/kW	799.16	803.61
ES1/kW	944.54	960.36
ES2/kW	731.63	753.59
ES3/kW	884.15	883.43
ES4/kW	609.08	621.57

(续)

设备	配置容量	
	算例1	算例2
GT/kW	483.68	505.78
P2G/kW	120.56	130.91
日均运行费用/元	-5481.7	-5433.5

国家对电动汽车的发展大力支持，各项政策的出台进一步促进了电动汽车的普及，表4-11为将电动汽车负荷提高20%和40%后系统中各设备所配置容量的变化。

表4-11 不同电动汽车负荷对应设备容量优化配置结果

设备	P2G配置成本			
	提升20%		提升40%	
	算例1	算例2	算例1	算例2
PV1/kW	519.63	540.37	521.31	544.10
PV2/kW	392.52	393.20	391.28	401.23
PV3/kW	1143.09	1181.54	1149.59	1182.54
WT1/kW	326.88	343.21	331.05	349.97
WT2/kW	363.67	381.42	382.66	392.83
WT3/kW	821.34	833.19	844.30	851.69
ES1/kW	945.91	963.27	948.46	970.47
ES2/kW	724.80	762.80	716.13	763.33
ES3/kW	893.23	915.91	901.28	942.89
ES4/kW	614.78	623.65	620.82	634.27
GT/kW	494.04	523.76	503.97	545.40
P2G/kW	112.13	124.05	106.72	115.73
日均运行费用/元	-5395.4	-5328.9	-5306.8	-5203.7

从表4-11中可以看到，当电动汽车负荷增加时风机、光伏、储能和燃气轮机配置的容量整体上有所增加，风机配置容量的增加较为明显，因为，电动汽车集中在0:00~8:00之间充电，风电在此时段的出力较大，电动汽车负荷可以有效地消纳风机的出力。对比表4-10和表4-11中的运行费用可知，需求侧响应可以有效地降低系统的运行成本，使系统的运行收益提高，随着可控负荷的增加，提升效果会更加明显。

2）多目标优化对系统运行和配置结果的影响，以春秋季节典型日为例。

由图4-16可以看出，以经济性最优为目标时，P2G的出力主要集中在0:00~8:00和22:00~24:00期间，因为此时段电价较低，通过P2G将电能转化为天然气，可以降低系统的运行成本；以排污量最优为目标时，P2G的出力大幅增加，P2G在电解水时可产生氢气，并与二氧化碳作用生成甲烷，可以降低二氧化碳的排放量，更为环保，在10:00~16:00期间，光伏发电功率较高，在满足负荷的同时可以供给P2G，此时P2G的功率达到上限，但在 18:00～24:00 期间，P2G 的功率为 0，虽然 P2G 在制造甲烷的过程中可以消耗二氧化碳，但此时光伏风机供电量不足，供给 P2G 的电量来自于主网，用电也会排放二氧化碳，会增加系统的总碳排放量，故此时 P2G 不工作。

表 4-12 为多目标优化下各设备的容量配置方案。在考虑环保指标后，风机、光伏和 P2G 配置的容量显著上升。

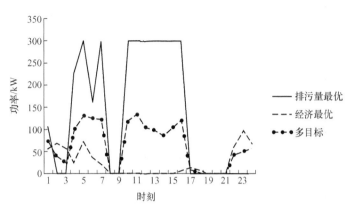

图 4-16　P2G 在各目标下的出力

表 4-12　多目标下配置方案

设备	配置容量	设备	配置容量
PV1/kW	602.71	ES1/kW	874.58
PV2/kW	421.26	ES2/kW	632.89
PV3/kW	1239.92	ES3/kW	691.67
WT1/kW	364.28	ES4/kW	329.45
WT2/kW	398.41	GT/kW	374.34
WT3/kW	1019.53	P2G/kW	226.90

4.3　电-热综合能源系统配置优化

图 4-17 为电-热综合能源系统结构。系统构成包括由太阳能电池组、蓄电池和电网组成的电子系统和由压缩式热泵、储热器组成的热子系统。本节所设的电-热综合能源系统配备有蓄电池、储热器等储能设备，可将多余的能量储存起来，不会造成能源的浪费。在本节中，为了满足各负荷需求，优先采用"以电定热"运行模式：压缩式热泵产生的热能用于满足用户热负荷，多余热量存入储热器；太阳能电池组作为主要供电部件，满足用户电负荷和压缩式热泵用电功耗，多余电量存入蓄电池，电量不足时由蓄电池和电网进行补充。该系统在结合可再生能源的同时与储能部件配合，为用户提供电能和热能，具有适用性和拓展性。

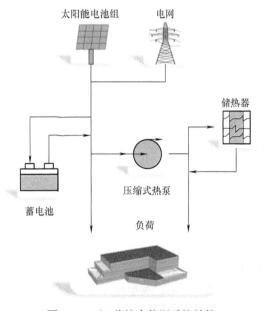

图 4-17　电-热综合能源系统结构

4.3.1 目标函数

在建模分析前，对系统进行如下假设：
1) 系统各设备的可选容量连续分布，不受客观条件的限制。
2) 设备在运行期间均无故障。
3) 在各自的运行范围内，各设备的运行效率为定值。
4) 忽略各设备的启停及变工况时间。

在保证稳定可靠的能源供应基础上，为了使系统具有最好的经济性和环保性，以能量成本和污染排放成本为目标进行线性加权建模，获得系统最优容量配置及相应的调度策略。目标函数为

$$S_{\text{score}} = \alpha \frac{C_{\text{COE}}}{C_{\text{COE,grid}}} + (1-\alpha) \frac{C_{\text{EC}}}{C_{\text{EC,grid}}} \tag{4-64}$$

式中，S_{score} 为综合得分，其值越小说明结果越优；C_{COE} 代表系统能量成本；C_{EC} 为系统污染排放成本；$C_{\text{COE,grid}}$ 为只采用电网系统所产生的能量成本；$C_{\text{EC,grid}}$ 为只采用电网系统的排放成本；α 表示权重系数，取值范围为 [0, 1.0]，若 $\alpha = 0$，则优化目标转换为环保性最优，若 $\alpha = 1.0$，则优化目标转化为经济性最优。能量成本 C_{COE} 表示在单位时间间隔内产生单位能量所需要的设备折旧成本（C_{dep}）、污染物排放成本（C_{dam}）、设备运行维护成本（$C_{\text{mai,Sys}}$）、辅助设备折旧成本（$C_{\text{cep,Bop}}$）等各项费用的总和。由于系统存在压缩式热泵的供暖所产生的内部能耗，因此需要采用多级目标方程依次对热子系统和电子系统进行优化。C_{COE} 的计算公式分别为

$$C_{\text{COE,H}} = \frac{\sum_{k=1}^{T} \sum_{i=1}^{N_{\text{H}}} (C_{\text{dep},i,k}) + C_{\text{dep,Bop,H}} + C_{\text{mai,Sys}}}{\sum_{k=1}^{T} d_{k,\text{H}}} \tag{4-65}$$

$$C_{\text{COE,E}} = \frac{\sum_{k=1}^{T} \sum_{i=1}^{N_{\text{E}}} (C_{\text{dep},i,k}) + C_{\text{cep,Bop,E}} + C_{\text{mai,Sys}}}{\sum_{k=1}^{T} d_{k,\text{E}}} \tag{4-66}$$

式中，T 为时间间隔；N_{H} 为热子系统设备数；N_{E} 为电子系统设备数；$C_{\text{dep,Bop,H}}$ 和 $C_{\text{cep,Bop,E}}$ 分别为热子系统和电子系统的辅助设备折旧成本；$d_{k,\text{H}}$、$d_{k,\text{E}}$ 分别为 k 时刻系统的热负荷和电负荷。计算设备折旧成本时通常需要考虑其物理寿命折旧成本和运行使用寿命折旧成本，因此本节选取两者的最大值作为设备的折旧成本。

$$C_{\text{dep,phy}} = \Delta t \frac{wC_{\text{cap}}}{t_{\text{phy}}} \tag{4-67}$$

$$C_{\text{dep,run}} = p \frac{wC_{\text{cap}}}{P_{\text{life}}} \tag{4-68}$$

式中，$C_{\text{dep,phy}}$ 为考虑物理寿命的设备折旧成本；Δt 为单位时间间隔；w 为设备容量；t_{phy} 为设备寿命周期；C_{cap} 为单位容量的设备投资成本；$C_{\text{dep,run}}$ 为考虑运行寿命的设备折旧成本；p 为单位时间设备供能量；P_{life} 为设备生命周期内所能产生的供能量。辅助设备主要包括线

缆、逆变器和控制器等，其折旧成本与设备的运行与否并无直接关系。一般来说，混合能源系统中辅助设备成本为总成本的 30%。而运行维护成本则是系统在运行过程中需要人工保养或故障处理所需要的成本，通常与系统的设备类型与当地人力资源成本有关。此外，传统火力发电会产生污染性气体，政府通过税收等手段进行调控，从而促进社会经济的可持续发展。目前碳排放概念相对成熟且应用广泛，因此本节仅考虑 CO_2 排放的影响。污染物排放成本为

$$C_{\text{EC.E}} = gC_{\text{coal}}f_{\text{coal}}C_{\text{dam.CO}_2} \tag{4-69}$$

式中，g 为电网供给的电量；C_{coal} 为电网供电煤耗量；f_{coal} 为排放因子；$C_{\text{dam.CO}_2}$ 为碳排放税。

由系统结构可知，热子系统中压缩式热泵和储热器用于满足用户热负荷，不存在污染排放问题，因此热子系统的优化仅以最低能量成本为目标。而电子系统中电网的使用导致污染排放，因此电子系统的优化为双目标优化问题。综上所述，热子系统和电子系统容量配置优化的目标函数分别为

$$\min\left\{\frac{\sum_{k=1}^{T}\sum_{i=1}^{N_H}(\max(C_{\text{dep,phy}},C_{\text{dep,run}})+C_{\text{dep,Bop,H}}+C_{\text{mai.Sys}})}{\sum_{k=1}^{T}d_{k,H}}\right\}$$

$$\min\left\{\frac{\sum_{k=1}^{T}\sum_{i=1}^{N_E}(\max(C_{\text{dep,phy}},C_{\text{dep,run}})+C_{\text{cep,Bop,E}}+C_{\text{mai.Sys}})}{C_{\text{COE,grid}}\sum_{k=1}^{T}d_{k,H}}+\frac{(1-\alpha)gC_{\text{coal}}f_{\text{coal}}C_{\text{dam.CO}_2}}{C_{\text{EC,grid}}}\right\}$$

$$(4-70)$$

4.3.2 约束条件

稳定可靠运行的系统，需要建立能量平衡约束，以确保系统提供的能量不低于外部负荷需求。

能量平衡约束可以表示为

$$\sum_{i=1}^{N_H}q_{i,k}=d_{k.H}$$
$$\sum_{i=1}^{N_E}p_{i,k}=d_{k.E} \tag{4-71}$$

式中，$q_{i,k}$ 和 $p_{i,k}$ 分别为热子系统和电子系统在 k 时刻的供热量和供电量。在单位时间间隔内，系统各个部件提供的能量也受到本身容量和外部条件的限制。系统各部件工作特性约束为

$$p_{\text{PV}}=\eta_{\text{PV}}R_k w_{\text{PV}}\Delta t$$
$$0\leqslant p_{\text{grid}}\leqslant w_{\text{grid}}\Delta t$$
$$0\leqslant q_{\text{HP}}\leqslant w_{\text{HP}}\Delta t$$
$$p_{\text{HP}}=\frac{q_{\text{HP}}}{C_{\text{cop}}} \tag{4-72}$$

式中，p_{PV} 为当前时间段内 PV 的发电量；η_{PV} 为 PV 的发电效率；R_k 为当前时刻太阳辐射量；w_{PV} 为 PV 的容量；p_{grid} 为当前时间段内电网的供电量；w_{grid} 为电网的容量；q_{HP} 为当前时间段内热泵的供热量；w_{HP} 为热泵的容量；p_{HP} 为当前时间段内热泵所需要的电量；C_{cop} 为热泵的制热系数。储能部件的储能过程要考虑储能量的限制，要符合能量守恒。为保证健康的电池寿命和合理的充放电速率，本节将蓄电池的荷电状态（SOC）最低值定为 0.4。蓄电池和储热器的工作特性约束为

$$\begin{cases} 0 \leqslant p_{BT} \leqslant \min(V_{BT.discharge}I_{MAX.discharge}\Delta t, \omega_{BT}\eta_{BT.discharge}) \\ \max(-V_{BT.charge}I_{MAX.charge}\Delta t, -\dfrac{\omega_{BT}}{\eta_{BT.charge}}) \leqslant p_{BT} \leqslant 0 \end{cases}$$

$$\begin{cases} 0.4 \leqslant S_{c,k} = S_{c,k-1} + \dfrac{p_{BT.k}}{\eta_{BT.discharge}\omega_{BT}} \leqslant 1 \\ 0.4 \leqslant S_{c,k} = S_{c,k-1} + \dfrac{\eta_{BT.discharge}p_{BT.k}}{\omega_{BT}} \leqslant 1 \end{cases} \quad (4\text{-}73)$$

$$\begin{cases} 0 \leqslant q_{MHR} \leqslant w_{MHR}\Delta t\eta_{rel.MHR} \\ -\dfrac{w_{MHR}\Delta t}{\eta_{rec.MHR}} \leqslant q_{MHR} \leqslant 0 \leqslant w_{MHR}\Delta t\eta_{rel.MHR} \end{cases}$$

$$\begin{cases} 0 \leqslant S_{H.k} = S_{H.k-1} + \dfrac{q_{MHR.k}}{\eta_{rel.MHR}w_{MHR}} \leqslant 1 \\ 0 \leqslant S_{H.k} = S_{H.k-1} + \dfrac{q_{MHR.k}}{\eta_{rel.MHR}w_{MHR}} \leqslant 1 \end{cases}$$

式中，p_{BT} 为当前时间段内蓄电池充放电的电量；$V_{BT.charge}$、$V_{BT.discharge}$ 为蓄电池额定充、放电电压；$I_{MAX.charge}$、$I_{MAX.discharge}$ 为蓄电池最大充、放电电流；ω_{BT} 为蓄电池的容量；$\eta_{BT.charge}$、$\eta_{BT.discharge}$ 为蓄电池充、放电效率；$S_{c,k}$ 为当前时刻蓄电池的荷电状态；q_{MHR} 为储热器的储放热量；w_{MHR} 为储热器容量；$\eta_{rec.MHR}$、$\eta_{rel.MHR}$ 分别为储热器储、放热效率；$S_{H.k}$ 为当前时刻储热器的储热状态。

4.3.3　优化求解

综上所述，本节通过求解带有约束的目标函数来获得最优容量配置和调度策略。对于本节建立的多约束多目标耦合的非线性优化问题，采用序列二次规划法结合区域收缩算法进行求解。该算法通过利用序列二次规划法进行约束条件的求解，再通过区域收缩算法不断缩小容量的取值范围，直到得到最优解。区域收缩算法是通过搜索空间，而不是以单个点作为迭代单位，加快了计算和收敛速度。优化算法流程如图 4-18 所示。初始化完成后，在初始设定的容量区间内随机生成一组设备容量组合 w。通过区域收缩算法求解约束条件，得到选定的容量组合下的最优运行工况。求解目标函数得到系统综合得分 S_{score}，并将得到的容量组合及对应的 S_{score} 加入结果库 C_{pool}，并按照综合得分 S_{score} 进行排序。C_{pool} 中容量组合数每增加 1 组时，将对搜索空间 W_{space} 进行一次更新。若迭代次数达到设定值或者循环收敛时，选择最低 S_{score} 的容量组合作为最终结果，否则返回第一步。对于热子系统，依据算法流程图计算得到热泵、储热器的容量组合以及相应的最低 $C_{COE.H}$。根据计算出的热子系统的设备

最佳运行工况，计算出系统内部耗电量加入用户负荷中，再根据算法流程计算出电子系统的设备容量以及最小的 S_{score}。

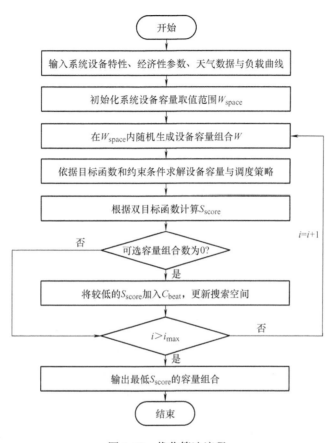

图 4-18　优化算法流程

4.3.4　算例分析

本节以某地区厂房办公楼为例。该厂房办公楼建筑面积约为 3692m²，共 3 层，其中 1 层为厂房，2、3 层为办公室。根据建筑情况，利用 EQUEST 软件模拟得到该建筑全年能耗情况。为简化计算，分别选取 11 月~3 月的工作日热负荷和电负荷的平均值进行间隔为 1h 的模拟计算。

（1）优化结果

利用上述模型和算法进行计算分析。热子系统计算完成后进行电子系统的计算，并对权重的取值从 0~1 进行改变。通过对热子系统的优化，得到热泵容量为 236.37kW，储热器容量为 21.81kW·h，热子系统的单位热能成本 $C_{COE.H}$ 为 0.1182 元/(kW·h)。计算得到容量优化结果随权重变化见表 4-13，可以看出：随着权重 α 的取值不断降低，光伏板面积和电网容量的取值也在不断变化，但整体维持在一个较小的波动范围内；而蓄电池的容量在权重 α 取值较大时波动不明显，但在 α 接近 0 时，蓄电池容量开始增加，甚至在 α=0 时达到了最大值。这是因为在 α 接近 0 时，系统的目标函数主要是求解具有最小排放费用的容量组合。排放费用主要取决于电网购电量的多少，因此电网参与供电过程越少，系统所花费的排放费用越少。电网的低供电率要求 PV 与蓄电池能够尽可能满足用电负荷，因此需要较高的光伏板面积和充足的蓄电池容量。

表 4-13 容量优化结果随权重变化

权重 α	PV/m²	电网/kW	蓄电池/(kW·h)	得分
1.0	736.03	144.72	22.11	0.8746
0.9	741.06	136.52	24.13	0.8446
0.8	740.11	149.45	23.10	0.8162
0.7	740.69	144.80	23.67	0.7876
0.6	738.35	139.57	23.13	0.7606
0.5	743.61	148.88	34.75	0.7317
0.4	738.21	152.45	21.95	0.7037
0.3	740.34	143.06	22.08	0.6742
0.2	743.37	150.23	82.48	0.6493
0.1	743.88	148.86	35.18	0.6162
0	744.41	153.15	494.39	0.5865

表 4-14 为电子系统中 $C_{COE.E}$ 与 $C_{COE.E}/C_{COE.grid}$、C_{EC} 与 $C_{EC}/C_{EC.grid}$ 随权重变化的趋势。从表 4-14 可看出，随着 α 的增大，$C_{COE.E}$ 与 $C_{COE.E}/C_{COE.grid}$ 都在波动性变化。该地区商业用电平时段价格为 0.770 元/(kW·h)，将其作为 $C_{COE.grid}$ 的取值。可以看到 $C_{COE.E}$ 的大部分取值均在 0.64~0.65 之间，对应的 $C_{COE.E}/C_{COE.grid}$ 结果也都在 0.87~0.88 之间，因此在大部分情况下该系统可以降低单位电能单价，具有经济效益。值得注意的是，当 α = 0 时，$C_{COE.E}$ 与 $C_{COE.E}/C_{COE.grid}$ 的值最大。此时系统的优化目标为最小化排放费用，需要较大的蓄电池容量和光伏板面积，因此系统的单位用电成本提高。与 $C_{COE.E}$ 和 $C_{COE.E}/C_{COE.grid}$ 类似，C_{EC} 与 $C_{EC}/C_{EC.grid}$ 的变化也是波动性的。假设电负荷全部由电网提供，根据电网经济性参数计算可得所产生的污染排放成本 $C_{EC.grid}$ 为 231.84。表 4-14 中，C_{EC} 的变化范围在 134~137 之间，相应 $C_{EC}/C_{EC.grid}$ 的取值为 0.58~0.60，因此使用该系统可以大大减少污染物的排放，具有环保效益。从表 4-14 还可看出，当 α = 1.0 时，$C_{EC}/C_{EC.grid}$ 的值最大。这是因为此时以最小化单位用电成本为计算目标，为减少蓄电池等高成本部件的使用需要增加电网购电比例，因此污染物排放成本也随之增加。

表 4-14 电子系统目标随权重变化趋势表

权重 α	$C_{COE.E}$/(元·(kW·h)$^{-1}$)	$C_{COE.E}/C_{COE.grid}$	C_{EC}/元	$C_{EC}/C_{EC.grid}$
1.0	0.6440	0.8746	136.04	0.5911
0.9	0.6429	0.8731	135.52	0.5889

(续)

权重 α	$C_{\text{COE.E}}$/ (元·(kW·h)$^{-1}$)	$C_{\text{COE.E}}/C_{\text{COE.grid}}$	C_{EC}/元	$C_{\text{EC}}/C_{\text{EC.grid}}$
0.8	0.6428	0.8729	135.64	0.5894
0.7	0.6427	0.8727	135.57	0.5891
0.6	0.6437	0.8741	135.87	0.5904
0.5	0.6450	0.8758	135.20	0.5875
0.4	0.6434	0.8737	135.89	0.5904
0.3	0.6423	0.8723	135.62	0.5893
0.2	0.6597	0.8959	135.23	0.5896
0.1	0.6450	0.8758	135.17	0.5873
0	0.7880	1.0701	134.97	0.5865

表 4-15 为 $C_{\text{COE.E}}/C_{\text{COE.grid}}$ 和 $C_{\text{EC}}/C_{\text{EC.grid}}$ 两个目标占比随权重变化情况。

表 4-15　电子系统双目标占比随权重变化

权重 α	S_{score}	$\alpha \cdot C_{\text{COE.E}}/C_{\text{COE.grid}}$	$(1-\alpha) \cdot C_{\text{EC}}/C_{\text{EC.grid}}$
1.0	0.8746	0.87460	0
0.9	0.8446	0.78579	0.05889
0.8	0.8162	0.69832	0.11788
0.7	0.7876	0.61089	0.17673
0.6	0.7606	0.52446	0.23616
0.5	0.7317	0.43790	0.29375
0.4	0.7037	0.34948	0.35424
0.3	0.6742	0.26169	0.41251
0.2	0.6493	0.17918	0.47008
0.1	0.6162	0.08758	0.52857
0	0.5865	0	0.58650

从表 4-15 可看出：随着权重 α 的增加，系统计算得到的 S_{score} 逐渐增加；由表 4-14 可知，$C_{\text{COE.E}}/C_{\text{COE.grid}}$ 结果大部分在 0.87~0.88 之间，$C_{\text{EC}}/C_{\text{EC.grid}}$ 的取值为 0.58~0.60。前者基数比较大，在相同权重条件下 S_{score} 的数值中 $\alpha \dfrac{C_{\text{COE.E}}}{C_{\text{COE.grid}}}$ 比较大。因此，随着权重的增

加，$\alpha \dfrac{C_{\text{COE.E}}}{C_{\text{COE.grid}}}$ 逐渐增加，S_{score} 也逐渐增大。

(2) 运行分析

在综合能源系统的多目标规划过程中，经济性目标往往占有较大权重，环保性目标通常作为附加指标，因此本节选取 $\alpha = 0.7$ 的该组容量组合进行运行分析。该组设备容量优化结果见表 4-16，可以看出，优化得到的系统单位电能价格为 0.6427 元/(kW·h)，污染排放费用为 135.57 元，使用电网排放费用为 231.84 元。因此，使用该系统可以使单位用电成本降低 15.5%，减少 41.09% 的污染排放费用，具有一定的经济性和环保效益。

表 4-16　$\alpha = 0.7$ 时系统设备容量优化结果

项目	数值	项目	数值
压缩式热泵/kW	236.37	蓄电池/(kW·h)	23.67
储热器/(kW·h)	21.81	污染排放费用/元	135.57
太阳能电池/m²	740.69	COEH/(元/(kW·h))	0.1182
电网/kW	144.80	COEE/(元/(kW·h))	0.6427

表 4-17 为 $\alpha = 0.7$ 时系统成本组成。

表 4-17　$\alpha = 0.7$ 时系统成本组成

	名称	成本/元	占比（%）
电子系统	PV 折旧成本	292.8937	6.29
	电费	3444.602	84.63
	排放成本	135.5713	3.40
	蓄电池折旧成本	42.15053	1.11
	运行维护成本	11.16	0.28
	辅助系统折旧成本	92.08318	2.30
热子系统	热泵折旧成本	415.2121	56.89
	储热器折旧成本	4.580677	12.66
	运行维护成本	11.16	22.66
	辅助设备	1.374203	5.80

对于热子系统而言，热泵折旧成本占比最大，其次为运行维护成本、储热器折旧成本和辅助设备折旧成本。运行维护成本是根据系统运行时间计算的；而辅助设备折旧成本占设备初始投入总成本的 30%，其值随着热泵折旧成本和储热器折旧成本的总和而改变。电子系统中电费所占成本高达 85%，其次为 PV 折旧成本。电网购电除消耗电费以外还会产生额外的排放成本，而 PV 除存在折旧成本以外无需消耗其他费用，因此减少电网购电比例和提高

PV 的利用率可以提高系统的经济性。图 4-19 为 $\alpha=0.7$ 时最优容量配比下的热子系统调度策略。纵坐标为各组件的产热量和用户耗热量,横坐标为时间。从图 4-19 中可以看出,热泵为主要的供热组件,储热器在第 1 天使用较频繁,之后几乎没有发挥储热作用。图 4-20 为 $\alpha=0.7$ 时最优容量配比下的电子系统调度策略。纵坐标为各组件的产电量、用户电负荷和压缩式热泵耗电量,横坐标为时间。白天综合能源系统由 PV 和电网共同供电,且太阳能电池的供电量随着日照辐射的增加而增加;晚上综合能源系统主要使用电网进行供电。第 4 天蓄电池使用较频繁,除此之外蓄电池几乎不被使用。光伏板和电网的供电量除要满足用户电负荷以外,还要保证压缩式热泵的耗电量,满足系统内部功耗。

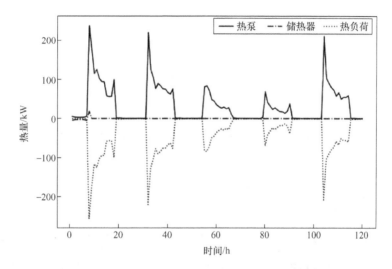

图 4-19　$\alpha=0.7$ 时最优容量配比下的热子系统调度策略

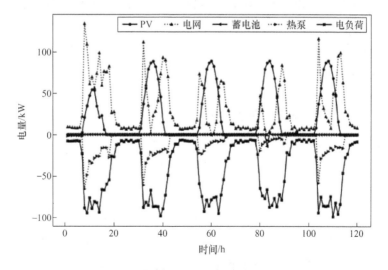

图 4-20　$\alpha=0.7$ 时最优容量配比下的电子系统调度策略

4.4 电-热-气综合能源系统配置优化

电力系统、天然气系统和供热系统的联合利用提高了系统的能源利用效率和可再生能源的消纳。为了确保配置结果能够满足运行过程中的需求，在优化过程中考虑系统运行成本和运行约束。然而，考虑系统全周期内的运行情况是难以实现的，优化问题的维度大、求解时间长，将运行问题转化为典型运行场景下的优化运行问题是一种可行的方法。

因此本节分为两个阶段，全周期内考虑投资成本的优化配置和考虑运行成本的优化配置问题，通过两个阶段的迭代求解，降低问题的维度和优化求解难度。在考虑运行成本的优化配置问题中，进一步通过多个典型场景的运行成本代替全周期内的运行成本，即将考虑运行成本的优化配置问题表示为多个典型场景下考虑运行成本的优化配置子问题。最后基于ADMM（交替方向乘子法）构建分布式优化框架并通过优化工具求解。

4.4.1 目标函数

IEGH系统（电-气-热综合能源系统）优化配置的目标函数如式(4-74)所示，即最小化系统总配置成本和运行成本

$$\min_{S_{mt},S_{pv},S_{wt},S_{BESS}} C = C_{inv} = \sum_{s=1}^{n} C_{op,s} = S_{mt}(C_{mt,1}+C_{mt,2}) + S_{pv}C_{pv} + S_{wt}C_{wt} + S_{BESS}C_{BESS} + \sum_{s=1}^{n'} P_{in,s}C_{ele,purchase} + P_{out,s}C_{ele,sell} + M_{1,s}C_{gas,supply} \tag{4-74}$$

式中，C_{inv}为全投资周期内的投资成本；S_{mt}、S_{pv}、S_{wt}和S_{BESS}分别为燃气轮机、光伏、风机和电池的配置容量；$C_{mt,1}$、$C_{mt,2}$分别为燃气轮机的单位容量投资费用和检修费用；C_{pv}、C_{wt}和C_{BESS}分别为光伏、风机和电池单位容量的投资费用；n'为典型场景的数量；$C_{op,s}$为场景s下的运行成本；$P_{in,s}$、$P_{out,s}$分别为场景s下配电网向主电网的购电电量和售电电量；$M_{1,s}$为场景s下天然气流量。

4.4.2 约束条件

本节介绍电-气-热综合能源系统优化配置的设备容量约束。

$$S_{mt,min} \leq S_{mt} \leq S_{mt,max}$$
$$S_{pv,min} \leq S_{pv} \leq S_{pv,max}$$
$$S_{wt,min} \leq S_{wt} \leq S_{wt,max}$$
$$S_{BESS,min} \leq S_{BESS} \leq S_{BESS,max} \tag{4-75}$$

式中，$S_{mt,min}$、$S_{mt,max}$分别为燃气轮机配置容量的下限和上限；$S_{pv,min}$、$S_{pv,max}$分别为光伏配置容量的下限和上限；$S_{wt,min}$、$S_{wt,max}$分别为风机配置容量的下限和上限；$S_{BESS,min}$、$S_{BESS,max}$分别为蓄电池配置容量的下限和上限；S_{mt}为燃气轮机的功率。

4.4.3 优化求解

本节基于交替方向乘子法ADMM算法，建立优化配置框架，对以全周期投资成本为目

标的优化配置子问题和以运行成本为目标的多元场景下的配置子问题进行迭代优化。首先建立 IEGH 系统的增广 Lagrange 函数

$$L^n = C_{inv} + m1_{0,r}(S_{mt,0} - S_{mt,n'}) + \frac{\delta'}{2}(S_{mt,0} - S_{mt,n'})^2 + m2_{0,r}(S_{pv,0} - S_{pv,n'}) + \frac{\delta'}{2}(S_{pv,0} - S_{pv,n'})^2$$
$$+ m3_{0,r}(S_{wt,0} - S_{wt,n'}) + \frac{\delta'}{2}(S_{wt,0} - S_{wt,n'})^2 + m4_{0,r}(S_{BESS,0} - S_{BESS,n'}) + \frac{\delta'}{2}(S_{BESS,0} - S_{BESS,n'})^2$$
$$+ \sum_{s=1}^{n}[C_{op,s} + m1_{s,r}(S_{mt,s} - S_{mt,s-1}) + \frac{\delta'}{2}(S_{mt,s} - S_{mt,s-1})^2 + m2_{s,r}(S_{pv,s} - S_{pv,s-1}) + \frac{\delta'}{2}(S_{pv,s} - S_{pv,s-1})^2$$
$$+ m3_{s,r}(S_{wt,s} - S_{wt,s-1}) + \frac{\delta'}{2}(S_{wt,s} - S_{wt,s-1})^2 + m4_{s,r}(S_{BESS,s} - S_{BESS,s-1}) + \frac{\delta'}{2}(S_{BESS,s} - S_{BESS,s-1})^2]$$
(4-76)

式中，$m1_{s,r}$、$m2_{s,r}$、$m3_{s,r}$ 和 $m4_{s,r}$ 分别为第 r 次迭代中场景 s 下的拉格朗日乘子；δ' 为惩罚因子；$S_{mt,s}$、$S_{pv,s}$、$S_{wt,s}$ 和 $S_{BESS,s}$ ($s=1, 2, 3, \cdots, n'$) 分别为运行子问题场景 s 下的燃气轮机、光伏、风机和电池的配置容量；$S_{mt,0}$、$S_{pv,0}$、$S_{wt,0}$ 和 $S_{BESS,0}$ 分别为配置子问题的燃气轮机、光伏、风机和电池的配置容量。基于 ADMM 算法，将增广 Lagrange 函数 L^n 分解为以全周期投资成本为目标的优化配置子问题 L_0 和以运行成本为目标的多元场景下的配置问题 L_s。

$$\min_{\substack{S_{mt,0}, S_{pv,0} \\ S_{wt,0}, S_{BESS,0}}} L^n = C_{inv} + m1_{0,r}(S_{mt,0} - S_{mt,n'}) + \frac{\delta'}{2}(S_{mt,0} - S_{mt,n'})^2$$
$$+ m2_{0,r}(S_{pv,0} - S_{pv,n'}) + \frac{\delta'}{2}(S_{pv,0} - S_{pv,n'})^2$$
$$+ m3_{0,r}(S_{wt,0} - S_{wt,n'}) + \frac{\delta'}{2}(S_{wt,0} - S_{wt,n'})^2$$
$$+ m4_{0,r}(S_{BESS,0} - S_{BESS,n'}) + \frac{\delta'}{2}(S_{BESS,0} - S_{BESS,n'})^2$$
(4-77)

$$\min_{\substack{S_{mt,s}, S_{pv,s} \\ S_{wt,s}, S_{BESS,s}}} L_s = C_{op,s} + m1_{s,r}(S_{mt,s} - S_{mt,s-1}) + \frac{\delta'}{2}(S_{mt,s} - S_{mt,s-1})^2$$
$$+ m2_{s,r}(S_{pv,s} - S_{pv,s-1}) + \frac{\delta'}{2}(S_{pv,s} - S_{pv,s-1})^2$$
$$+ m3_{s,r}(S_{wt,s} - S_{wt,s-1}) + \frac{\delta'}{2}(S_{wt,s} - S_{wt,s-1})^2$$
$$+ m4_{s,r}(S_{BESS,s} - S_{BESS,s-1}) + \frac{\delta'}{2}(S_{BESS,s} - S_{BESS,s-1})^2$$
(4-78)

基于 ADMM 算法的 IEGH 系统优化配置问题求解具体流程如下：

步骤 1：初始化变量 $S_{mt,n'}=0$，$S_{pv,n'}=0$，$S_{wt,n'}=0$，$S_{BESS,n'}=0$，拉格朗日乘子 $m1_{s,r}=m_0$、$m2_{s,r}=m_0$、$m3_{s,r}=m_0$、$m4_{s,r}=m_0$，令迭代次数 $r=0$、$s=0$。

步骤 2：将 $S_{mt,n'}$，$S_{pv,n'}$，$S_{wt,n'}$，$S_{BESS,n'}$ 作为常数带入场景 s，求解得 $S_{mt,s}$，$S_{pv,s}$，$S_{wt,s}$，$S_{BESS,s}$。

步骤 3：将 $S_{mt,s}$，$S_{pv,s}$，$S_{wt,s}$，$S_{BESS,s}$ 作为常数带入场景 $s+1$，求解得 $S_{mt,s+1}$，$S_{pv,s+1}$，

$S_{\text{wt},s+1}$, $S_{\text{BESS},s+1}$。

步骤 4：判断 $s+1$ 是否大于等于 n'，若否，则令 $s=s+1$，并带入步骤 3。

步骤 5：更新拉格朗日乘子，计算 r 次迭代中的最大偏差，并验证是否满足收敛条件，满足条件结束迭代，否则更新迭代次数，r 返回到步骤 2 继续迭代计算。

4.4.4 算例分析

基于本节提出的 IEGH 系统的优化配置模型，在算例系统中进行仿真分析。算例系统由 IEEE33 节点辐射型配电网、6 节点天然气传输网络和 50 节点的供热网络构成，并由 4 个 CHP 单元连接（由 500kW 微型燃气轮机和余热锅炉组成）。配电网公共耦合节点的电压为 12.66kV，每个节点的电压范围为 0.95~1.05p.u.。配电网节点 14、16、31 连接到三个风力发电机（WT），配电网节点 19、27、32 连接到三个光伏阵列（PV），天然气网络节点 3、4、6、7 通过 MT 连接到配电网节点 8、13、16、33，4 个 CHP 单元产生的热功率均传输到供热网络的热源节点。由于上述问题是一个线性整数规划问题，所以本节通过 YALMIPY 工具箱进行建模，并通过求解器 Gurobi8.0.0 求解上述线性整数规划问题。另外，MT 最大配置容量为 1MW，光伏的最大配置容量为 0.6MW，风机的最大配置容量为 0.6MW，电池的最大配置容量为 1MW。

为了验证所提出优化配置模型的有效性，本节在 3 个不同算例下对系统进行优化：

算例 1：只考虑单个场景下（8 月份）的优化。

算例 2：只考虑单个场景下（12 月份）的优化。

算例 3：考虑多场景下的优化。

（1）单场景优化

算例 1 下的优化配置结果见表 4-18。在算例 1 中，为消纳更多的太阳能，光伏配置容量很高，而由于风速相对较低，风机的配置容量较低。此场景下 4 个燃气轮机的配置容量均为最高，在满足配电网自身负荷之外，作为热源减少系统成本，同时燃气轮机为可调度电源，故需要配置的电池容量不高。

图 4-21 为算例 1、算例 2、算例 3 下公共耦合节点的传输功率，图 4-22 为算例 1 下天然气网络各节点流量。由图 4-21 可知，在算例 1 或算例 2 下，公共耦合节点的功率方向主要为配电网向主电网售电，在算例 1 下仅在 19:00—20:00 的负荷晚高峰期间，配电网内的可再生能源发电无法满足负荷需求，需要从主电网购电。

表 4-18 算例 1 下优化配置结果

设备	容量/MW
MT1	1
MT2	1
MT3	1
MT4	1
PV1	0.23
PV2	0.20
PV3	0.45
WT1	0.15
WT2	0.15
WT3	0.1973
BESS	0.5906

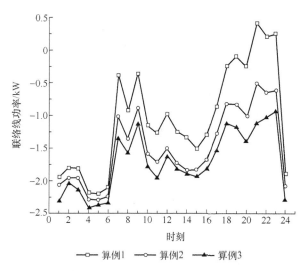

图 4-21 算例 1、算例 2、算例 3 下联络功率

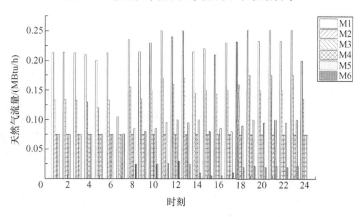

图 4-22 算例 1 下天然气网络各节点流量

算例 2 下的优化配置结果见表 4-19。在算例 2 中，由于光照强度相对较低，光伏配置容量也很低，而该场景下风能资源丰富，风机的配置容量很高。另外，此场景下 MT3 的配置容量仅为 0.4594MW，与算例 1 相比，MT 配置容量低，可调度电源容量也低，因此电池配置容量较高。

图 4-23 为算例 2 下天然气网络各节点流量。由图 4-23 可知，相对 8 月份，12 月份的负荷稍小，可再生能源总量较为丰富；在算例 2 下，公共耦合节点的功率方向均

表 4-19 算例 2 下优化配置结果

设备	容量/MW
MT1	1
MT2	1
MT3	0.4594
MT4	1
PV1	0.2
PV2	0.2
PV3	0.2
WT1	0.2326
WT2	0.2279
WT3	0.6
BESS	1

为配电网向主电网售电，该场景下可再生能源相对丰富，同时又因为电池配置容量较大，即使在19:00—21:00的负荷晚高峰期间，配电网依然能够满足自身负荷。

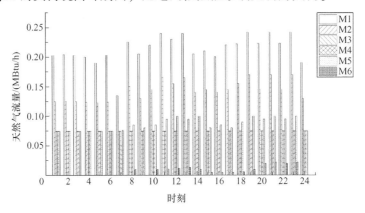

图 4-23 算例 2 下天然气各节点流量

(2) 多场景优化

算例 3 下的优化配置结果见表 4-20。在算例 3 下的优化配置结果与算例 2 配置结果相同，图 4-24 为算例 3 下天然气网络各节点流量情况。

算例 3 下的系统成本见表 4-21，可以看出 4、5 月份的运行收益高，这主要是由于该段时间内可再生能源相对负荷较为充足，配电网向主电网输出电能获得收益。而 8 月份的运行收益最低，该时段光照充足，但由于负荷较高、风速较低，同时光伏配置容量低，太阳能不能完全消纳，进一步导致该时段运行收益较低。另外，可以看到多场景优化下的电池配置容量是比单个场景优化（8、12 月）都要高，这是因为 8、12 月份的负荷水平较高，大部分可再生能源直接用来满足负荷，剩余可再生能源消纳需要的电池容量较低。而多场景优化中存在负荷较低、可再生能源较为充足的情况，需要较大容量的电池吸收多余可再生能源并通过分时电价以获得更多的收益。

表 4-20 算例 3 下优化配置结果

设备	容量/MW
MT1	1
MT2	1
MT3	0.4594
MT4	1
PV1	0.2
PV2	0.2
PV3	0.2
WT1	0.2326
WT2	0.2279
WT3	0.6
BESS	1

表 4-21 算例 3 下系统成本

项目	成本/元
投资问题	521E+07
场景 1 运行问题	-2.15E+06
场景 2 运行问题	-4.36E+06
场景 3 运行问题	-5.52E+06
场景 4 运行问题	-7.92E+06
场景 5 运行问题	-7.66E+06
场景 6 运行问题	-4.04E+06
场景 7 运行问题	-2.59E+06
场景 8 运行问题	-4.78E+06
场景 9 运行问题	-2.56E+06
场景 10 运行问题	-7.28E+06
场景 11 运行问题	-6.72E+06

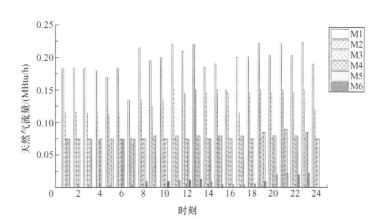

图 4-24 算例 3 下天然气网络各节点流量

4.5 小结

综合能源系统通过能量转换、分配和储存，天然气系统可以有效消纳可再生能源，为可再生能源的充分利用提供了空间，而综合能源系统的科学规划是保证系统中各设备发挥效用的重要因素，合理的优化配置方案为系统经济稳定运行提供了保障。

本章对能源枢纽、电-气综合能源系统、电-热综合能源系统以及电-气-热综合能源系统进行配置优化，以经济性最优为目标兼顾可靠性等指标进行优化，并通过算例分析不同情况下配置优化的效果。

第 5 章 综合能源系统运行优化

综合能源系统优化运行通常是在满足用户负荷需求的前提下,以降低系统运行成本为目标,考虑元件可调节或承受范围等约束条件,通过充分调度系统可控资源(通常包括电源及可控负荷)在保证用户供能需求的前提下,实现综合能源供能时的总成本削减,提高能源的利用效率,实现系统的经济调度。本章主要对能源枢纽、电-气综合能源系统、电-热综合能源系统以及电-气-热综合能源系统进行运行优化研究,通过对模型进行优化求解,实现提高能源利用率等目标。

5.1 能源枢纽运行优化

本节以日购能成本和污染物排放成本最低为目标,建立包含储能系统和集群电动汽车的能源枢纽运行优化问题,提出一种典型的混合整数规划模型,在 MATLAB 环境下基于 YALMIP 建模语言创立模型,并调用 GUROBI 求解器求得最优解。最后,以某商业园区在夏季典型日为例对所提出的策略进行说明。

5.1.1 目标函数

能源枢纽考虑日优化调度问题,合理安排各单元在每个时间间隔的处理,此调度中心以能源枢纽购买电力和天然气的费用与污染物排放交易成本之和最小为目标,其目标函数为

$$\min C = C_G + C_P + F \tag{5-1}$$

$$C_G = \sum_t \pi^G \left(\frac{P_t^{CCHP}}{\eta^{GT}} + \frac{H_t^{GB}}{\eta^{GB}} \right) \frac{\Delta T}{\lambda_{gas}} \tag{5-2}$$

$$C_P = \sum_t \left(\pi_t^{Tou} P_t^{PG} - \pi^S P_t^S \right) \Delta T \tag{5-3}$$

式中,π^G、π_t^{Tou} 和 π^S 分别为购气价格、购电的分时电价和售电价格;P_t^{PG} 为时刻 t 的购电功率;P_t^S 为时刻 t 的售电功率,其中售电只包括新能源生产的电力。

5.1.2 约束条件

(1) 系统运行约束

$$0 \leq P_t^{PG} \leq P_{max}^{PG} \tag{5-4}$$

$$0 \leq f_t^{GT} + f_t^{GB} \leq f_{gas}^{max} \tag{5-5}$$

式中,P_{max}^{PG} 和 f_{gas}^{max} 分别为能源枢纽的购电、气容量上限和。

(2) 电动汽车约束

$$S_{k.\min}^{EV} \leqslant S_{t,k}^{EV} \leqslant S_{k.\max}^{EV} \tag{5-6}$$

$$P_{t,k}^{EV} = 0, t \notin [t_k^{ari}, t_k^{dep}] \tag{5-7}$$

$$S_{dep.k} \geqslant S_{k.\min} + d_k^{dri}/d_{k.\max} \tag{5-8}$$

$$0 \leqslant P_{t,k}^{EV.ch} \leqslant P_k^{EV.\max} \tag{5-9}$$

式中，$S_{k.\max}^{EV}$ 和 $S_{k.\min}^{EV}$ 分别为第 k 辆电动汽车蓄电池荷电状态的最大值和最小值；t_k^{ari} 和 t_k^{dep} 分别为电动汽车接入和断开电力系统的时刻，限定了电动汽车的可调度时段；$S_{dep.k}$ 为第 k 辆电动汽车离开电力系统时可以满足出行距离 d_k^{dri} 的荷电状态 SOC 值；$d_{k.\max}$ 和 $P_k^{EV.\max}$ 分别为第 k 辆电动汽车的最大续航里程和最大充电功率。

(3) 储电（ES）设备约束

$$S_{\min}^{ES} \leqslant S_t^{ES} \leqslant S_{\max}^{ES} \tag{5-10}$$

$$0 \leqslant P_t^{ES.ch} \leqslant u_t^{ES.ch} P_{\max}^{ES.ch} \tag{5-11}$$

$$0 \leqslant P_t^{ES.dis} \leqslant u_t^{ES.dis} P_{\max}^{ES.dis} \tag{5-12}$$

式中，$S_{\max}^{ES}$ 和 $S_{\min}^{ES}$ 分别为 ES 荷电状态的上下限；$P_{\max}^{ES.ch}$ 和 $P_{\max}^{ES.dis}$ 分别为 ES 的最大充放电功率；$u_t^{ES.ch}$ 和 $u_t^{ES.dis}$ 表示 ES 在时刻 t 的充放电状态的二进制变量。式(5-10) 为 ES 荷电状态约束，式(5-11) 和式(5-12) 为充放电功率约束。

为保证 ES 不同时充放电，需满足以下约束

$$u_t^{ES.ch} + u_t^{ES.dis} \leqslant 1 \tag{5-13}$$

为了保证优化调度的连续性，在 ES 每日调度的结束时刻 T 的荷电状态要与初始时刻的荷电状态相等

$$S_1^{ES} = S_T^{ES} \tag{5-14}$$

(4) 储热（HS）设备约束

$$W_{\min}^{ES} \leqslant W_t^{ES} \leqslant W_{\max}^{ES} \tag{5-15}$$

$$0 \leqslant H_t^{ES.ch} \leqslant u_t^{ES.ch} H_{\max}^{ES.ch} \tag{5-16}$$

$$0 \leqslant H_t^{ES.dis} \leqslant u_t^{ES.dis} H_{\max}^{ES.dis} \tag{5-17}$$

式中，$W_{\max}^{ES}$ 和 $W_{\min}^{ES}$ 分别为储热量的上下限；$H_{\max}^{ES.ch}$ 和 $H_{\max}^{ES.dis}$ 分别为 HS 的最大储、放热功率；$u_t^{ES.ch}$ 和 $u_t^{ES.dis}$ 分别表示 HS 在时刻 t 的储、放热状态的二进制变量。

为保证 HS 不能同时储热和放热，且一个调度周期始末 HS 的储热量相同

$$u_t^{ES.ch} + u_t^{ES.dis} \leqslant 1 \tag{5-18}$$

$$W_1^{ES} = W_T^{ES} \tag{5-19}$$

(5) 用户舒适度约束

$$\theta_{\min}^{in} \leqslant \theta_t^{in} \leqslant \theta_{\max}^{in} \tag{5-20}$$

式(5-20) 为室内温度约束，将室内温度保持在用户期望的舒适温度区间内，规定了室内温度的上下限。

$$\theta_{\min}^{ws} \leqslant \theta_t^{ws} \leqslant \theta_{\max}^{ws} \tag{5-21}$$

式中，$\theta_{\max}^{ws}$ 和 $\theta_{\min}^{ws}$ 分别为用户意愿的水温上下限，以保证用户一天都有热水可用。

(6) CCHP 和 GB 运行约束

$$0 \leqslant P_t^{GT} \leqslant P_{\max}^{GT} \tag{5-22}$$

$$0 \leq H_t^{GT} \leq H_{max}^{GT} \tag{5-23}$$

$$0 \leq H_t^{GB} \leq H_{max}^{GB} \tag{5-24}$$

$$|P_t^{GT} - P_{t-1}^{GT}| \leq \Delta P_{max}^{GT} \tag{5-25}$$

式(5-22)~式(5-24)限定了各能源产生装置的出力上限,式(5-25)为 GT 发电的爬坡上限。

(7) 功率平衡约束

1) 电功率平衡约束

$$P_t^{GT} - P_t^S + P_t^{pv} + P_t^{CCHP} = P_t^L + \sum P_t^{EV.ch} + P_t^{ES.ch} - P_t^{ES.dis} + P_t^{EC} \tag{5-26}$$

$$P_t^{ES.ch} = \lambda_t P_t^L \tag{5-27}$$

式中,P_t^L 为基本电力负荷;λ_t 为在 [0,1] 区间内的系数,表示储电设备为基本负荷所提供的电功率占基本负荷需求的比例,由于建设储能设备到多种负荷的成本较高,考虑只有基本负荷可通过储能设备放电供能,制冷需求和电动汽车的电能需求只能通过电网供能。

2) 热功率平衡约束

$$H_t^{GB} + H_t^{CCHP} = H_t^L + H_t^{HS.ch} - H_t^{HS.dis} + H_t^{ws} + H_t^{AC} \tag{5-28}$$

式中,H_t^L 为基本热需求,由燃气锅炉和余热锅炉为系统供热,产生的热能供给基本热负荷、热水负荷和吸收式制冷机。

3) 冷功率平衡约束

$$(C_t^{CCHP} \cdot COP_{AC}) + (E_t^{EC} \cdot COP_{EC}) = H_t^{air} \tag{5-29}$$

式中,E_t^{EC} 为电制冷机的输出冷功率,COP_{AC} 和 COP_{EC} 分别为吸收式制冷机和电制冷机的制冷系数,分别为 0.7 和 3。

5.1.3 优化求解

所构建的能源枢纽优化运行模型为 0~1 混合整数线性规划问题,目标函数为式(5-1)、式(5-4)~式(5-29)。通过在 MATLAB 环境下使用 YALMIP 建模语言建立模型,并调用商业求解器 GUROBI 求得最优解,其通用表达式可以描述为

$$\min f(P,I) \tag{5-30}$$

$$\text{s.t.} \begin{cases} h(P,I) \leq 0 \\ P \leq A \\ L = CP \end{cases} \tag{5-31}$$

式中,优化模型的决策变量包括运行状态变量 C、P,二进制变量 I(0 或 1),如储能设备的充放能状态等;各能源转换设备的运行上限为 A;$h(P,I) \leq 0$ 表示能源枢纽设备的运行约束;$P \leq A$ 代表设备运行功率的上限;$L = CP$ 表示能源枢纽运行的功率平衡约束,以总购能成本和购排放额度成本最低为目标优化所提出的能源枢纽优化运行模型。

5.1.4 算例分析

(1) 优化运行结果

本节提出的电-气-热-冷联供能量枢纽优化调度模型以某综合能源商业园区为例,包含光伏装置、1 个 CCHP 机组、1 座储电装置、1 座储热装置、200 辆同规格的电动汽车、电制

冷空调和用于储存热水的热水箱。本节不考虑能量输送过程中的损耗，以夏季典型日的调度为例，其一天内的太阳辐射强度和室外气温如图 5-1 所示。

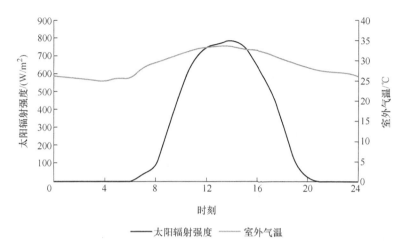

图 5-1　夏季典型日太阳辐射强度和气温

夏季典型日基本电、热负荷如图 5-2 所示。

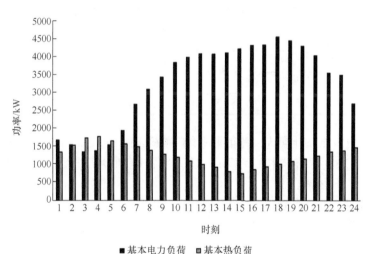

图 5-2　夏季典型日基本电、热负荷

电动汽车的电池容量为 18kW，电动汽车到达充电站和离开充电站的时间呈正态分布，其中 $t_k^{ari} \sim N(8, 4^2)$，$t_k^{dep} \sim N(18, 4^2)$；电动汽车初始 SOC 值服从均匀分布 $S_{1.k}^{EV} \sim (0.3, 0.5)$；用户期望的出行距离服从对数正态分布 $\ln d_k^{ari} \sim N(2.2, 0.88^2)$，且最大续航里程 $d_{k.\max}$ 均为 100km。园区执行工业峰谷电价，尖峰时段 11:00—13:00、16:00—17:00，电价为 1.2011 元/(kW·h)；高峰时段 10:00—11:00、13:00—15:00、18:00—21:00，电价为 1.0994 元/(kW·h)；平段 7:00—10:00、15:00—16:00、17:00—18:00、21:00—23:00，电价为 0.7510 元/(kW·h)；低谷时段 23:00—7:00，电价为 0.4126 元/(kW·h)，新能源售电价格为 1.15 元/(kW·h)。天然气的价格为 2.83 元/m³，碳交易市场排放价格为 57 元/t，污染物交易市场排放价格 5000 元/t。单位调度时长为 1 小时，即 24:00—1:00 为

第一个时段，最大时段为 24。

室内温度和水温的范围为用户满意的舒适范围，初始时刻的室温为 26℃，水温为 70℃。储电设备的初始 SOC 值为 0.3，且一个调度周期内始末荷电状态相等，储热设备的初始储热量为 1MW。热水箱根据时刻注入冷水的变化如图 5-3 所示。

本节所建立的能源枢纽优化调度模型是典型混合整数规划问题，在 MATLAB 环境下基于 YALMIP 建模语言建立模型，并调用 GUROBI 求解器求得最优解。为验证供能侧多能互补、

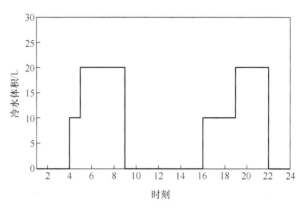

图 5-3 热水箱根据时刻注入冷水量

需求侧响应互动、污染物排放控制的有效性，本节设计不同场景对比分析，场景构建见表 5-1。

表 5-1 场景设计

场景	多能互补	相应负荷	储能设备	污染物交易
场景 1	√	√	√	√
场景 2	√	√	√	
场景 3	√	√		
场景 4				

场景 4 不采用多能互补模式，各能源系统单独运行，电负荷需求由电网购电、光伏发电和 GT 发电供应，热负荷需求由 GB 满足，冷需求由电制冷机满足。响应负荷不参与互动，由基本负荷代替，不含储能设备，不对污染物排放收取费用，作为其他场景算例的参考模式。

场景 1 为多能互补模式下，考虑冷、热、电负荷响应以及储能设备、污染物交易市场的优化调度模型，即第四部分建立的优化模型，其优化结果如图 5-4 所示，图中曲线为基本电力负荷曲线。

结合分时电价分析，优化结果显示，由于储能装置、集群电动汽车和需求侧的响应，园区在电价尖峰和高峰时段购

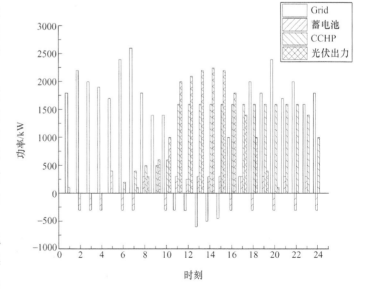

图 5-4 场景 1 的能源枢纽优化调度结果

入电功率减少,并在光伏发电高峰时段将多余电量出售给电网;当负荷呈现上升趋势时,园区能源枢纽体现了多能互补的优势,CCHP 机组和光伏发电承担了部分用能需求;除了电价低谷时段和平段,CCHP 几乎以最大容量运行,从而减少了购电量和污染物排放量;储电装置也跟随需求和电价的变化适当充放电,提高了系统运行的经济性,其储电、储热状态变化如图 5-5 所示。

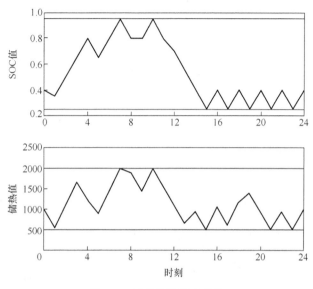

图 5-5 储能装置状态变化

由图 5-5 可看出蓄电池 SOC 值变化趋势,在电价低谷、用电低谷时期充电,在用电高峰时期放电,缓解了电网压力;储热装置也使 CCHP 的运行更有效率,在热需求较低时储存 CCHP 剩余的回收热能。图 5-6 显示了场景 1 的室温变化和水温变化,根据结果可知,水温和室温很好地跟随了用户所期望的范围,在电价高峰时段,CCHP 机组运行,冷需求主要由 CCHP 输出冷功率供应,其余时段由电制冷机制冷。

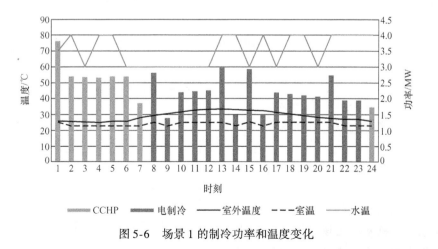

图 5-6 场景 1 的制冷功率和温度变化

场景 2 不考虑污染物交易策略,即不对污染物的排放收取费用,结果表明,不考虑污染物交易的实际碳排放量为 34.1747t，相较场景 1 增加了 1.2395t，实际碳排放量增加了 3.65%，而其他污染物的排放量也增加了 3.32%，即使园区能源枢纽的总成本有所降低，但这是由于没有对污染物收取费用导致，可见考虑污染物交易的优化策略有效减少了污染物的排放量。

场景 3 中不包含储能设备，意味着电能和热能都不能被暂时储存，不能在需要的时候为电、热需求供能；场景 4 中除了以热电分产的方式供能外，负荷也不再参与响应，电动汽车在接入电网时就以恒定最大功率供电，一旦达到 SOC 最大值就不再充电，充电期间充电功率不变；热水负荷和制冷负荷的温度不再限定在一定范围内，而是固定温度，不参与响应调度调节。

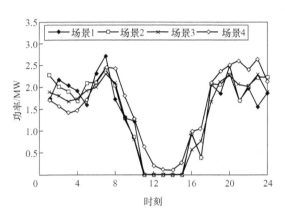

图 5-7 四种场景下的购电曲线

图 5-7 显示了四种场景下的购电曲线，结合图 5-7 和表 5-2 可以看出，场景 2 与场景 1 相比，由于用电的污染物排放量高于消耗天然气的排放量，不对污染物排放做出限制后，园区购入了更多的电功率。场景 1 与场景 3 相比，在低峰时段购入了更多的电功率储存在储能装置中，虽然场景 3 的总购电功率比场景 1 略小，但场景 1 售电更多，故系统的运行成本比场景 3 小得多。场景 4 作为其他算例的参考模式，其运行成本、购电功率和污染物排放量都比其他场景高得多，由于热电分产，购电功率紧紧跟随用电需求，其运行成本比场景 1 多出了 9.9%，验证了此优化策略的经济性，电动汽车的 SOC 平均值如图 5-8 所示。

表 5-2 各场景仿真结果

场景	运行成本/元	购电功率/MW	碳排放量/t	其他污染物排放量/t
场景 1	41957	33.5609	33.9352	0.0874
场景 2	41763	34.6741	34.1747	0.0903
场景 3	43396	33.2006	33.8309	0.0865
场景 4	46119	38.0494	38.3010	0.0991

图 5-8 显示了电动汽车参与需求响应调节的情况，可以看出电动汽车在峰谷时段的充电转移，验证了需求响应策略的有效性。

其他场景下的优化调度结果如图 5-9～图 5-11 所示。

（2）灵敏度分析

污染物交易机制在市场中尚处于初步阶段，污染物交易价格应该由系统运行状态确定，其变化应影响污染物的排放量和

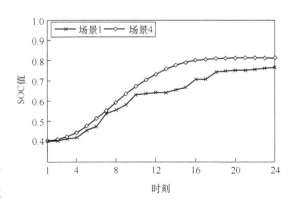

图 5-8 电动汽车 SOC 平均值变化曲线

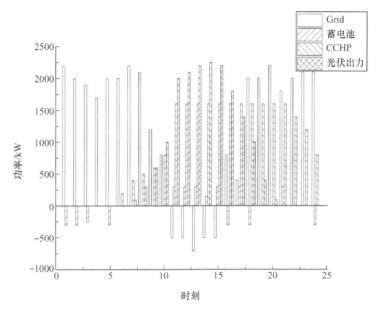

图 5-9 场景 2 的能源枢纽优化调度结果

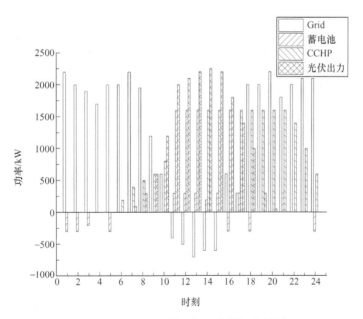

图 5-10 场景 3 的能源枢纽优化调度结果

各能源出力分配。为分析污染物交易价格对能源枢纽优化运行结果的影响，由于碳排放在污染物排放体系中占比较大，考虑碳排放税的变化对运行结果的影响，分并网型和离网型两种情况对比分析，其中并网型为文中所考虑的优化运行策略，即场景 1，离网型没有储能设备，需求侧与电网无功率交换。

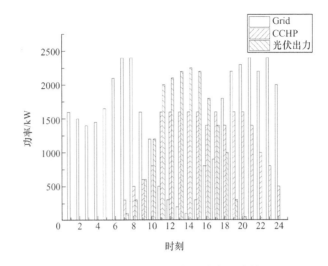

图 5-11 场景 4 的能源枢纽优化调度结果

对比结果如图 5-12、图 5-13 所示。

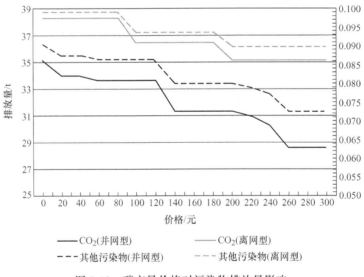

图 5-12 碳交易价格对污染物排放量影响

图 5-12 显示了碳排放税的变化对污染物排放量的影响，可以看出污染物的排放量随着价格的升高缓慢降低，并网型的碳污染物排放量起初下降平缓，当价格达到 140 元/t 和 260 元/t 时，污染物排放量迅速下降，相较对碳排放收取费用时下降了 11.6% 和 19.9%。而离网型的污染物排放量受价格影响并不显著，在碳排放税为 100 元/t 和 200 元/t 时两次下降，碳排放量与不收取费用时分别减少 4.9% 和 8.3%，污染物交易市场对污染物排放量控制效果远远不如包含需求响应的控制策略，可以看出并网型对碳交易价格更加敏感。

图 5-13 显示了碳交易价格对各能源消耗量的影响，可以看出随着碳交易市场价格的提高，系统逐渐从电网供电模式向消耗天然气供能转移，系统出力更多的由清洁能源的机组承担，购售电量都有所减少，离网型也由于缺少需求侧的响应和储能设备的调节而消耗着更多的电功率。

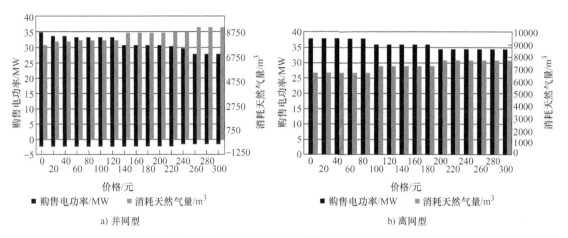

a) 并网型　　　　　　　　　　　b) 离网型

图 5-13　碳交易价格对各能源消耗量的影响

5.2 电-气综合能源系统运行优化

5.2.1 目标函数

本节要研究的电-气互联综合能源系统优化调度是基于电力系统直流潮流模型和天然气系统动态气流偏微分模型，研究以经济性最优为目标的运行优化问题。由于电-气互联综合能源系统中包含电力系统和天然气系统，其中电力系统包含燃气机组、燃煤机组、风电机组等设备，该部分采用的二次模型，其相应的成本函数为

$$F_1 = \sum_{t \in T} \Big[\sum_{i \in \Omega_{Gi}} (\alpha_i P_{G,i,t}^2 + \beta_i P_{G,i,t} + \delta_i) \Big] \tag{5-32}$$

式中，$P_{G,i,t}$ 为 t 时刻燃煤机组 i 的出力；α_i、β_i、δ_i 分别为机组 i 的成本系数；Ω_{Gi} 为燃煤机组集合。

天然气系统中包含供应的天然气以及储存天然气的储气罐等设备，主要耗量成本和储气成本函数分别为

$$F_2 = \sum_{j \in \Omega_g} \gamma_j f_{g,j,t} \tag{5-33}$$

$$F_3 = \sum_{j \in \Omega_s} C_{s,n} Q_{s,n,t}^{out} \tag{5-34}$$

式中，$f_{g,j,t}$ 为 t 时刻气源 j 的出力；γ_j 为气源 j 的成本系数；$Q_{s,n,t}^{out}$ 为 t 时刻储气罐 n 的天然气输出量；$C_{s,n}$ 为储气罐 n 的储气成本系数。

考虑可再生能源的消纳问题，其中主要考虑风力发电，设立了弃风惩罚成本，用于鼓励整个综合能源系统优先使用可再生能源，所以要对未消纳的部分进行惩罚，即风电的惩罚成本函数为

$$F_4 = \sum_{k \in \Omega_{WT}} C_{curt,k} (P_{W,k,t}^{max} - P_{W,k,t}) \tag{5-35}$$

式中，$P_{W,k,t}^{max}$ 为 t 时刻风电机组 k 的出力上限；$P_{W,k,t}$ 为 t 时刻风电机组 k 的实际出力；$C_{curt,k}$

为风电机组 k 的出弃风成本系数。

综上所述，系统整体优化调度的目标函数见式(5-36)，运行总成本包含电网中燃煤机组和燃气机组的成本、天然气耗量成本、弃风惩罚成本和天然气储气成本。

$$\min F = F_1 + F_2 + F_3 + F_4 = \sum_{t \in T} \left[\sum_{i \in \Omega_{Gi}} (\alpha_i P_{G,i,t}^2 + \beta_i P_{G,i,t} + \delta_i) \right] +$$
$$\sum_{j \in \Omega_g} \gamma_j f_{g,j,t} + \sum_{j \in \Omega_s} C_{s,n} Q_{s,n,t}^{\text{out}} + \sum_{k \in \Omega_{WT}} C_{\text{curt},k} (P_{W,k,t}^{\max} - P_{W,k,t}) \quad (5\text{-}36)$$

5.2.2 约束条件

(1) 电力网络约束条件

采用直流潮流模型建模

$$\begin{cases} \boldsymbol{A}_G \boldsymbol{P}_{G,t} - \boldsymbol{P}_{D,t} - \boldsymbol{A}_{P2G} \boldsymbol{P}_{P2G,t} - \boldsymbol{A}_{CHP} \boldsymbol{P}_{CHP,t} - \boldsymbol{B} \boldsymbol{\theta}_t = 0 \\ \dfrac{|\theta_{i,x} - \theta_{j,x}|}{x_{ij}} \leqslant P_{1,ij}^{\max} \quad i,j \in \Omega_{EN} \\ \theta^{\min} \leqslant \theta_i \leqslant \theta^{\max} \\ \boldsymbol{P}_{G,t}^{\min} \leqslant \boldsymbol{P}_{G,t} \leqslant \boldsymbol{P}_{G,t}^{\max} \\ 0 \leqslant \boldsymbol{P}_{P2G,t} \leqslant \boldsymbol{P}_{P2G,t}^{\max} \\ 0 \leqslant \boldsymbol{P}_{CHP,t} \\ \theta_{\text{slark}}^t = 0 \end{cases} \quad (5\text{-}37)$$

式中，Ω_{EN} 为电网节点集合；$\boldsymbol{A}_G$ 表示节点-机组关联矩阵；$\boldsymbol{A}_{P2G}$ 表示节点-P2G 关联矩阵；$\boldsymbol{A}_{CHP}$ 表示节点-CHP 关联矩阵；$\boldsymbol{P}_{D,t}$ 为节点负荷矩阵；$\boldsymbol{P}_{G,t}$ 为机组有功出力向量；$\boldsymbol{P}_{P2G,t}$ 为 P2G 有功向量；$\boldsymbol{P}_{CHP,t}$ 为 CHP 有功向量；$\boldsymbol{B}\boldsymbol{\theta}_t$ 为电网的有功网损，其中 $\boldsymbol{B}$ 为节点导纳矩阵的虚部，$\boldsymbol{\theta}_t$ 为节点电压相角向量；θ_{slark}^t 是平衡节点相角。

(2) 天然气网络约束条件

1) 管存平衡。由天然气传输动态特性可知，天然气管道中首尾两端的天然气流量是不相同的，而管道首末两端相差的天然气存量称之为管存。最佳状态下，调度结束后流入管道的天然气应该全部流出，使管存回到初始值

$$\sum_{t \in T} \sum_{ij \in \Omega_P} (f_{ij,0}^t - f_{ij,N}^t) = 0 \quad (5\text{-}38)$$

式中，Ω_P 为天然气管道集合。

2) 加压站约束。因为天然气管道壁不是绝对光滑，天然气气流在传输过程中与管壁之间存在摩擦阻力，使得气流传输过程中天然气气压下降，影响天然气传输，因此设置加压站，保持天然气气压。加压站前后气流可描述如下：

$$\begin{cases} \text{无加压站管道}: b_i^t = b_{ij,0}^t, f_i^t = f_{ij,0}^t \\ \text{含加压站管道}: k_c^{\min} = b_{ij,0}^t / b_i^t \leqslant k_c^{\max}, f_i^t = f_{ij,0}^t \end{cases} \quad (5\text{-}39)$$

式中，$k_c^{\max}$ 和 $k_c^{\min}$ 分别为气压变比上下限。

3) 流量约束

$$\begin{cases} b_{i,t}^{\min} \leqslant b_{i,t} \leqslant b_{i,t}^{\max} \\ f_{g,j,t}^{\min} \leqslant f_{g,j,t} \leqslant f_{g,j,t}^{\max} \end{cases} \quad (5\text{-}40)$$

4) 节点流量平衡方程

$$\boldsymbol{B}_\mathrm{g}\boldsymbol{f}_{\mathrm{g},t} + \boldsymbol{B}_{\mathrm{P2G}}\boldsymbol{f}_{\mathrm{P2G},t} + \frac{\boldsymbol{B}_\mathrm{s}}{S^{\mathrm{cap}}}\left(Q_{\mathrm{s},t}^{\mathrm{in}}\mu^{\mathrm{in}} - \frac{Q_{\mathrm{s},t}^{\mathrm{out}}}{\mu^{\mathrm{out}}}\right) - \boldsymbol{B}_{\mathrm{GT}}\boldsymbol{f}_{\mathrm{GT},t} - \boldsymbol{f}_{\mathrm{D},t} - \boldsymbol{A}_\mathrm{g}\boldsymbol{f}_\mathrm{d}^t = 0 \tag{5-41}$$

式中，$\boldsymbol{f}_{\mathrm{g},t}$ 为气源出力向量；$\boldsymbol{f}_{\mathrm{P2G},t}$ 为 P2G 天然气注入向量；$\boldsymbol{f}_{\mathrm{GT},t}$ 为燃气机组气流注入向量；$\boldsymbol{f}_{\mathrm{D},t}$ 为天然气负荷向量；$\boldsymbol{B}_\mathrm{g}$ 代表节点与气源关联矩阵；$\boldsymbol{B}_{\mathrm{P2G}}$ 代表节点关于 P2G 关联矩阵；$\boldsymbol{B}_\mathrm{s}$ 代表节点与储气罐的关联矩阵；$\boldsymbol{B}_{\mathrm{GT}}$ 代表节点与燃气机组的关联矩阵；$\boldsymbol{A}_\mathrm{g}$ 代表节点与管道的关联矩阵。

5.2.3 优化求解

由于在电-气互联综合能源系统中，电力网络和天然气网络的调度运行机构和能流管理是相互独立的，采用集中优化算法较难解决互联系统的优化问题，因此需要对优化问题采用分散式优化算法。分散式优化算法——交替方向乘子法（ADMM），将原有复杂的优化问题分解成若干个容易求解的子问题，降低问题维度，将子问题并行化求解，进而分解协调出原有问题的解。

ADMM 算法是一种求解具有可分离凸优化问题的重要方法，其最早由于处理速度快，收敛性能好，广泛应用于统计学习等领域，是在增广拉格朗日算法基础上发展出的一种新算法。

ADMM 算法一般用于求解带有如下等式约束的优化问题

$$\begin{aligned} &\min f(x) \\ &\mathrm{s.\,t.\ } Ax = b \end{aligned} \tag{5-42}$$

式中，$x \in R^n$；$A \in R^{m \times n}$；$f: R^n \to R$ 是凸函数。增广拉格朗日函数定义为

$$L_\sigma(x,z) = f(x) + z^\mathrm{T}(Ax - b) + (\sigma/2)\|Ax - b\|_2^2 \tag{5-43}$$

式中，z 是拉格朗日乘子；$\sigma > 0$ 是惩罚参数。采用对偶上升法，得到求解此问题的增广拉格朗日乘子法的迭代格式

$$\begin{aligned} &\mathrm{Step1}: x^{k+1} = \arg\min_x L_\sigma(x^k, z^k) \\ &\mathrm{Step2}: z^{k+1} = z^k + \sigma(Ax^{k+1} - b) \end{aligned} \tag{5-44}$$

式中，$\arg\min\limits_x$ 为最优结果下 x 的取值。

当原来一个变量的目标函数 f 变为两个变量时，优化函数就变为

$$\begin{aligned} &\min_{x,y} f(x) + g(y) \\ &\mathrm{s.\,t.\ } Ax + By = c \end{aligned} \tag{5-45}$$

式 (5-45) 的增广拉格朗日定义为

$$L_\sigma(x,y,z) = f(x) + g(x) + z^\mathrm{T}(Ax + By - c) + (\sigma/2)\|Ax + By - c\|_2^2 \tag{5-46}$$

采用对偶上升法分别固定两个变量，更新其中一个变量（即交替方向），得到新变量后进行重复迭代，直到收敛为止，经典的 ADMM 算法步骤如下：

Step0：初始化 y^0、z^0、$\sigma > 0$，置 $k = 0$；

Step1：计算

$$\begin{cases} x^{k+1} = \underset{x}{\operatorname{argmin}} L_\sigma(x, y^k, z^k) \\ y^{k+1} = \underset{y}{\operatorname{argmin}} L_\sigma(x^{k+1}, y, z^k) \\ z^{k+1} = z^k + \sigma(Ax^{k+1} + By^{k+1} - c) \end{cases} \quad (5\text{-}47)$$

Step2：重复迭代 Step1，直到满足终止条件为止，输出最终的结果。

在用 ADMM 算法求解的过程中，为了便于计算，初始化值将设为零向量，并且定义残值 $r = Ax + By - c$。求解过程先固定其中两个变量，去更新第三个变量的值，依次交替求解。当 $f(x)$ 和 $g(x)$ 是闭凸正则函数，并且假设无扩增的拉格朗日函数有鞍点，则求解的目标函数具有收敛性。

ADMM 算法可看作是在增广拉格朗日算法基础上改进发展出来的新算法。这个算法适用于求解具有可分结构的凸规划问题，其本质是将优化问题的变量松弛至目标函数，使得模型变形为无约束问题。将松弛后的目标函数拆分后，通过对各子问题优化求解，利用更新后子问题的差值更新拉格朗日乘子，使得原问题在有限次迭代中，能够收敛得到理想解。

5.2.4 算例分析

本节构造的电-气互联综合能源系统模型，电网为 IEEE39 节点电力网络，气网为修改过的比利时 20 节点天然气网络，两个子网络之间通过 P2G 和燃气轮机耦合，具体结构如图 5-14 所示。

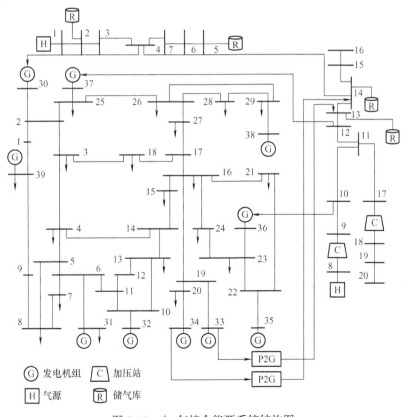

图 5-14 电-气综合能源系统结构图

电力网络为修改过的 IEEE39 节点电力系统：系统共 46 条输电线路；原系统中：10 台燃煤机组，设定 G1、G7、G8 为燃气机组，分别与天然气网络 4、10、12 节点相连，G4、G5 为风电场，连接在 33、34 节点上，为最大限度接纳风电，P2G 输入端接在节点 33 和 34 上；系统负荷设定为原负荷的 85%，弃风成本为 50 美元/(MW·h)。

天然气网络为修改过的 20 节点天然气网络：系统共 24 条输气管道，含 2 个气源、3 个加压站、4 个储气库，P2G 输出端连接在节点 13、14 上；系统负荷为原负荷的 20%，气源供能成本为 0.30 美元/m^3。

对电-气互联测试系统结构图中各燃气机组、燃煤机组和气源的仿真参数进行设置，具体设置见表 5-3、表 5-4。

表 5-3 燃气机组参数

燃煤机组	电力网络节点元	天然气网络节点	碳排放系数	P_{max}/MW
G1	30	4	0.290	610
G7	36	10	0.290	310
G8	37	12	0.290	310

表 5-4 燃煤机组参数

燃煤机组	成本系数			碳排放系数			P_{max}/MW
	a	b	c	α	β	γ	
G2	0.699	26	0	0.0399	1.129	0	666
G3	0.679	23	0	0.0161	1.100	0	723
G6	0.431	26	0	0.0491	1.200	0	694
G9	0.461	25	0	0.0279	1.049	0	871
G10	0.886	27	0	0.0269	1.129	0	1123

利用内外层协调的凸分散优化算法对电-气互联系统进行优化求解。其中外层 PCCP 设置 $\varepsilon_1 = 10^{-4}$、$\varepsilon_2 = 10^{-3}$，内层 ADMM 设置 $\gamma_1 = 10^{-3}$、$\gamma_2 = 10^{-5}$、$a = c = 0.65$。

(1) 惩罚因子初始值影响

算法的目标值和惩罚因子初始值属开放性参数，通过试值不同的 ρ^0 得出的目标函数值和迭代的次数，内外层算法的收敛效果见表 5-5。

由表格数据可以知道，惩罚因子初始值越小得到的目标值结果质量越好，当惩罚因子初始值 $\rho^0 \geq 1$ 时，目标值结果稍差，算法的迭代次数也大幅增加。当惩罚因子初始值 $\rho^0 = 10$，迭代出来的目标值已经出现了偏差，而且迭代次数大幅增加，增加了计算时间。上述结果分析说明在外层 PCCP 松弛过程中，不能设置过重的初始惩罚，否则难以保证收敛性，综合考虑目标值的质量和迭代次数，可将惩罚因子初始值设置为 10^{-3}。

表 5-5 惩罚因子初始值不同取值的收敛结果

ρ^0	目标值/万美元	外层迭代数	总迭代数
1×10^{-4}	639.18863	9	54
1×10^{-3}	639.18896	9	52
1×10^{-2}	639.18927	9	59
1×10^{-1}	639.19010	9	71
1	651.96351	10	236
10	669.21858	12	349

（2）动态调整系数的影响

外层 PCPP 设置不同的惩罚因子可影响惩罚系数的更新速度，从而影响算法的收敛速度。在 $\rho^0=10^{-3}$ 的条件下，设定不同的动态调整参数，图 5-15 为设置不同的动态调整系数对应的模型优化结果。

对于本节所提内外层协调的凸分散优化算法 PCCP-ADMM，仿真结果显示，当动态调整系数 $v_c\leqslant5$ 时，算法性能均表现良好，迭代次数及目标函数值结果均在合理范围；$v_c>5$ 时，算法迭代次数增大且目标函数值计算误差大，这是因为在每次迭代更新时，惩罚因子增长过快，使得惩罚项在原目标函数中占比过大，使得优化失准，同时影响迭代收敛的速度，增加了算法的总迭代数；当动态调整系数 $v_c>7$ 时，算法已无法快速收敛。综合考虑迭代次数和目标函数值，动态调整系数取 2~5 时，算法效果较为理想。

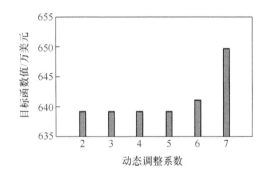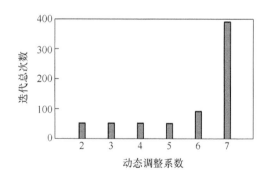

图 5-15 不同动态调整系数对应的目标值和迭代总数

在分析了仿真算法性能的基础上，利用上面的电-气互联测试系统结构图以及参数设置，分析电力网络和天然气网络各运行参数的变化结果，电网各部分运行结果如图 5-16 所示，天然气各部分运行结果如图 5-17 所示。电网中，在凌晨时段，电力负荷低，风力机组出力高，此时 P2G 装置功率较大，可将风电转化为天然气存储以消纳风电。7h 后日间工作开始，电力负荷增大，电网可消纳全部风电，因此 P2G 装置功率降为 0。在傍晚时间，电力负荷达到高峰，燃煤机组出力达到上限，此时调用出力成本更高的燃气轮机出力维持功率平衡，在其他时段，燃煤机组自身出力可满足负荷需求，因此燃气轮机出力一直维持在最低水平，所以燃气轮机出力除 10h~12h 有波动外，其于时段维持最低值。

气网中,在凌晨时段,气负荷以及燃气轮机耗气最低,电网利用 P2G 装置将多余风电转化的天然气储存,实现消纳风电,因此储气罐输入高,输出为 0,富余天然气被储存在储气罐作为缓存储能。在日间工作时段,随着气负荷增大,储气罐输入减小,输出增大。在 17h 气负荷达到峰值,储气罐输出也达到峰值。

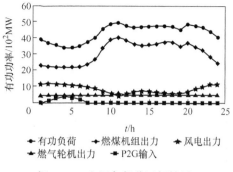

图 5-16 电网各部分运行结果

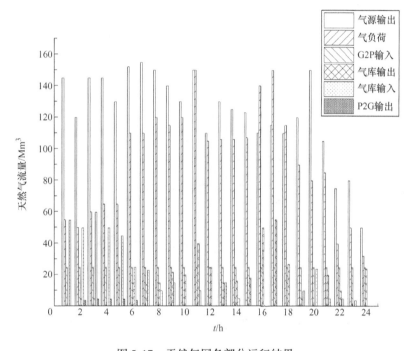

图 5-17 天然气网各部分运行结果

5.3 电-热综合能源系统运行优化

在以往的电-热综合能源系统优化运行中,为保证系统的热负荷需求,采用热电机组优先发电方式,热电机组出力过高,严重减少了风电的消纳空间,导致大量的弃风。因此,本节从源侧和储能侧出发,考虑在综合能源系统中加入电锅炉和储热装置,实现热电机组的热电解耦,实现电力系统调度方式、热力系统调度方式和风电消纳协调互动,以提高系统的风电消纳能力。

本节构建电-热综合能源系统的运行优化模型,除了单独对电力系统、热力系统的运行方式进行考虑外,还综合考虑电力系统、热力系统和风电消纳的协调互动。该模型以综合能源系统中能量生产模块、能量转换模块和能量存储模块中各设备的逐时出力、弃风量和购电计划作为决策变量，考虑各设备的运行约束、系统的拓扑结构约束和能量约束条件，从整体系统的层面上以弃风量和系统总运行成本最小为优化目标建立模型。该电-热综合能源系统的优化运行模型架构如图5-18所示。

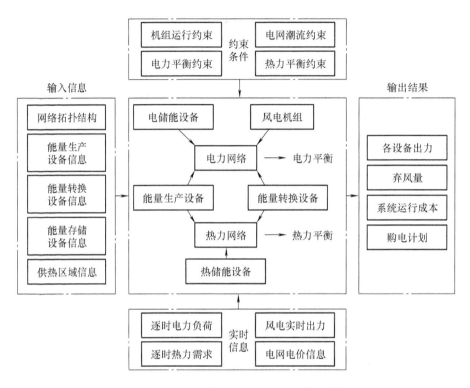

图5-18　电-热综合能源系统调度的模型架构

5.3.1　目标函数

在配置了电锅炉和蓄热罐的电-热综合能源系统中，当风电出力大时，电锅炉和蓄热罐均可实现代替部分热电机组进行供热的功能，此时可降低热电机组的出力，为风电消纳提供空间。合理对风电进行利用，可减少不可再生资源的消耗量，降低系统的燃料成本；也减少了化石燃料燃烧带来的环境污染物。由此看来，促进风电消纳可以实现电-热综合能源系统的低碳经济运行。

因此，以系统运行成本最低为目标函数，建立了包含风电场、微型燃气轮机、燃气内燃机、燃气锅炉、电锅炉、热储能和电储能的电-热综合能源系统优化运行模型。其中，系统的运行总成本包括弃风惩罚成本、燃料成本和各设备的运维成本，则目标函数如下：

$$\min \sum_{t=1}^{T} \left(\sum_{i=1}^{N_{\mathrm{WG}}} \varepsilon P_i^{t,\mathrm{cut}} + \sum_{j=1}^{M} \mu_j^t P_j^t + \sum_{k=1}^{N} v_k^t E_k^t \right) \quad (5\text{-}48)$$

式中，t表示第t个调度时段；T为优化周期总时段数；i表示第i个风电场；N_{WG}为风电场数；$P_i^{t,\mathrm{cut}}$是第i个风电场在t时刻的弃风量；j表示第j台设备；M是设备数量；μ_j^t是设备j在t时刻的单位运行维护成本；P_j^t是设备j在t时刻的出力值；k表示第k种能源；N是能源种类数量；v_k^t 是第 k 种能源在 t 时刻的价格；E_k^t 是第 k 种能源在 t 时刻的消耗量；ε 为弃风惩罚成本。

5.3.2 约束条件

（1）功率平衡约束

功率平衡约束包括综合能源系统的电力平衡约束和热力平衡约束。其中，对于供电平衡，在任意时刻，电网和所有供电机组的供电功率之和等于综合能源系统的电负荷需求（包括电锅炉的用电消耗），即

$$P_{\text{Grid}} + \sum_{i=1}^{N_{\text{MT}}} P_i^{\text{MT}} + \sum_{i=1}^{N_{\text{GE}}} P_i^{\text{GE}} + \sum_{i=1}^{N_{\text{WG}}} P_i^{\text{WG}} + \sum_{i=1}^{N_{\text{EES}}} P_i^{\text{EES}} = P^{\text{L}} + \sum_{i=1}^{N_{\text{EB}}} P_i^{\text{EB}} \quad (5\text{-}49)$$

式中，N_{MT}、N_{GE}、N_{WG}、N_{EES} 和 N_{EB} 分别是系统中微型燃气轮机、燃气内燃机、风电机组、电储能和电锅炉的数量；P_{Grid} 为电网的购电功率；P_i^{MT}、P_i^{GE}、P_i^{WG} 和 P_i^{EES} 分别为系统第 i 台微型燃气轮机、燃气内燃机、风电机组和电储能的发电功率；P_i^{EB} 为第 i 台电锅炉的用电功率；P^{L} 为系统总电负荷需求。$P_i^{\text{EES}} > 0$ 表示电储能处于放电状态，$P_i^{\text{EES}} < 0$ 表示电储能处于充电状态。

对于热力平衡，在任意时刻，所有供热机组（包括微型燃气轮机、燃气内燃机、燃气锅炉以及热储能）的供热功率和电锅炉的供热功率之和等于综合能源系统的热负荷需求，即

$$\sum_{i=1}^{N_{\text{MT}}} H_i^{\text{MT}} + \sum_{i=1}^{N_{\text{GE}}} H_i^{\text{GE}} + \sum_{i=1}^{N_{\text{WG}}} H_i^{\text{WG}} + \sum_{i=1}^{N_{\text{EES}}} H_i^{\text{EES}} + \sum_{i=1}^{N_{\text{EB}}} H_i^{\text{EB}} = H^{\text{L}} \quad (5\text{-}50)$$

式中，H_i^{MT}、H_i^{GE}、H_i^{WG}、H_i^{EES} 和 H_i^{EB} 分别是第 i 台微型燃气轮机、燃气内燃机、燃气锅炉、热储能装置和电锅炉的供热功率；H^{L} 为系统总热负荷需求。$H_i^{\text{EES}} > 0$ 表示热储能处于供热状态，$H_i^{\text{EES}} < 0$ 表示热储能处于蓄热状态。

在综合能源系统中，集中供热系统互联能力有限，因此在式(5-49)的基础上，进一步考虑在电-热综合能源系统中存在多个相互独立的集中供暖区域。假设该综合能源系统存在 n 个热源和 m 个集中供暖区域，则使用热源-区域关联矩阵来表示各热源与供暖区域的关联关系，热源-区域关联矩阵表示为

$$\boldsymbol{A}_{mn} = \begin{bmatrix} a_{11} & \cdots & a_{1j} & \cdots & a_{1n} \\ \vdots & & \vdots & & \vdots \\ a_{i1} & \cdots & a_{ij} & \cdots & a_{in} \\ \vdots & & \vdots & & \vdots \\ a_{m1} & \cdots & a_{mj} & \cdots & a_{mn} \end{bmatrix} \quad (5\text{-}51)$$

式中，a_{ij} 表示第 i 个供热区域与第 j 个热源的关联关系，$a_{ij} = 0$ 表示第 j 个热源不属于 i 个供热区域，$a_{ij} = 1$ 表示第 j 个热源在第 i 个供热区域内。

本节假设在"电热协调"的调度模式下，热源以供热区域为单位进行划分，设 a_{ij}^{MT}、a_{ij}^{GE}、a_{ij}^{GB}、a_{ij}^{EB} 和 a_{ij}^{EES} 分别为第 i 台微型燃气轮机、燃气内燃机、燃气锅炉、电锅炉和热储能装置与第 j 个供热区域在热源-区域关联矩阵中所对应的元素。对于相互独立供热区域的热力平衡，在任意时刻，供热区域内所有热源（包括微型燃气轮机、燃气内燃机、燃气锅

炉、热储能以及电锅炉）的供热功率之和等于各供热区域的热负荷需求，即

$$\sum_{i=1}^{N_{MT}} a_{ij}^{MT} H_i^{MT} + \sum_{i=1}^{N_{GE}} a_{ij}^{GE} H_i^{GE} + \sum_{i=1}^{N_{GB}} a_{ij}^{GB} H_i^{GB} + \sum_{i=1}^{N_{EES}} a_{ij}^{EES} H_i^{EES} + \sum_{i=1}^{N_{EB}} a_{ij}^{EB} H_i^{EB} = H_j^L \quad (5\text{-}52)$$

式中，H_j^L 为第 j 个区域供热系统的热负荷需求。

（2）电网潮流约束

电网中每条支路的潮流应限制在每条支路允许的最大最小传输功率范围内

$$P_{i,\min}^{\text{Line}} \leq P_i^{t,\text{Line}} \leq P_{i,\max}^{\text{Line}} \quad (5\text{-}53)$$

式中，$P_i^{t,\text{Line}}$ 是第 i 条线路在 t 时刻的线路传输功率；$P_{i,\min}^{\text{Line}}$ 和 $P_{i,\max}^{\text{Line}}$ 分别是第 i 条线路的最小和最大线路传输功率。

（3）燃气轮机、燃气内燃机运行约束

1）输出功率约束

$$s_i^{t,\text{MT/GE}} P_{i,\min}^{\text{MT/GE}} \leq P_i^{t,\text{MT/GE}} \leq s_i^{t,\text{MT/GE}} P_{i,\max}^{\text{MT/GE}} \quad (5\text{-}54)$$

$$s_i^{t,\text{MT/GE}} H_{i,\min}^{\text{MT/GE}} \leq H_i^{\text{MT/GE}} \leq s_i^{t,\text{MT/GE}} H_{i,\max}^{\text{MT/GE}} \quad (5\text{-}55)$$

式中，$s_i^{t,\text{MT/GE}}$ 表示第 i 台燃气轮机/燃气内燃机在 t 时刻的开停状态，$s_i^{t,\text{MT/GE}}=0$ 表示第 i 台燃气轮机/燃气内燃机处于停机状态，$s_i^{t,\text{MT/GE}}=1$ 表示第 i 燃气轮机/燃气内燃机处于开机状态；$P_i^{t,\text{MT/GE}}$ 为第 i 台燃气轮机/燃气内燃机在 t 时刻的输出功率；$P_{i,\min}^{\text{MT/GE}}$ 和 $P_{i,\max}^{\text{MT/GE}}$ 分别是第 i 台燃气轮机/燃气内燃机允许的设备输出功率的最小值和最大值。

2）爬坡约束

$$|\Delta P_i^{t,\text{MT/GE}}| = |\Delta P_i^{t,\text{MT/GE}} - \Delta P_i^{t-1,\text{MT/GE}}| \leq R_{P,i}^{\text{MT/GE}} \quad (5\text{-}56)$$

式中，$R_{P,i}^{\text{MT/GE}}$ 为第 i 台燃气轮机、燃气内燃机的最大机组爬坡速率。

（4）储能系统运行约束

除能量平衡约束外，储能系统还应有容量约束、放电/热功率约束等。

1）容量约束

$$SOC_{i,\min}^{t,\text{EES}} \leq SOC_i^{t,\text{EES}} \leq SOC_{i,\max}^{t,\text{EES}} \quad (5\text{-}57)$$

$$SOC_{i,\min}^{t,\text{TES}} \leq SOC_i^{t,\text{TES}} \leq SOC_{i,\max}^{t,\text{TES}} \quad (5\text{-}58)$$

式中，$SOC_i^{t,\text{EES}}$ 和 $SOC_i^{t,\text{TES}}$ 分别是第 i 个电储能和热储能在 t 时刻的荷电状态值；$SOC_{i,\min}^{t,\text{EES}}$ 和 $SOC_{i,\min}^{t,\text{TES}}$ 分别是第 i 个电储能和热储能在 t 时刻允许的最小荷电状态值；$SOC_{i,\max}^{t,\text{EES}}$ 和 $SOC_{i,\max}^{t,\text{TES}}$ 分别是第 i 个电储能和热储能在 t 时刻允许的最大荷电状态值。

2）放电/热功率约束

$$P_{i,\text{ch},\min}^{\text{EES}} \leq P_{i,\text{ch}}^{t,\text{EES}} \leq P_{i,\text{ch},\max}^{\text{EES}} \quad (5\text{-}59)$$

$$P_{i,\text{ch},\min}^{\text{TES}} \leq P_{i,\text{ch}}^{t,\text{TES}} \leq P_{i,\text{ch},\max}^{\text{TES}} \quad (5\text{-}60)$$

$$P_{i,\text{dis},\min}^{\text{EES}} \leq P_{i,\text{dis}}^{t,\text{EES}} \leq P_{i,\text{dis},\max}^{\text{EES}} \quad (5\text{-}61)$$

$$P_{i,\text{dis},\min}^{\text{TES}} \leq P_{i,\text{dis}}^{t,\text{TES}} \leq P_{i,\text{dis},\max}^{\text{TES}} \quad (5\text{-}62)$$

式中，$P_{i,\text{ch}}^{t,\text{EES}}$、$P_{i,\text{ch}}^{t,\text{TES}}$、$P_{i,\text{dis}}^{t,\text{EES}}$ 和 $P_{i,\text{dis}}^{t,\text{TES}}$ 分别是 t 时刻第 i 个电储能的充电功率、热储能的蓄热功率、电储能的放电功率和热储能的放热功率；$P_{i,\text{ch},\min}^{\text{EES}}$ 和 $P_{i,\text{ch},\max}^{\text{EES}}$ 分别是第 i 个电储能的最小和最大充电功率；$P_{i,\text{ch},\min}^{\text{TES}}$ 和 $P_{i,\text{ch},\max}^{\text{TES}}$ 分别是第 i 个热储能的最小和最大蓄热功率；$P_{i,\text{dis},\min}^{\text{EES}}$ 和 $P_{i,\text{dis},\max}^{\text{EES}}$ 分别是第 i 个电储能的最小和最大放电功率；$P_{i,\text{dis},\min}^{\text{TES}}$ 和 $P_{i,\text{dis},\max}^{\text{TES}}$ 分别是第 i 个热储能的最小和最大供热功率。

(5) 燃气、电锅炉运行约束

$$0 \leqslant P_i^{t,\text{GB/EB}} \leqslant P_{i,\max}^{\text{GB/EB}} \tag{5-63}$$

式中，$P_i^{t,\text{GB/EB}}$ 表示 t 时刻第 i 台燃气、电锅炉的使用功率；$P_{i,\max}^{\text{GB/EB}}$ 表示第 i 台燃气、电锅炉的最大功率。

5.3.3 算例分析

本节以 6 节点系统为例，将各设备的技术和经济参数、电网及热网的拓扑结构和负荷信息作为输入，考虑 5.3.2 节的约束条件，以 5.3.1 节的目标函数为优化目标，对各设备出力、弃风量和购电计划进行决策，最终得到电-热综合能源系统的最优运行方案。该优化模型使用 CPLEX 进行求解。

1. 系统描述

（1）设备的经济和技术参数

算例系统中能量生产模块和能量转换模块中各设备的经济及技术参数见表 5-6，各能源的价格见表 5-7，能量存储模块中各设备的经济及技术参数见表 5-8。

表 5-6 设备的经济及技术参数

设备	额定容量/MW	电效率	热效率	燃料耗率/（m³/h）	运行维护成本/（元/kW·h）	负载范围
燃气过滤	4 台×12		0.85		0.026	0.25～1
电锅炉	2 台×5		0.95		0.013	0.1～1
微型燃气轮机 1	10 台×0.03	0.25	0.52	24.3	0.059	0.4～1
微型燃气轮机 2	10 台×0.08	0.28	0.54	28.9	0.059	0.4～1
燃气内燃机 1	6 台×0.8	0.38	0.39	213.23	0.059	0.3～1
燃气内燃机 2	6 台×3	0.42	0.48	723.47	0.059	0.3～1
吸收式冷温水机	1 台×25		1		0.013	0.04～1
风电机组	1 台×20				0.039	

表 5-7 能源的价格

能源	峰时刻 11:00—15:00 19:00—21:00	平时刻 8:00—10:00 16:00—18:00 22:00—23:00	谷时刻 0:00—7:00
电（元/kW·h）	1.077	0.688	0.322
天然气（元/m³）	1.8	1.8	1.8

表 5-8 储能设备的经济及技术参数

设备	额定功率/MW·h	容量/MW·h	输入/输出效率	自放电率	运行维护成本/(元/kW·h)
蓄电池	2	6	0.95	0.01	0.013
蓄热罐	4	8	0.92	0.02	0.026

(2) 系统拓扑信息

电-热综合能源系统中的电力网络拓扑结构连接关系如图 5-19 所示,各节点能量生产设备的配置情况见表 5-9,各节点能量存储设备的配置情况见表 5-10。

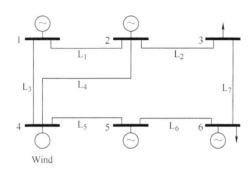

图 5-19 算例 6 节点系统连接关系图

表 5-9 节点能量生产设备配置情况

节点	机组类型	装机容量/MW
1	3×0.8MW+3×3MW 燃气内燃机	11.4
2	5×0.03MW+5×0.08MW 微型燃气轮机	0.55
4	25MW 风电机组	15
5	3×0.8MW+3×3MW 燃气内燃机	11.4
6	5×0.03MW+5×0.08MW 微型燃气轮机	0.55

表 5-10 节点能量存储设备配置情况

节点	蓄电池/MW·h	蓄热罐/MW·h
3	3	8
6	3	8

(3) 负荷需求

系统全年逐日的电负荷和热负荷需求如图 5-20 所示。对图 5-20 进行分析,热负荷具有明显的季特性,呈现为冬季大夏季小,且夏季始终稳定在一个较低水平,相对来说冬季热负荷的变化情况较为复杂;从周特性来看,热负荷始终是低于电负荷需求的,但分析日特性可知,周内存在几天系统处于热电比高的情况,这在小时级的负荷曲线中更为明显。对此可知,该电-热综合能源系统长期运行在热电比小于1、间歇运行在热电比大于1的负荷环境中。因此,本算例考虑在热负荷波动较大的冬季,分别对热电比高、热电比低和热电比先高后低(日内波动)三种负荷情况进行分析。

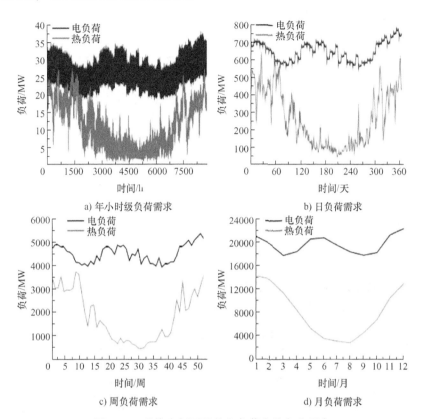

图 5-20 系统全年逐日的电负荷和热负荷需求

(4) 热力系统情况

本算例将热力供应分为两种情况,第一种为集中供热系统,即热电机组产生的热能可供应任意供热区域;第二种为分别供应两个集中供热区域,即节点1和节点2的供热机组对节点3供热区域进行供热,节点5和节点6的供热机组对节点6进行供热,且负荷分配系数均为50%。

(5) 风电出力

该系统全年逐日风电出力值如图5-21所示。分析图5-21可知,风电出力具有较大的随机性和波动性,因此,选取冬季具有一定反调峰特性,日均电量与月均电量持平的风电曲线作为本算例风电出力曲线。

选取风电数据见表5-11。

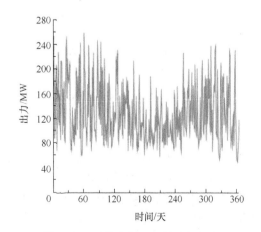

图 5-21 系统全年逐日的风电出力

表 5-11　冬季典型日风电数据

时间/h	1	2	3	4	5	6	7	8	9	10	11	12
出力/MW	4.6	6.9	10.2	5.4	11.6	16.4	16.3	16.6	14.2	10.9	12.0	4.7
时间/h	13	14	15	16	17	18	19	20	21	22	23	24
出力/MW	5.0	5.8	14.6	13.6	1.7	1.7	0.7	0.5	0.0	0.0	0.0	0.0

2. 系统优化结果

本节设置 4 种场景对电锅炉和蓄热罐的引入对提高系统风电消纳能力的机理和影响进行研究，4 种场景均考虑系统是在冬季典型日下按分区供热模式运行。

场景 1：综合场景，在热源侧同时加入电锅炉和蓄热罐，两者协调调度来满足系统的电、热负荷需求。

场景 2：蓄热罐场景，仅在热源侧配置蓄热罐，提升系统的运行灵活性。

场景 3：电锅炉场景，仅在热源侧配置电锅炉，提高系统电-热转换能力。

场景 4：基准场景，系统中不配置电锅炉和蓄热罐，仅靠热电机组出力给系统提供热能。

1）当热电比高（平均热电比 =1.25）时，优化得到的结果如图 5-22 和图 5-23 所示。

因为区域 1 和区域 2 完全对称，在热负荷分配比为 5:5 的情况下，区域 2 的热出力曲线与区域 1 基本一致，如图 5-23 所示。表 5-12 列出 4 种场景下的结果参数。

表 5-12　4 种场景下的结果参数

场景	弃风量/MW	购电量/MW	电锅炉发热/MW	储热放热/MW	购电成本/万元	运维成本/万元	燃料成本/万元	弃风成本/万元	总成本/万元
场景 1	0.00	10.24	71.95	4.35	0.81	3.28	24.31	0.00	28.40
场景 2	2.04	10.24	0.00	4.35	0.81	3.17	24.51	2.04	30.52
场景 3	0.00	10.24	69.42	0.00	0.81	3.25	24.33	0.00	28.39
场景 4	2.04	10.24	0.00	0.00	0.81	3.15	24.52	2.04	30.52

对表 5-12 进行分析，其中，场景 2 和场景 4 的弃风量为 2.04MW，占弃风时段出力的 1.73%，占总风电出力的 1.15%。场景 1 和场景 3 均无弃风现象，说明了在热电比高的情况下，配置电锅炉对消纳弃风比配置蓄热罐有更优越的效果。同时，在 17:00—22:00，场景 1 到场景 4 均从电网购入等额电量，这是因为此时所有的热电机组都达到了其最大出力值，而风电出力减小，电储能又受其容量的限制无法提供足够的电量，为了满足系统的电力平衡约束，需从电网购电。

对比场景 1 和场景 3 发现，在配置蓄热罐之后，系统的总成本增加，因为系统的热电比高，热需求大，所以蓄热罐在运行初始时进行放热，并保持在最低荷电状态（此时没有自放热损耗量），同时，为了满足终止时刻的蓄热值与初始时刻相等，蓄热罐在终止时刻进行储热，此时增加了蓄热罐的运维费用，因此总成本更高，对比场景 2 和场景 4 可得出同样结果。

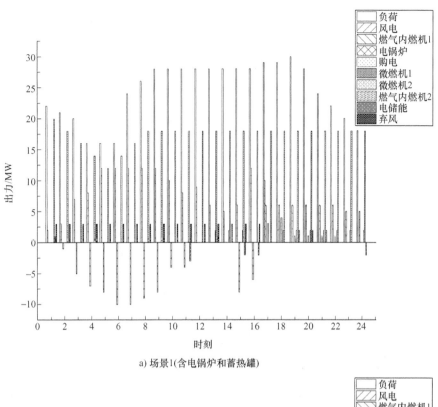

a) 场景1(含电锅炉和蓄热罐)

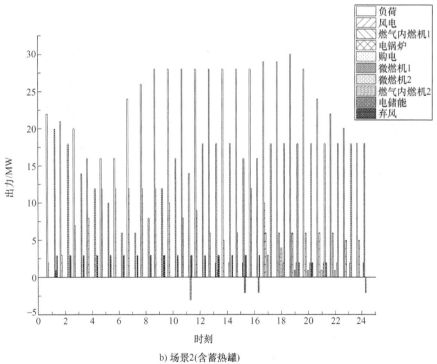

b) 场景2(含蓄热罐)

图 5-22　各设备的电出力

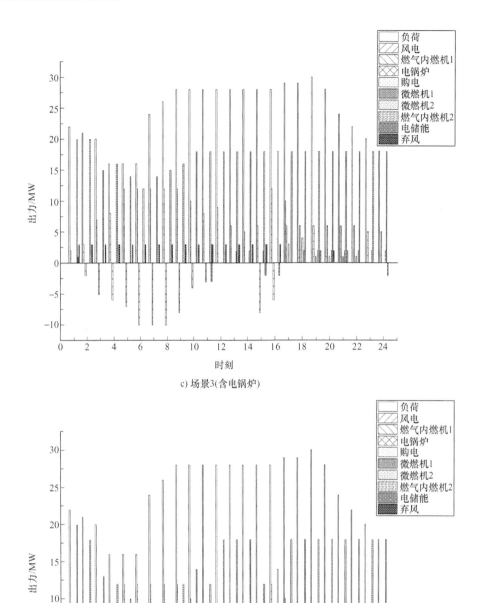

c) 场景3(含电锅炉)

d) 场景4(不含电锅炉和蓄热罐)

图 5-22 各设备的电出力（续）

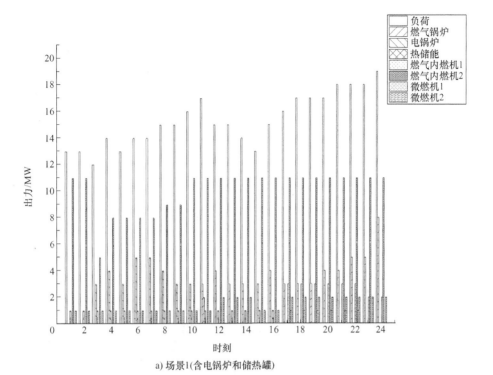

a) 场景1(含电锅炉和储热罐)

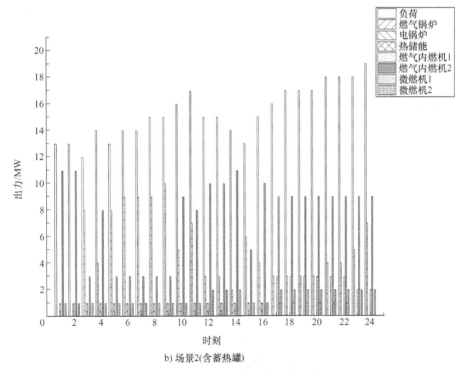

b) 场景2(含蓄热罐)

图 5-23　区域 1/2 各设备的热出力

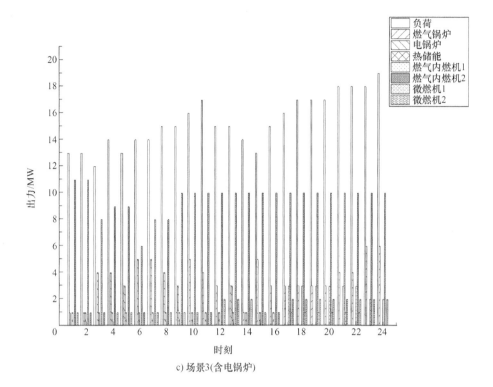

c) 场景3(含电锅炉)

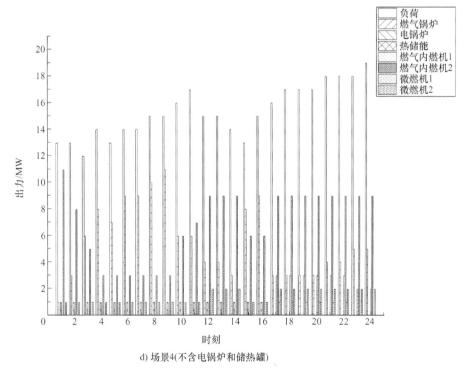

d) 场景4(不含电锅炉和储热罐)

图 5-23 区域 1/2 各设备的热出力（续）

综上所述，在热电比高的情况下，配置电锅炉且不配置蓄热罐为系统运行的最优方案。此时的风电消纳机理为：在热电比高的情况下，当热电机组运行在"以热定电"模式时将导致电能供给大于电能需求，此时无法消纳多余的风电，甚至会产生机组弃电，电锅炉通过将部分电能转换成热能，实现了热负荷的电气化，降低了热负荷对热电机组的热能需求，同时增加了系统的电能需求，促进了风电的消纳，此时相当于提高了热电机组供热能力的同时降低了热电机组的技术出力。

进一步分析了在热电比高的情况下电锅炉的配置容量对系统运行的影响，见表 5-13。

表 5-13　热电比高时电锅炉容量对系统运行的影响

容量/MW	弃风量/MW	购电量/MW	电锅炉发热/MW	购电成本/万元	运维成本/万元	燃料成本/万元	弃风成本/万元	总成本/万元
1	1.04	10.24	11.40	0.81	3.16	24.48	1.04	29.49
1.5	0.54	10.24	16.10	0.81	3.17	24.46	0.54	28.98
2	0.04	10.24	22.65	0.81	3.18	24.43	0.04	28.47
4	0.00	10.24	42.86	0.81	3.21	24.39	0.00	28.41
6	0.00	10.24	55.84	0.81	3.23	24.36	0.00	28.38
8	0.00	10.24	64.38	0.81	3.25	24.34	0.00	28.36

从表 5-13 可以看出，随着电锅炉容量的增加，系统的总成本呈现一个先快速下降后逐渐稳定的趋势，这是因为此时系统的最大弃风电力为 2.04MW，在电锅炉的配置容量还能接纳弃风时，随着电锅炉容量的增加，弃风惩罚成本快速下降；而当系统的弃风能完全被消纳时，随着电锅炉的增加，燃料费用减小，这是因为电锅炉取代了部分的燃气锅炉，对系统进行供热，但与此同时也增加了电锅炉的运维成本，所以系统的总运行成本基本处于一个持平状态。综上所述，在热电比高的情况下，系统配置电锅炉的最优容量为刚好能消纳最大弃风电力时的容量值。

2）当热电比低（平均热电比 = 0.75）时，优化得到的结果如图 5-24 和图 5-25 所示。其中，图 5-24 为 4 个场景下各设备的电出力，图 5-25 为 4 个场景下各设备的热出力。

表 5-14　各场景下的系统优化结果

容量/MW	弃风量/MW	购电量/MW	电锅炉发热/MW	储能放热/MW	购电成本/万元	运维成本/万元	燃料成本/万元	弃风成本/万元	总成本/万元
1	0.00	89.54	3.16	24.19	5.80	3.08	21.85	0.00	31.74
2	0.00	89.54	0.00	24.19	5.80	3.08	21.86	0.00	31.74
3	0.00	109.40	9.32	0.00	8.54	2.86	21.23	0.00	32.63
4	0.00	109.40	0.00	0.00	8.54	2.84	21.26	0.00	32.64

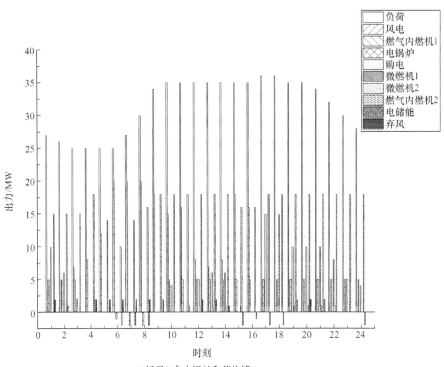

a) 场景1(含电锅炉和蓄热罐)

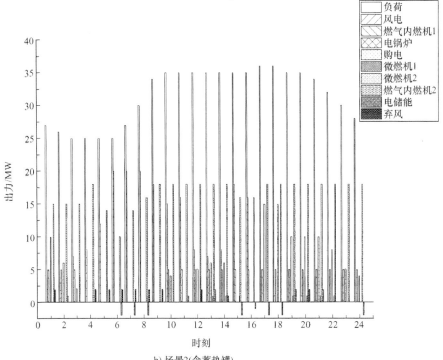

b) 场景2(含蓄热罐)

图 5-24 各设备的电出力

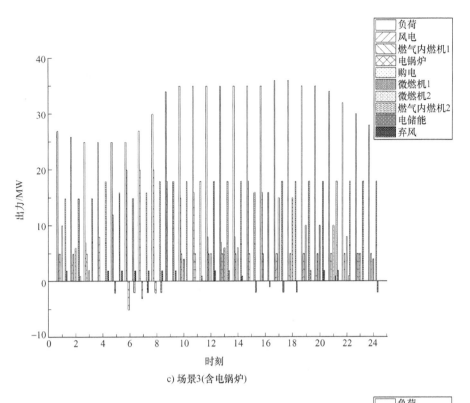

c) 场景3(含电锅炉)

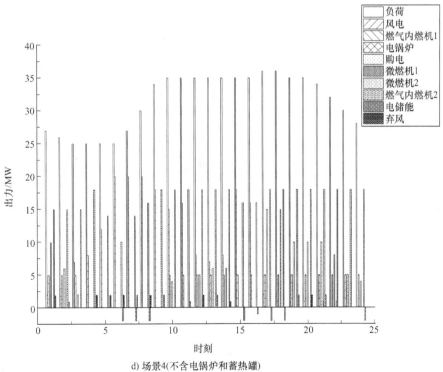

d) 场景4(不含电锅炉和蓄热罐)

图 5-24 各设备的电出力（续）

106 综合能源建模与优化

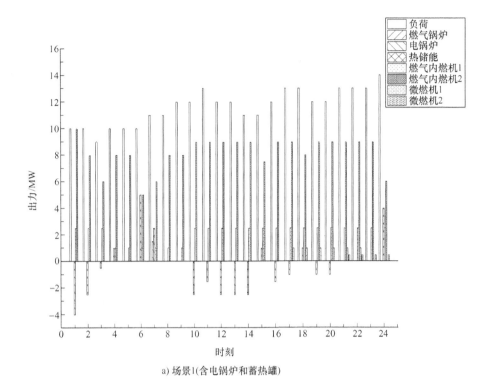

a) 场景1(含电锅炉和蓄热罐)

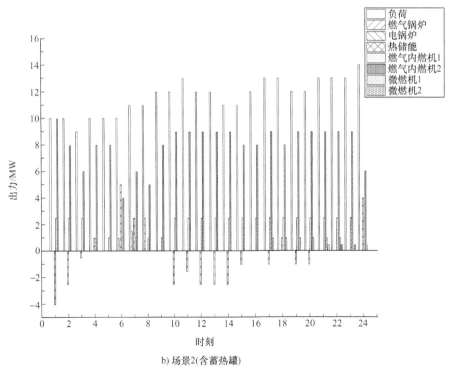

b) 场景2(含蓄热罐)

图 5-25 区域 1/2 各设备的热出力

第 5 章 综合能源系统运行优化

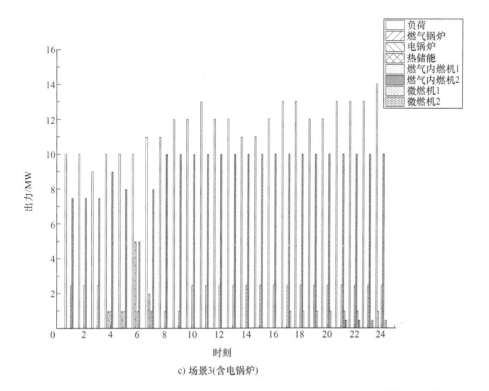

c) 场景3(含电锅炉)

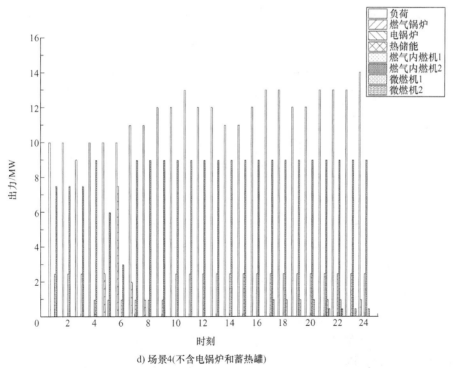

d) 场景4(不含电锅炉和蓄热罐)

图 5-25 区域 1/2 各设备的热出力（续）

对表 5-14、图 5-24 和图 5-25 进行分析，4 种场景下均无弃风现象的发生，这是因为在热电比低的情况下，热电机组在满足热需求时会导致无法满足较高的电需求，此时优先消纳风电，再考虑从电网购电，所以风电消纳问题不严重。对比场景 4 和场景 3 发现，配置电锅炉对系统总成本的影响不大，这是因为在热电比低的情况下，对电供给侧而言，无法提供电能，对热需求侧而言，不需要多余的热能供给；场景 3 下电锅炉在 4:00—8:00 仍有供热现象，这是因为在 4:00—8:00 时电负荷需求不高，热负荷需求较大，此时风电发电又较多，所以用电锅炉代替部分的燃气锅炉对供热区域进行供热。

对比场景 4 和场景 2 发现，在热电比低的情况下，给系统配置热储能可以大幅降低系统成本，对此进行分析可知：在电网电价低时，系统在不降低机组出力的情况下向电网购电，此时富余热能由蓄热罐进行储存，在电网电价高时，减少从系统的购电量；同时，在风电出力大时，减小热电机组的出力，提供足够的空间消纳风电，此时由蓄热罐代替部分的燃气锅炉对给系统提供热能。所以在热电比低的系统中，配置蓄热罐和电锅炉均能降低系统的总成本，但蓄热罐的效果更为明显。

此时的风电消纳机理为：在热电比低的情况下，当热电机组运行在"以热定电"模式时将导致提供的电能的供给小于需求，此时需要从电网进行购电，配置蓄热罐可以在电负荷高时尽量提高热电机组的出力，减少从电网的购电量，此时多余的热能由蓄热罐进行存储；在风电出力大时，为了给风电提供足够的空间，降低热电机组的出力，不足的热能由燃气锅炉和蓄热罐提供，此时，蓄热罐可代替部分的燃气锅炉，减少了燃料的消耗量。

进一步分析在热电比低的情况下蓄热罐的配置容量对系统运行的影响，见表 5-15。

表 5-15 热电比低时蓄热罐容量对系统运行的影响

容量/MW	弃风量/MW	购电量/MW	储能发热/MW	购电成本/万元	运维成本/万元	燃料成本/万元	弃风成本/万元	总成本/万元
16	0.00	89.54	24.19	5.80	3.08	21.86	0.00	31.74
18	0.00	85.77	26.16	5.67	3.11	21.92	0.00	31.70
20	0.00	84.89	30.01	5.56	3.13	21.98	0.00	31.67
22	0.00	84.50	32.36	5.49	3.14	22.00	0.00	31.63
24	0.00	84.55	33.64	5.41	3.15	22.07	0.00	31.63
26	0.00	84.62	33.89	5.37	3.15	22.11	0.00	31.63

分析表 5-15 可知，随着蓄热罐容量的增加，总成本呈现一个逐渐减小后稳定的趋势，对结果进行分析：随着蓄热罐容量的逐渐增加，电负荷高时热电机组尽量增大出力，减少从电网的购电量或选择在电网电价低时进行购电，避免高峰电价，此时由蓄热罐对多余的热能进行存储；在风电出力大时，为了给风电提供足够的空间，降低热电机组的出力，此时不足的热能由燃气锅炉和蓄热罐提供（蓄热罐可逐渐代替乃至取代燃气锅炉），减少了燃料的消耗量。当蓄热罐可以完全取代燃气锅炉时，蓄热罐的作用是当电网电价高时使热电机组出力减少购电，在电网电价低时购电，减少系统购电成本，但与此同时，运维成本和燃料成本上升，因此蓄热罐容量的再增加就不再带来显著收益。

3) 当热电比先高后低时，优化得到的结果如图 5-26 和图 5-27 所示。

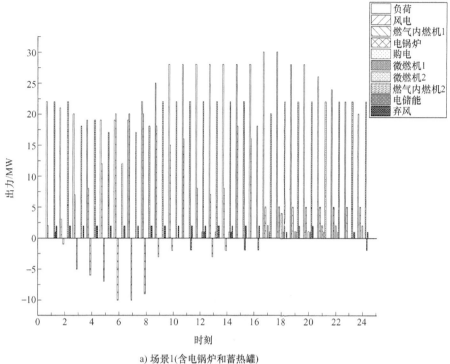

a) 场景1(含电锅炉和蓄热罐)

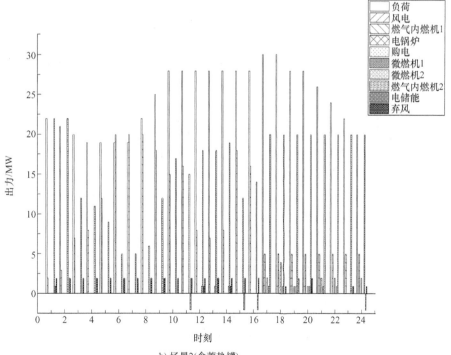

b) 场景2(含蓄热罐)

图 5-26 各设备的电出力

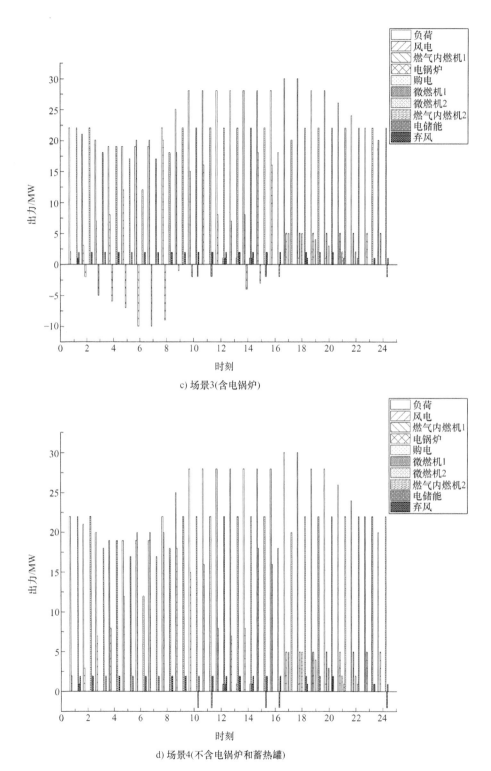

c) 场景3(含电锅炉)

d) 场景4(不含电锅炉和蓄热罐)

图 5-26 各设备的电出力（续）

第 5 章 综合能源系统运行优化

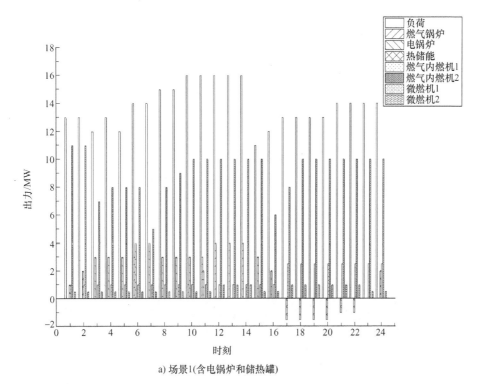

a) 场景1(含电锅炉和储热罐)

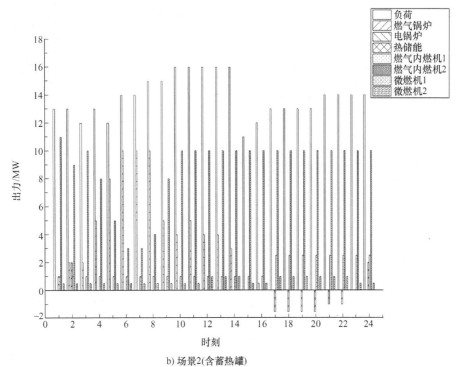

b) 场景2(含蓄热罐)

图 5-27 区域 1/2 各设备的热出力

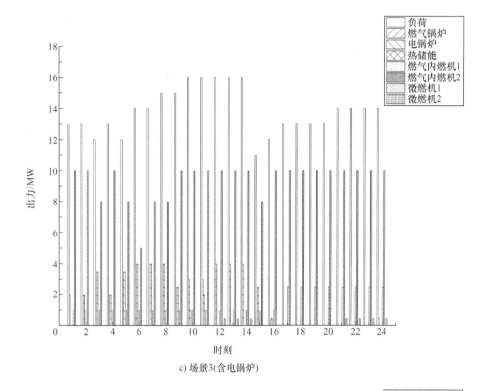

c) 场景3(含电锅炉)

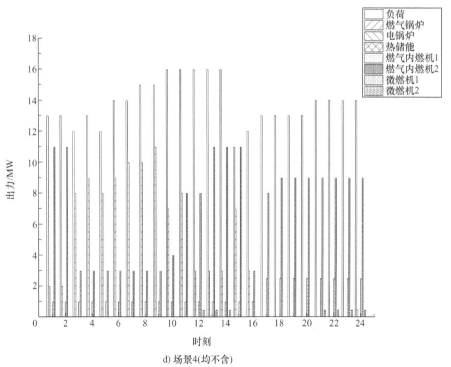

d) 场景4(均不含)

图 5-27 区域 1/2 各设备的热出力（续）

表 5-16　各场景下的系统优化结果

场景	弃风量/MW	购电量/MW	电锅炉发热/MW	储热放热/MW	购电成本/万元	运维成本/万元	燃料成本/万元	弃风成本/万元	总成本/万元
1	0.00	12.14	63.60	8.72	0.87	3.08	22.51	0.00	25.49
2	2.04	12.14	0.00	8.72	0.87	2.98	22.69	2.04	28.58
3	0.00	16.40	63.83	0.00	1.45	3.02	21.98	0.00	25.45
4	1.79	16.40	0.00	0.00	1.45	2.92	22.15	1.79	28.32

对表 5-16、图 5-26 和图 5-27 进行分析，场景 2 下弃风量为 2.04MW，弃风率为 1.15%，场景 4 下的弃风量为 1.79MW，弃风率为 1.01%，场景 2 和场景 4 进行对比，发现在配置了蓄热罐之后，系统的弃风率反而上升了，这是因为，配置蓄热罐之后，因为初始时刻系统的热电比高，蓄热罐进行放热并始终保持在最低荷电水平（此时没有自放热损耗），但为了满足蓄热罐终止时刻的荷电状态等于初始状态的荷电状态值，所以在终止时刻前要给蓄热罐蓄热，提高了结束时刻的热负荷，相当于热负荷从初始时刻平移到终止时刻。在这种情况下导致热电机组的开机状态发生了变化，在场景 2 下系统内的热电机组全开，提高了系统的最小技术出力水平，压缩了风电的消纳空间。对比场景 3 和场景 4 可以发现，配置电锅炉可显著提高系统对风电的消纳水平和减少系统的总成本，其消纳风电的原理和热电比高时一样。

3. 负荷分配比的影响

在上一节，验证了系统在不同热电比情况下，热负荷在两个独立供热区域的比例为 5:5 时配置电锅炉和蓄热罐对促进风电消纳和降低系统运行成本上的机理和作用。本节研究系统的热负荷比在不对称情况下，电锅炉和蓄热罐对促进风电消纳和系统的优化运行上的影响效果。

分析当系统在热电比高时，且配置电锅炉不配置蓄热罐情况下，两个独立供热区域的负荷分配比的运行结果见表 5-17 和图 5-28。

表 5-17　不同负荷分配比下的系统优化结果

负荷分配比	有无电锅炉	弃风量/MW	购电量/MW	电锅炉供电/MW	购电成本/万元	运维成本/万元	燃料成本/万元	弃风成本/万元	总成本/万元
集中供热	有	0.00	10.24	69.42	0.81	3.25	24.33	0.00	28.39
	无	2.04	10.24	0.00	0.81	3.15	24.52	2.04	30.52
5:5	有	0.00	10.24	69.42	0.81	3.25	24.33	0.00	28.39
	无	2.04	10.24	0.00	0.81	3.15	24.52	2.04	30.52
4:6	有	0.00	10.93	64.68	0.88	3.25	24.29	0.00	28.42
	无	2.04	10.93	0.00	0.88	3.15	24.48	2.04	30.54
3:7	有	0.00	29.92	54.58	2.43	3.19	23.89	0.00	29.52
	无	1.82	29.92	0.00	2.43	3.12	24.04	1.82	31.41

(续)

负荷分配比	有无电锅炉	弃风量/MW	购电量/MW	电锅炉供电/MW	购电成本/万元	运维成本/万元	燃料成本/万元	弃风成本/万元	总成本/万元
2:8	有	0.00	63.69	30.57	4.07	3.07	23.44	0.00	31.58
	无	0.93	63.69	0.00	4.07	3.03	23.52	0.92	32.53
1:9	有	0.00	103.60	15.52	8.21	2.94	23.21	0.00	34.36
	无	0.02	103.60	0.00	8.21	2.91	23.25	0.02	34.39

对表 5-17 和图 5-28 进行分析可知，集中供热与负荷比为 5:5 的运行模式相同且总成本相同，随着负荷分配比不均衡性的增加，总成本逐渐增大，这是因为系统负荷不对称时，承担负荷较高的一侧从电网购电的成本大幅增加。在无锅炉情况下，系统总成本均比普遍在有锅炉的情况下更高，这主要是因为电锅炉促进了风电的消纳，降低了系统的弃电成本和燃料成本。随着系统的负荷分配比不均衡性的增加，电锅炉供热量也逐渐减小，对系统的总运行成本的影响逐渐下降，在以上几种情况下，成本下降的比例分别为不含电锅炉时总成本的 6.50%、6.50%、6.48%、5.40%、0.03% 和 0.009%。

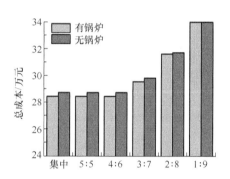

图 5-28 不同负荷分配比下的总成本

5.4 电-气-热综合能源系统运行优化

电-热-气综合能源系统同时包含电力系统、热力系统以及天然气系统，在优化运行时需要考虑电力、热力以及天然气系统的物理特性，同时由于能源系统的互联，不同能源间的耦合关系也是 IES 优化运行时所必须考虑的因素。但已有的 IES 优化运行模型，往往在系统结构特征上做了简化，对电、热、天然气能源间的耦合性考虑不足，能源间的耦合性分析多集中于定性讨论，缺乏定量分析，进而难以判断 IES 运行时各能源间的耦合性关系强弱，从而难以准确评估系统运行时由多能耦合带来的互补效益，不利于深挖 IES 综合能源耦合的能源供应优势以及成本削减潜力。

针对上述问题，本节构建了一种同时耦合电力、热力以及天然气的 IES 结构，并通过相关定义的建立，对 IES 的耦合性进行定量描述；然后结合 IES 供能单元模型，建立了以成本为目标的 IES 优化模型，针对 IES 运行时多能耦合特性带来的求解困难，提出一种基于逻辑回归 (Logistic regression, LR) 的求解方法，并针对传统 LR 方法中收敛速度慢、迭代振荡等问题，提出了改进方法；最后给出仿真算例，验证所述模型及方法的有效性，并对综合能源协同优化效果及 IES 优化运行时的能源耦合关系作了定量分析。

IES 在能源的生产、消费等环节中，同时耦合了电能、热能以及天然气能等多种能源形式，本节所述的电-气-热 IES 基本形态结构可由图 5-29 所示。该系统由电力系统 (power system, PS)、热力系统 (thermodynamic system, TS) 以及天然气系统 (natural gas system,

NGS）构成。其中 PS 包括风机、火电机组、蓄热式电锅炉以及电负荷；TS 包括热 CHP 机组、燃气锅炉、P2G 机组、蓄热式电锅炉以及热负荷；NGS 包括气井压缩机、CHP 机组以及燃气锅炉。PS、TS 和 NGS 通过蓄热式电锅炉、CHP 机组、P2G 机组以及燃气锅炉耦接在一起，各能量流入流出关系如图 5-29 所示，其中 P、Q、G 分别表示电能、热能以及天然气能。

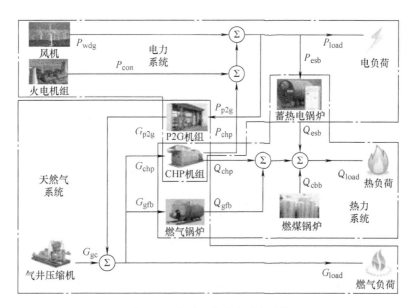

图 5-29　电-气-热基本形态结构

图中，P_{wdg}、P_{con} 和 P_{chp} 分别表示风机、火电机组以及 CHP 机组的输出电功率；P_{esb} 和 P_{p2g} 分别表示蓄热电锅炉以及电转气机组的输入电功率；Q_{esb}、Q_{chp}、Q_{cbb}、Q_{gfb} 分别表示蓄热电锅炉、CHP 机组、燃煤锅炉以及燃气锅炉的输出电功率；G_{chp} 和 G_{gfb} 分别表示 CHP 机组以及燃气锅炉的输入天然气功率；G_{gc} 和 G_{p2g} 分别表示气井压缩机以及电转气机组的输出天然气功率；P_{load}、Q_{load} 和 G_{load} 分别表示电、热、天然气负荷。

5.4.1　目标函数

本节的 IES 优化运行以系统总运行成本最低为优化目标，系统运行成本包括供电、供热以及供天然气成本。对应的目标函数可由能源结构配比矩阵与系统供能单元的供能成本向量的乘积逐一表示，见式(5-64)。

$$C_{\text{IES}} = \min \sum_{t=1}^{N_t} [C_p(t) + C_Q(t) + C_G(t)] \tag{5-64}$$

式中，C_{IES} 表示 IES 的总运行成本；N_t 表示系统调度运行的总时段；$C_p(t)$、$C_Q(t)$ 以及 $C_G(t)$ 分别表示 IES 运行时，在 t 时刻的供电成本、供热成本以及供天然气成本，三者可由式(5-65)表示

$$[C_p(t) + C_Q(t) + C_G(t)]^T = \boldsymbol{ESR}_{\text{IES}}(t) \cdot \boldsymbol{C}_a(t) \tag{5-65}$$

式中，$\boldsymbol{ESR}_{\text{IES}}(t)$ 表示 t 时刻，IES 运行时的能源结构配比矩阵；$\boldsymbol{C}_a(t)$ 表示 t 时刻 IES 中

供能单元的运行成本向量。本节基于图 5-29 的 IES 结构，可将 $C_a(t)$ 表示为式(5-66)形式。

$$C_a(t) = [C_{\text{wdg}}^1 \cdots C_{\text{wdg}}^{n_{\text{wdg}}} \cdots C_{\text{con}}^{n_{\text{con}}} \cdots C_{\text{cbb}}^{n_{\text{cbb}}} \cdots C_{\text{chp}}^{n_{\text{chp}}} \cdots C_{\text{esb}}^{n_{\text{esb}}} \cdots C_{\text{p2g}}^{n_{\text{p2g}}} \cdots C_{\text{gfb}}^{n_{\text{gfb}}} \cdots C_{\text{gc}}^{n_{\text{gc}}}]^T \quad (5\text{-}66)$$

式中，C_{wdg}、C_{con}、C_{cbb}、C_{chp}、C_{esb}、C_{p2g}、C_{gfb} 和 C_{gc} 分别表示风机、火电机组、燃煤锅炉、CHP 机组、蓄热电锅炉、P2G 机组、燃气锅炉以及气井压缩机的运行成本；n_{wdg}、n_{con}、n_{cbb}、n_{chp}、n_{esb}、n_{p2g}、n_{gfb} 和 n_{gc} 为系统中各供能单元对应个数。

同时本节采用短期日前调度模型对 IES 运行成本进行计算，可以忽略各供能单元的建设、运行及维护等成本。另外，由于风机的输入功率来自可再生能源风能，而蓄热电锅炉以及 P2G 机组的输入电功率来自于 IES 系统内部的供能单元（如火电机组、风机等）输出，故在 IES 运行时，可忽略三者运行的边际成本，但需满足各自的运行约束及能源转换效率约束。

5.4.2 约束条件

IES 运行时需综合考虑各能源的电、热、天然气功率平衡，供能单元特性等约束条件，可按类分为系统运行约束以及系统内各供能单元的运行约束。

1. 系统运行约束

（1）功率平衡约束

$$\sum_{i=1}^{N_{\text{con}}} P_{\text{con}}^{i,t} + \sum_{i=1}^{N_{\text{wdg}}} P_{\text{wdg}}^{i,t} + \sum_{i=1}^{N_{\text{chp}}} P_{\text{chp}}^{i,t} = P_i^t + \sum_{i=1}^{N_{\text{esb}}} P_{\text{esb}}^{i,t} + \sum_{i=1}^{N_{\text{p2g}}} P_{\text{p2g}}^{i,t}$$

$$\sum_{i=1}^{N_{\text{cbb}}} Q_{\text{cbb}}^{i,t} + \sum_{i=1}^{N_{\text{chp}}} Q_{\text{chp}}^{i,t} + \sum_{i=1}^{N_{\text{esb}}} Q_{\text{esb}}^{i,t} + \sum_{i=1}^{N_{\text{gfb}}} Q_{\text{gfb}}^{i,t} = Q_i^t \quad (5\text{-}67)$$

$$\sum_{i=1}^{N_{\text{gc}}} G_{\text{gc}}^{i,t} + \sum_{i=1}^{N_{\text{p2g}}} G_{\text{p2g}}^{i,t} = G_i^t + \sum_{i=1}^{N_{\text{chp}}} G_{\text{chp}}^{i,t} + \sum_{i=1}^{N_{\text{gfb}}} G_{\text{gfb}}^{i,t}$$

式(5-67) 分别表示 IES 运行时的电功率平衡、热功率平衡以及天然气功率平衡约束。式中，$P_{\text{con}}^{i,t}$、$P_{\text{wdg}}^{i,t}$ 和 $P_{\text{chp}}^{i,t}$ 分别为火电机组 i、风机 i 以及 CHP 机组 i 在 t 时刻的输出电功率；$P_{\text{esb}}^{i,t}$ 和 $P_{\text{p2g}}^{i,t}$ 分别为蓄热电锅炉 i 以及 P2G 机组 i 在 t 时刻的输入电功率；$Q_{\text{cbb}}^{i,t}$、$Q_{\text{chp}}^{i,t}$、$Q_{\text{esb}}^{i,t}$ 和 $Q_{\text{gfb}}^{i,t}$ 分别为燃煤锅炉 i、CHP 机组 i、蓄热电锅炉 i 以及燃气锅炉 i 在 t 时刻的输出热功率；$G_{\text{gc}}^{i,t}$ 和 $G_{\text{p2g}}^{i,t}$ 分别为气井压缩机 i 以及 P2G 机组 i 在 t 时刻的输出天然气功率；$G_{\text{chp}}^{i,t}$ 和 $G_{\text{gfb}}^{i,t}$ 分别为蓄热电锅炉 i 以及 P2G 机组 i 在 t 时刻的输入天然气功率；P_i^t、Q_i^t 和 G_i^t 分别表示 t 时刻 IES 的电、热及天然气负荷需求。

（2）系统备用约束

考虑到风电输出功率及负荷需求功率（电功率、热功率及天然气功率）的波动性，采用火电机组、燃煤锅炉以及气井压缩机作主备用，从而保证二者发生波动时，系统的电能、热能以及天然气备用充分而不会影响到系统运行的可靠性。

$$\sum_{i=1}^{N_{\text{con}}} (P_{\text{con,max}}^i - P_{\text{con}}^{i,t}) - \sigma_w \sum_{i=1}^{N_{\text{wdg}}} P_{\text{dwg}}^{i,t} \geq \sigma_p P_i^t \quad (5\text{-}68)$$

$$\sum_{i=1}^{N_{\text{cbb}}} (Q_{\text{cbb,max}}^i - Q_{\text{cbb}}^{i,t}) \geq \sigma_Q Q_i^t \quad (5\text{-}69)$$

$$\sum_{i=1}^{N_{\text{gc}}} (G_{\text{gc,max}}^i - G_{\text{gc}}^{i,t}) \geqslant \sigma_{\text{g}} G_i^t \tag{5-70}$$

式(5-68)~式(5-70)分别表示电能、热能以及天然气能的功率备用约束。其中，$P_{\text{con,max}}^i$、$Q_{\text{cbb,max}}^i$ 和 $G_{\text{gc,max}}^i$ 分别表示火电机组 i、燃煤锅炉 i 以及气井压缩机 i 的输出功率上限；σ_{w}、σ_{p}、σ_{Q} 和 σ_{g} 分别表示风机输出功率以及负荷需求的电功率、热功率和天然气功率的波动系数。

2. 供能单元运行约束

（1）风机

风机运行时需要满足式(5-71)所示的运行约束以及弃风量约束

$$P_{\text{w}}^{i,t} - P_{\text{wdg}}^{i,t} \leqslant (1 - r_{\text{w}}) P_{\text{r}}^i \tag{5-71}$$

式中，$P_{\text{w}}^{i,t}$ 和 $P_{\text{wdg}}^{i,t}$ 分别为风机 i 在 t 时刻的可输出的最大电功率以及实际输出功率；r_{w} 表示系统要求的风能最小利用率。

（2）火电机组

$$P_{\text{con,min}}^{i,t} \leqslant P_{\text{con}}^{i,t} \leqslant P_{\text{con,max}}^{i,t} \tag{5-72}$$

$$P_{\text{con}}^{i,\text{down}} \Delta T \leqslant P_{\text{con}}^{i,t} - P_{\text{con}}^{i,t-1} \leqslant P_{\text{con}}^{i,\text{up}} \Delta T \tag{5-73}$$

$$\begin{cases} T_{i,t}^{\text{on}} \geqslant T_{i,\text{min}}^{\text{on}} \\ T_{i,t}^{\text{off}} \geqslant T_{i,\text{min}}^{\text{off}} \end{cases} \tag{5-74}$$

式(5-72)~式(5-74)分别表示火电机组运行时功率输出的上下限约束、爬坡功率约束以及开停机时间约束。其中，$P_{\text{con,min}}^{i,t}$ 表示火电机组 i 的输出功率下限值；$P_{\text{con}}^{i,\text{up}}$ 和 $P_{\text{con}}^{i,\text{down}}$ 分别表示火电机组单位时间增减功率的上下限值；ΔT 表示火电机组的爬坡时间；$T_{i,t}^{\text{on}}$ 和 $T_{i,t}^{\text{off}}$ 分别表示火电机组 i 在 t 时刻的开停机时间；$T_{i,\text{min}}^{\text{on}}$ 和 $T_{i,\text{min}}^{\text{off}}$ 分别表示火电机组的最短开停机时间。

（3）燃煤锅炉及气井压缩机

$$Q_{\text{cbb,min}}^i \leqslant Q_{\text{cbb}}^{i,t} \leqslant Q_{\text{cbb,max}}^i \tag{5-75}$$

$$Q_{\text{gc,min}}^i \leqslant Q_{\text{gc}}^{i,t} \leqslant Q_{\text{gc,max}}^i \tag{5-76}$$

式(5-75)、式(5-76)分别表示燃煤锅炉以及气井压缩机的功率输出上下限约束。其中，$Q_{\text{cbb,min}}^i$ 和 $G_{\text{gc,min}}^i$ 分别表示燃煤锅炉 i 和气井压缩机 i 的输出功率下限值。

（4）CHP 机组

为了增加系统运行的灵活性，选用热电比可调的抽凝式 CHP 机组参与建模，其数学表达式如下：

$$P_{\text{chp,mid}}^i \leqslant P_{\text{chp}}^{i,t} + \frac{P_{\text{chp,mid}}^i - P_{\text{chp,min}}^i}{Q_{\text{chp,mid}}^i} Q_{\text{chp}} \leqslant P_{\text{chp,max}}^i \tag{5-77}$$

$$0 \leqslant c_{\text{m}} Q_{\text{chp}}^{i,t} - P_{\text{chp}}^{i,t} \leqslant c_{\text{m}} Q_{\text{cid}}^i - P_{\text{chp,max}}^i \tag{5-78}$$

另外 CHP 机组输出功率需满足与火电机组类似的爬坡功率约束，如下：

$$P_{\text{chp}}^{i,\text{down}} \Delta T \leqslant P_{\text{chp}}^{i,t} - P_{\text{chp}}^{i,t-1} \leqslant P_{\text{chp}}^{i,\text{up}} \Delta T \tag{5-79}$$

$$Q_{\text{chp}}^{i,\text{down}} \Delta T \leqslant Q_{\text{chp}}^{i,t} - Q_{\text{chp}}^{i,t-1} \leqslant Q_{\text{chp}}^{i,\text{up}} \Delta T \tag{5-80}$$

式中，$P_{\text{chp}}^{i,\text{up}}$、$P_{\text{chp}}^{i,\text{down}}$、$Q_{\text{chp}}^{i,\text{up}}$ 和 $Q_{\text{chp}}^{i,\text{down}}$ 分别表示 CHP 机组 i 单位时间电功率和热功率增减的上下限值。

(5) 蓄热电锅炉

蓄热电锅炉运行时需要满足输入输出转化效率约束、输入输出功率上下限约束和蓄热量上限约束

$$P_{\text{esb,min}}^{i} \leqslant P_{\text{esb}}^{i,t} \leqslant P_{\text{esb,max}}^{i} \tag{5-81}$$

$$Q_{\text{esb,min}}^{i} \leqslant Q_{\text{esb}}^{i,t} \leqslant Q_{\text{esb,max}}^{i} \tag{5-82}$$

$$S_{\text{esb}}^{i,t} \leqslant S_{\text{esb,max}}^{i} \tag{5-83}$$

式(5-81)~式(5-83)分别表示蓄热电锅炉的输入输出功率上下限约束以及蓄热量上限约束。其中，$P_{\text{esb,max}}^{i}$、$Q_{\text{esb,max}}^{i}$、$P_{\text{esb,min}}^{i}$ 和 $Q_{\text{esb,min}}^{i}$ 分别表示蓄热电锅炉 i 输入电功率以及输出热功率的上下限值；$S_{\text{esb}}^{i,t}$ 表示蓄热电锅炉 i 在 t 时刻的蓄热量；$S_{\text{esb,max}}^{i}$ 表示蓄热电锅炉 i 的蓄热量上限值。

(6) P2G 机组和燃气锅炉

$$P_{\text{p2g,min}}^{i} \leqslant P_{\text{p2g}}^{i,t} \leqslant P_{\text{p2g,max}}^{i} \tag{5-84}$$

$$G_{\text{p2g,min}}^{i} \leqslant G_{\text{p2g}}^{i,t} \leqslant G_{\text{p2g,max}}^{i} \tag{5-85}$$

$$G_{\text{gfb,min}}^{i} \leqslant G_{\text{gfb}}^{i,t} \leqslant G_{\text{gfb,max}}^{i} \tag{5-86}$$

$$Q_{\text{gfb,min}}^{i} \leqslant Q_{\text{gfb}}^{i,t} \leqslant Q_{\text{gfb,max}}^{i} \tag{5-87}$$

式(5-84)~式(5-87)分别表示 P2G 机组以及燃气锅炉的输入输出功率上下限约束。其中，$P_{\text{p2g,max}}^{i}$、$G_{\text{p2g,max}}^{i}$、$P_{\text{p2g,min}}^{i}$ 和 $G_{\text{p2g,min}}^{i}$ 分别为 P2G 机组的输入电功率以及输出天然气功率的上下限值；$G_{\text{gfb,max}}^{i}$、$Q_{\text{gfb,max}}^{i}$、$G_{\text{gfb,min}}^{i}$ 和 $Q_{\text{gfb,min}}^{i}$ 分别为燃气锅炉的输入天然气功率以及输出热功率的上下限值。

5.4.3 优化求解

LR 方法是求解优化问题行之有效的间接方法，在电力系统调度领域被广泛应用。而在 IES 的优化运行问题中，所建立目标函数涉及的决策变量具有可分解性，但由于内部供能单元运行带来的强耦合性约束，为优化问题的求解带来了困难。LR 方法可以通过引入乘子将耦合约束松弛到目标函数中，从而将优化问题转换为若干子问题进行求解，实现 IES 的综合能源协同优化，在不影响系统运行经济性的前提下，降低优化问题的求解难度。同时，针对 LR 方法的近似优化弊端，本节提出一种对偶问题、子问题循环迭代，自适应修正拉格朗日乘子的分解协调算法，提高了松弛算法所得下界，从而保证运行最优点的有效性。

IES 运行时，其内部电、热、气能源的耦合并存有利于发挥系统的多能互补与协同效益，但多能耦合现象却为综合能源优化求解带来了困难，传统意义上的电、热、气单一能源系统的最优运行点，往往不是 IES 运行的全局最优点。而由多能耦合带来的求解困难主要集中在以下几方面。

难点 1：单元 α_1 输入输出侧能源为不同形式能源，其输入输出能量存在耦合，相互影响并与该单元的 ESR 相关，如 CHP 机组、蓄热电锅炉、P2G 机组以及燃气锅炉等。

难点 2：单元 α_j 的输出侧包含多种能源形式，其输出能量存在耦合，相互影响并与该单元的 ESR 相关，如 CHP 机组。

针对以上问题，本节采用 LR 方法对 IES 优化运行模型进行解耦处理，从而降低问题的求解难度。难点 1 中的耦合问题主要体现在能量的输入输出过程中，故本节引入拉格朗日乘

子向量 $\boldsymbol{\mu}_a$、$\boldsymbol{\lambda}_a$、$\boldsymbol{\phi}_a$、$\boldsymbol{\mu}_b$、$\boldsymbol{\lambda}_b$ 和 $\boldsymbol{\phi}_b$，对反映系统输入输出关系的约束（包括系统功率平衡约束及旋转备用约束）进行松弛。可得拉格朗日松弛问题（LRP），如下：

$$LRP = C_{\text{IES}} - \min \sum_{t=1}^{Nt} [\boldsymbol{\mu}_a L_1(P_t) + \boldsymbol{\lambda}_a L_2(Q_t) + \boldsymbol{\phi}_a L_3(G_t) + \boldsymbol{\mu}_b L_4(P_t) + \boldsymbol{\lambda}_b L_5(Q_t) + \boldsymbol{\phi}_b L_6(G_t)] \tag{5-88}$$

在采用 LR 方法时，构造的 LRP 需满足 Karush-Kuhn-Tucker（KKT）条件，故拉格朗日乘子向量需满足式(5-89)所示条件

$$\begin{cases} \boldsymbol{\mu}_a \neq 0 \\ \boldsymbol{\lambda}_a \neq 0 \\ \boldsymbol{\phi}_a \neq 0 \\ \boldsymbol{\mu}_b \geq 0 \\ \boldsymbol{\lambda}_b \geq 0 \\ \boldsymbol{\phi}_b \geq 0 \end{cases} \tag{5-89}$$

同时对应的约束条件需表示为式(5-90)～式(5-95)所示形式

$$L_1(P_t) = \sum_{i=1}^{n_{\text{con}}} P_{\text{con}}^{i,t} + \sum_{i=1}^{n_{\text{wdg}}} P_{\text{wdg}}^{i,t} + \sum_{i=1}^{n_{\text{chp}}} P_{\text{chp}}^{i,t} - \sum_{i=1}^{n_{\text{esb}}} P_{\text{esb}}^{i,t} - \sum_{i=1}^{n_{\text{p2g}}} P_{\text{P2G}}^{i,t} - P_1^i \tag{5-90}$$

$$L_2(Q_t) = \sum_{i=1}^{n_{\text{cbb}}} Q_{\text{cbb}}^{i,t} + \sum_{i=1}^{n_{\text{chp}}} Q_{\text{chp}}^{i,t} + \sum_{i=1}^{n_{\text{esb}}} Q_{\text{esb}}^{i,t} + \sum_{i=1}^{n_{\text{p2g}}} Q_{\text{gfb}}^{i,t} - Q_1^i \tag{5-91}$$

$$L_3(G_t) = \sum_{i=1}^{N_{\text{gc}}} G_{\text{gc}}^{i,t} + \sum_{i=1}^{N_{\text{p2g}}} G_{\text{p2g}}^{i,t} - \sum_{i=1}^{N_{\text{chp}}} G_{\text{chp}}^{i,t} - \sum_{i=1}^{N_{\text{gfb}}} Q_{\text{gfb}}^{i,t} - G_1^i \tag{5-92}$$

$$L_4(P_t) = \sigma_p P_1^i - \sum_{i=1}^{N_{\text{gc}}} (P_{\text{con,max}}^i - P_{\text{con}}^{i,t}) + \sigma_p \sum_{i=1}^{N_{\text{wdg}}} P_{\text{wdg}}^{i,t} \tag{5-93}$$

$$L_5(Q_t) = \sigma_p Q_1^t - \sum_{i=1}^{N_{\text{cbb}}} (Q_{\text{cbb,max}}^i - Q_{\text{cbb}}^{i,t}) \tag{5-94}$$

$$L_6(G_t) = \sigma_g G_1^t - \sum_{i=1}^{N_{\text{cbb}}} (G_{\text{gc,max}}^i - G_{\text{gc}}^{i,t}) \tag{5-95}$$

接着通过 CHP 机组、蓄热电锅炉、P2G 机组以及燃气锅炉各自的能源转化效率，可将各供能单元由输入输出侧能源类型不同导致的双变量优化问题，转换为仅与输出侧能源有关的单变量优化问题。接着结合式(5-90)～式(5-95)，可将 IES 运行优化问题转化为 IES 中各供能单元的优化出力问题（单机优化问题），从而解决 IES 优化运行时由综合能源耦合带来的求解难点 1。难点 2 中的耦合问题主要体现于 CHP 机组的输出侧，故需进一步对松弛后的 CHP 机组的运行成本表达式 C_{chp}^* 作以下处理。

(1) CHP 机组运行点在运行边界上

此情况下，可借助电-热功率弹性系数 c_m 及机组运行的边界约束，将同时包含 $P_{\text{chp}}^{i,t}$ 和 $Q_{\text{chp}}^{i,t}$ 的运行成本模型转化为只包含优化变量 $P_{\text{chp}}^{i,t}$（或 $Q_{\text{chp}}^{i,t}$）的成本模型进行求解。

(2) CHP 机组运行点在运行边界内

此情况下，由 CHP 机组工作特性决定，在满足负荷需求的前提下，可实现机组自身电热解耦运行，此时 C_{chp}^* 可拆分为供电运行成本 $C_{\text{chp}}^*(P_{\text{chp}}^{i,t})$ 和供热运行成本 $C_{\text{chp}}^*(Q_{\text{chp}}^{i,t})$，如下：

$$\begin{cases} C_{\text{chp}}^*(P_{\text{chp}}^{i,t}) = b_0^i (P_{\text{chp}}^{i,t})^2 + (b_2^i - \mu_a + b_3^i Q_{\text{chp}}^{i,t}) P_{\text{chp}}^{i,t} + b_5^i \\ C_{\text{chp}}^*(Q_{\text{chp}}^{i,t}) = b_1^i (Q_{\text{chp}}^{i,t})^2 + (b_4^i - \lambda_a + b_3^i P_{\text{chp}}^{i,t}) Q_{\text{chp}}^{i,t} + b_5^i \end{cases} \quad (5\text{-}96)$$

二者交替进行迭代优化，$C_{\text{chp}}^*(P_{\text{chp}}^{i,t})$ 进行第 k 次优化时，其中的供热出力 $Q_{\text{chp}}^{i,t}$ 采用 $C_{\text{chp}}^*(Q_{\text{chp}}^{i,t})$ 第 k-1 次的优化结果，而所得的供电出力结果 $P_{\text{chp}}^{i,t}$ 将参与到 $C_{\text{chp}}^*(P_{\text{chp}}^{i,t})$ 的第 k 次优化求解中。同时，该优化过程的电、热功率需满足 CHP 机组的运行条件约束。

5.4.4 算例分析

本节基于图 5-29 的 IES 基本形态结构建立仿真算例。其中电力系统供能单元采用改进的 IEEE-10 机标准系统，同时为满足图 5-29 所示的供能单元结构及 IES 综合能源耦合特点，修改 10 机中的 1、3 及 8 号单元类型为 CHP 机组；7 号及 9 号单元类型为风机；热力系统供能单元除上述 CHP 机组，补充燃煤锅炉、蓄热电锅炉以及燃气锅炉；天然气系统的供能单元选用气井压缩机及 P2G 机组。IES 中各子能源系统的供能单元类型及数量见表 5-18。

电力、热力以及天然气系统通过蓄热式电锅炉、CHP 机组、P2G 机组、以及燃气锅炉耦合互联。IES 系统运行时，各供能单元的输入、输出的电、热及天然气功率均电、热、天然气负荷功率及风电功率预测数据选自示范地区供暖季典型日数据，四者功率预测曲线如图 5-30 所示。同时功率均采用标幺值表示，电、热、气功率的基准值分别取 100MW、100GJ/h、1000m³/h。

表 5-18 IES 各子系统供能单元类型及数量

系统类型	供能单元	数量
电力系统	火电机组	5
	CHP 机组	3
	风机	2
热力系统	燃煤锅炉	2
	CHP 机组	3
	燃气锅炉	1
	蓄热电锅炉	2
天然气系统	气井压缩机	2
	P2G 机组	1

另外，为验证本节优化模型和方法的有效性以及耦合性对 IES 运行情况的影响，考虑表 5-19 所示的 3 种场景。

场景 1：IES 中各能源耦合度 ECD 均为 0，此时电力、热力、天然气间不存在耦合关系，各能源系统运行相互独立。

场景 2：IES 在弱耦合态势运行，设置各能源间耦合度保持在 10% 以

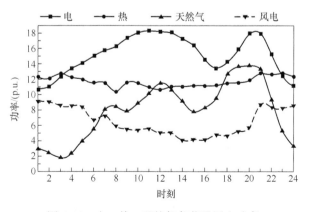

图 5-30 电、热、天然气负荷及风电功率

内,此时电力、热力、天然气系统运行可以相互影响。

场景 3:IES 在最优耦合态势运行,取消各能源间的耦合度限制,电力、热力、天然气系统运行实现协同优化。

表 5-19 场景设置

场景	ECD	耦合性	能源系统关系
1	0	无耦合	独立运行
2	≤10%	弱耦合	各能源系统运行可相互影响
3	不限	不限制能源间耦合性	能源系统协同优化运行

(1) 协同优化效果分析

图 5-31 为场景 1 的电、热、气能源优化效果。设定 IES 优化时的电-热、电-气以及热-气能源耦合度 $ECD_{IES}^{P\leftrightarrow Q}$、$ECD_{IES}^{P\leftrightarrow G}$ 以及 $ECD_{IES}^{Q\leftrightarrow G}$ 均为 0。此时电力系统优化变量包括火电机组以及风机出力,热力系统优化变量包括燃煤锅炉出力,天然气系统优化变量包括气井压缩机出力。电、热及天然气系统间不发生能量传递或转化,三者独立运行。由于受到火电机组的最小出力限制以及启停成本影响,导致系统在 1:00—8:00 及 21:00—24:00 有较大程度的弃风现象。

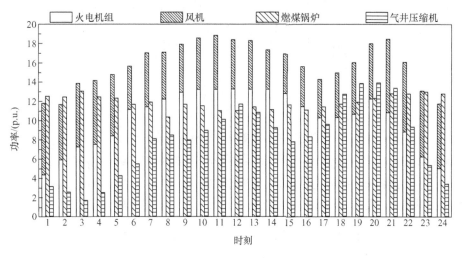

图 5-31 场景 1 能源优化效果

图 5-32 ~ 图 5-34 分别为场景 2 和场景 3 的电、热及天然气能源优化效果。两种场景下的 IES 均存在电、热、气耦合情况,区别在于场景 2 对于 IES 运行时的电、热、气的能源耦合度进行了 $ECD \leq 10\%$ 限制。根据定义 1 中的相关描述,天然气系统向 CHP 机组输入能量,故 CHP 机组在天然气系统中的功率表示为负值,同时 CHP 机组向电力及热力系统输出能量,故其在二者中的功率表示为正。蓄热电锅炉、P2G 机组及燃气锅炉同理。

由图 5-31 及图 5-32 可以看出,当系统引入耦合时,在经济运行成本最低原则的引导下,蓄热电锅炉及 P2G 机组可在弃风时段为风电提供更大的消纳裕量。同时由图 5-32b 可以看出,当系统在最优耦合态势下运行时,风机在 1:00、3:00—24:00 期间均能达到满发,弃风现象进一步降低,使得 CHP 机组在全天的供电出力均有不同程度下降,可以将更多由

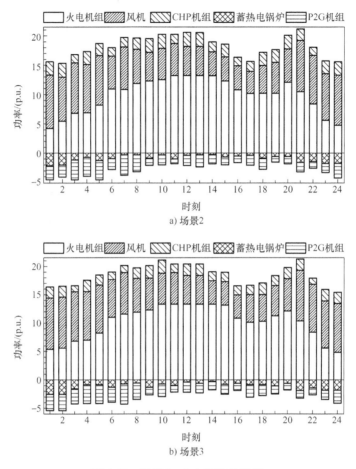

图 5-32 场景 2、3 电能优化效果

天然气系统输入的能源转化为热能,进一步提高了系统运行的经济性和灵活性。另外在 10:00—15:00,场景 3 中的火电机组出力情况较场景 2 中的火电机组出力情况更为平稳,机组的爬坡功率降低,这在实际工况中,有利于延长机组的使用寿命,减少机组的维护费用。

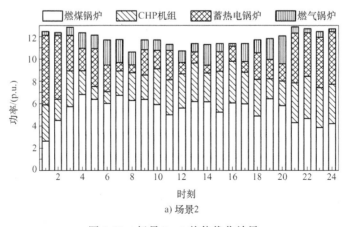

图 5-33 场景 2、3 热能优化效果

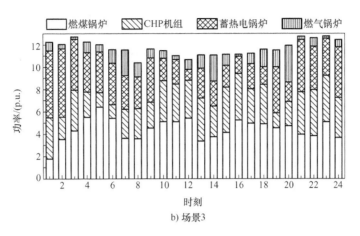

b) 场景3

图 5-33　场景 2、3 热能优化效果（续）

对比图 5-31 及图 5-33 可以发现，当 IES 存在综合能源耦合时，燃煤锅炉的部分供热出力将被 CHP 机组、蓄热电锅炉以及燃气锅炉出力替代；并且随着各能源间耦合度的增加，电锅炉的风电消纳能力提升，其供热出力提高，而燃煤锅炉出力将进一步降低，从而降低了系统的整体煤耗量。同时场景 3 中的 CHP 供热出力较场景 2 中有所上升，这是由于系统在最优耦合情况下，CHP 机组输入的天然气将更多地转化为热能。

图 5-31 及图 5-34 分别给出了场景 1～3 天然气系统输入输出功率情况，场景 1 中的天然气仅由气井压缩机（气源）供应，且只需满足日常的天然气负荷（炊具、热水器等）需求。当系统存在综合能源耦合时，天然气供应量有较大幅度上升。同时在电负荷需求为谷值，而热负荷需求为峰值，如 3:00—5:00 时，由于蓄热电锅炉的储能效果能够实现热负荷的等效平移，故系统在该时段的燃气锅炉出力下降，进而降低了燃气锅炉的天然气耗量。而随着系统耦合性加强，受到 CHP 机组及燃气锅炉能耗影响，场景 3 较场景 2 中的天然气功率分布发生了一定偏移，同时气井压缩机的输出功率下降了 19.06%。

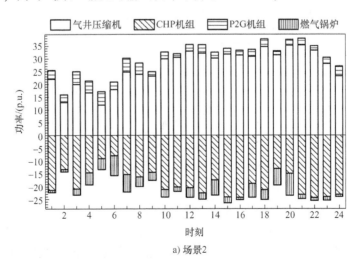

a) 场景2

图 5-34　场景 2、3 天然气优化效果

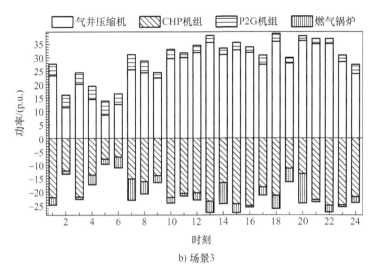

b) 场景3

图 5-34 场景 2、3 天然气优化效果（续）

表 5-20 给出了 3 个场景下 IES 运行时的各能源耦合度关系、成本以及弃风率。场景 1 中各能源间不存在耦合关系，此时由于缺乏电能存储转化单元导致弃风量最大。在场景 3 中，当电-热、电-天然气以及热-天然气的耦合度分别为 15.22、23.26 以及 12.40 时，IES 在满足负荷需求前提下，达到全局最优运行，此时运行成本为 \$ 668087，弃风率为 0.03%，两个指标均优于场景 1 和场景 2。同时从场景 2 中可以看出，当设置各能源间耦合度均需要保持在 10% 以内时，系统中的电-气耦合度先达到临界点，说明 IES 优化运行时，电、气间的耦合关系要强于电、热以及热、气间耦合关系。

表 5-20 不同场景下 IES 的能源耦合度、运行成本及弃风率

场景	耦合度			运行成本/(10^3 \$)	弃风率（%）
	电-热	电-天然气	热-天然气		
场景 1	0	0	0	1103.036	14.77
场景 2	4.68	10.00	4.73	784.277	2.99
场景 3	15.22	23.26	12.40	668.087	0.03

图 5-35 给出了系统能源耦合度在 0~30% 时，其运行成本和各能源间耦合程度的映射关系。其中，x、y、z 轴分别表示电-热、电-天然气以及热-天然气的耦合度，系统运行成本由颜色深浅表示。可以看出当系统耦合度在 (0.21, 0.31, 0.1) ~ (15.22, 23.26, 12.4) 之间时，系统运行成本随着其耦合性的增加而降低，尤其在系统耦合性增加初期，其成本节约效果最为显著；若在系统达到最优运行点时继续增加系统耦合性，则会导致系统的运行成本上升，出现"过耦合"现象，原因在于此时系统已经基本不存在弃风现象，而耦合度的继续上升会使得部分单元（如火电机组）单位供能出力减小，使得其供能效率降低；同时当

耦合度为（0.21，0.31，0.1）时，系统运行成本为 1103480 美元，高于无耦合情况下的运行成本，这是由于当系统在极低的耦合态势时，虽然可以增加弃风消纳量，但却导致了 CHP 等单元在其较低效率的工作点运行。当系统运行点偏移最优值时，可通过系统耦合性与成本的映射关系，确定系统电-气、电-热或热-气耦合度调节量，使得系统运行点可以有效地向最优值靠近。

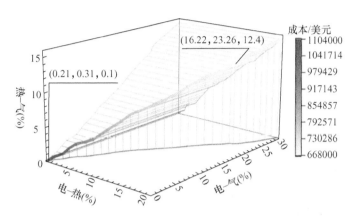

图 5-35　系统耦合性与运行成本映射曲线

同时本节所述概念及方法适用于综合能源联合运营区域，如在极端恶劣天气情况下，可通过电、热、气耦合关系的合理增减，避免热负荷的激增对电网的安全稳定性造成影响，并同时保证系统经济运行。另外从成本和耦合度关系曲线到各坐标面的投影情况可以看出，电-热、电-气及热-气耦合度增长呈正相关关系，同时在 IES 运行时，若以经济性为导向，同时不额外施加控制手段的情况下，电能与天然气的耦合关系要强于电能和热能间的耦合关系，而天然气和热能间的耦合关系最弱。同时在图 5-36 中，将图 5-35 中曲线到各坐标面的投影情况以二维平面形式给出，可以更为明显地看出各能源间的耦合性与系统运行成本的关系，以及 IES 经济运行时的"过耦合"现象。

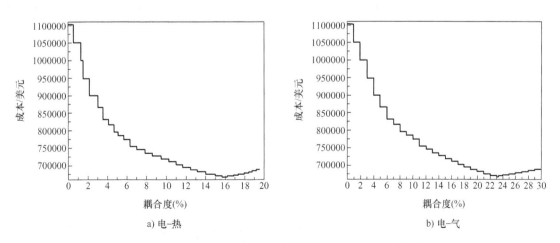

图 5-36　耦合性与运行成本映射曲线在各坐标面上的投影

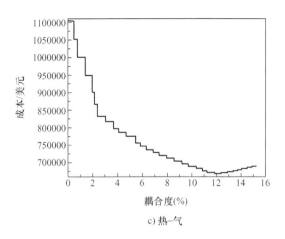

c) 热-气

图 5-36　耦合性与运行成本映射曲线在各坐标面上的投影（续）

(2) 优化算法效果分析

本节采用 MATLAB 2014a 进行仿真验证，最大迭代次数记为 2000 次，收敛标准为相对对偶间隙（(原问题最优值 - 上层对偶问题最优值)/上层对偶问题最优值）达到 0.001。图 5-37 给出了针对所述仿真算例中场景 3 的优化求解过程，分别采用传统次梯度法以及改进自适应步长修正次梯度法的前 1250 次迭代过程，横纵坐标分别表示求解时的乘子修正步长以及 LR 问题优化结果的相对对偶间隙。其中（浅色曲线）表示采用传统次梯度方法的优化求解过程，（深色曲线）表示采用改进自适应次梯度方法的优化求解过程。从图中可以看出，改进逐步次梯度法的迭代次数要明显少于传统的次梯度方法，采用传统次梯度方法时，算例系统在 1228 次迭代后达到收敛，而采用所述改进次梯度方法，仅需要 334 次迭代就可以达到全局收敛。而且采用自适应方法修正步长，可以明显提升计算中初期的收敛速度，在大型系统的迭代过程中，可以极大地提高系统的计算效率；同时，由于次梯度法在修正时，考虑了历史的迭代方向和当前的迭代方向，迭代方向修正更为准确，较大地改良了迭代初期乘子修正时的振荡现象，相同情况下，对松弛约束的破坏较小，在迭代初期就取得了较好的上界值。

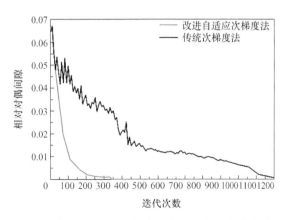

图 5-37　场景 3 传统次梯度方法与改进次梯度方法优化迭代过程对比

5.5 小结

综合能源系统的优化运行以达到系统负荷需求为目标，以各个网络的供能量协调分配为手段，满足系统稳定、高效以及经济运行的要求。通过实现对多种能源的梯级利用有利于减少能源的损失浪费，推动能源清洁生产并实现就地消纳，减少弃风、弃光、弃电等现象的产生，对于提高综合能源系统效率、建设清洁低碳的能源体系具有深远的意义以及极大的参考价值。本章分别对能源枢纽、电-气综合能源系统、电-热综合能源系统以及电-气-热综合能源系统进行运行优化，在不同情况下建立优化模型，通过具体算例对运行结果进行分析。

第6章 综合能源系统效益评价体系

对综合能源系统进行综合评价时,确定指标体系是评价的基础,指标选取的质量能在一定程度上反映评价结果的质量。评价指标体系是由多个评价指标按照一定的逻辑层次构成的。它是评价者进行评价工作最重要的工具之一,更是联系评价方法和被评价对象不可或缺的纽带。只有建立科学合理的评价指标体系,才能得到科学合理的评价结果。

6.1 综合能源系统综合效益分析

我国综合能源市场在多年的发展过程中,现阶段已基本形成三大类竞争主体。第一类为能够独立主导且参与到综合能源服务市场中的能源生产与供应类企业,电网公司、发电集团和天然气企业就是这类竞争主体的代表;第二类为可以主导且参与到综合能源服务市场中的能源相关服务企业,这类竞争主体以能源设备装备制造企业、节能服务企业、能源相关设计与建造企业为代表;第三类为暂时无法独立且不能主导综合能源服务市场但参与其中的非能源相关企业,大型互联网企业、建筑设计企业、金融企业可涵盖在内。

正是由于参与到综合能源服务市场中的主体繁多,效益评估问题也成了行业发展的难题。综合能源系统评价体系应满足以下原则。

1. 目的性原则

在指标体系建立之前应当明确评价的目的、指标的结构和选取应围绕所需评价目标展开。

2. 规范性原则

规范性是基本指标设计中最重要的原则。首先,对指标定义;其次,对指标命名;最后,对指标分类。

3. 全面性原则

指标体系要求能够全面地反映评价目标和评价对象,指标之间相互独立又要存在一定逻辑关系。

4. 系统性原则

评价体系二级指标选取应考虑系统性,同时要考虑配电网在运行工作中对时间维度、数据主题的实际需求。

5. 简明性原则

指标的选取应具备一定的典型代表性,选取的指标应尽可能少。

6. 可比性原则

指标体系应符合空间上和时间上的可比原则，采用可比性较强的相对量指标。

6.2 综合能源系统效益评价指标

6.2.1 经济效益评价指标

综合能源系统经济效益包括促进经济增长、产业升级、电费收益、供暖收益、信息服务收益和削峰填谷收益等。

1. 促进经济增长

在促进地区经济增长方面，能源互联网不仅可以促进能源输入地区的经济社会发展，还可以增加能源输出地区的经济社会发展。对于能源输出地区，构建能源互联网可以促进当地有效消纳丰富的能源资源，为当地政府创造更多的财政税收，从而促进当地财政收入的增长。同时，在能源输出地区构建综合能源系统可以有效地改善当地的能源发展结构，促进当地的经济环境协同发展。此外，构建综合能源系统还可以增加当地的就业机会，提升当地人民的生活水平。

2. 电费收益

从综合能源系统的电费收益来看，系统运营商在综合能源系统内开展分布式电站建设，并为用户提供电能供应，应当向用户收取电费。考虑到分布式电站的出资方式不同，获利方式主要包括三类：一是系统运营商全额出资时，运营商将项目初期发生的全部投资额在若干年内摊销至每一度电，再加上自身的合理收益，向用户收取电费；二是用户自己全额投资分布式发电时，系统运营商可根据在项目投资建设阶段自身在技术、原料方面的投资，向用户一次性或者分批次收取费用；三是分比例投资时，与第一种情况相同，运营商根据自身的出资情况进行摊销，向用户收取电费。

3. 供暖收益

从综合能源系统的供暖收益来看，综合能源系统运营商应以用户为单位建设分布式热泵供暖，积极探寻其他分布式供暖模式。如果该地区的综合能源系统是电采暖方式，则电费收益就涵盖了供暖收益；如果该地区仍然从公共供暖网络中获取热能，则这部分供暖收益属于供暖公司。

4. 信息服务收益

从综合能源系统的信息服务收益来看，此部分费用遵循用户自订制原则，按照用户订制能源信息服务的情况进行收费。需注意，这部分信息费用应当小于用户节省的电费支出，否则用户订制该服务将无法获得收益，也就失去了使用该服务的动力。

6.2.2 安全效益评价指标

能源安全观应该有几个内涵，第一，狭义的能源安全观是指油气的供应问题，从国际进口能源的安全问题。第二，广义的能源安全观是在狭义的基础上要考虑各类能源的开采、运输和使用,并统筹对环境造成的负面影响,这也属于能源安全问题。另外,要考虑到能源供需应急的时候,系统的一些安全性,特别是电力系统的运行安全等。电力系统安全要认真考虑集中式的发电、远距离的输送和分布式发电、就地消纳二者之间密切结合的问题,集中式与分布式的结合,远距离输送与就地消纳的结合,只有这样才能够支撑能源安全。

6.2.3 环境效益评价指标

综合能源系统环境效益包括减少大气污染物排放、节省损耗减少碳排放、提高能源利用效率节约能源、节约水资源利用、节省燃料减少运输排气等。

1. 减少大气污染物排放

从发电过程减少大气污染物排放上来看,综合能源系统相比于集中式的燃煤火电厂大量减少了 CO_2、SO_2、NO_x、颗粒物等大气污染物。对于综合能源系统而言,由于天然气几乎不含硫、粉尘和其他有害物质,以天然气燃料的燃气轮机为动力装置的综合能源系统能减少二氧化硫和粉尘排放量近100%,燃烧时产生二氧化碳少于煤,同时氮氧化物排放量亦可以明显削减,因此以天然气为主要一次能源的综合能源系统在大气污染物减排量方面,相比集中式能源系统,特别是火电机组仍有明显减排效益。而综合能源系统中的光伏、小型风电机组由于利用的一次能源均为可再生能源,在运营阶段更是没有直接的大气污染物排放。故综合能源系统生产的电力、热力等能源,相比仍有污染排放的集中式火电机组而言,大气污染物减排效益明显。

2. 节省损耗减少碳排放

从节省损耗减少碳排放上来看,综合能源系统布置在能源负荷中心的相关园区内,输电距离近,输配电线损几乎为零,保证了能源使用的高效率。集中式电站发电和大电网输配电到终端用户,电力生产和最终消费是分离的,电网输配电的损耗通常在5%~8%,面向终端的基层低压配电网络的损耗则更高,约8%~12%,部分农村地区低压输配线路损耗则更高。综合能源系统设置在用能负荷中心的产业园区内,电力生产和最终消费存在于同一中心,输配电便捷迅速且距离近,输配电损耗几乎为零。

3. 提高能源利用效率节约能源

在提高能源利用效率节约能源方面,常规燃煤火电厂汽轮机的能源转换率仅仅能够达到15%~45%,而天然气冷热电联供系统供能技术60%~90%的能源转换率则具有显著优势,将实现一次能源的大幅节省。能源利用效率,也可以衍生出综合能源系统相比集中式能源的节能率的评价指标。不同项目之间的横向比较,则需要考察不同项目能源利用效率的高低,效率越高的项目,其能源使用率越高。

6.2.4 社会效益评价指标

综合能源系统社会效益包括碳减排效益、减少系统备用成本的社会收益、延缓配电网改造的社会收益、带动清洁能源产业发展与就业增长、改善社会福利水平、实现不同供用能系统间的有机协调、提高社会供能系统基础设施的利用率和各类能源的优化利用等。

1. 减少系统备用成本的社会收益

从减少系统备用成本的角度来看,综合能源系统将是分布式能源发展的重要形式,分布式光伏具有波动性和随机性的特点，为了满足高峰时期的用电需求，系统需要准备近乎相等的备用装机容量。发展储能系统可以减少常规机组和配电网在调峰调频时所产生的备用容量成本，大幅提升发电的自用比例，有利于减少系统备用成本的社会收益。

2. 延缓配电网改造的社会收益

从延缓配电网改造来看，风能、太阳能等的波动性而产生的电力谐波使得分布式能源并网后将不可避免地影响电网的电能质量，随着分布式能源在电网中的占比不断增加，这种影响会越来越严重。储能系统可以缓解这种危害，从而降低了对配电网设备进行改造所带来的成本。

3. 带动清洁能源产业发展与就业增长

从带动清洁能源产业发展与就业增长来看，全球能源互联网是清洁能源在全球范围大规模开发、配置和利用的基础平台，既能保证全球经济在持续发展中实现低碳化，又能推动经济持续增长。清洁能源作为资金和技术密集型战略新兴产业，其产业链长，涉及电源、电网、装备、科研和信息等领域，具有显著的技术扩散效应、就业效应和经济乘数效应。

4. 改善社会福利水平

从改善社会福利水平来看，与能源相关的产业生产成本与能源价格息息相关，综合能源系统所带来的能源价格的降低可以有效地降低其相关产业的成本从而影响社会整体价格水平。同时，综合能源系统所带来的就业机会可以提升地区居民人均可支配收入，从而提升人民生活水平和生活质量。最后，综合能源系统可以有效地改善能源供给结构，降低能源供给成本，从而影响政府的财政支出，使财政经费能更有效地应用于提高社会福利水平上。

5. 提高社会供能系统基础设施的利用率

从提高系统基础设施的利用率来看，在目前供电、供热/冷和供气系统等各供能系统只能依据其自身峰值负荷单独设计和建设的状况下，各供能系统的负荷需求却均存在明显峰谷交错现象，因此，低下的设备利用率则成为一个必然会产生的问题。设备利用率低下问题同样存在于供气和供热/冷系统，已造成社会资金的极大损失，用于各供用能系统的运行维护费用也显著增长。而上述问题的缓解或消除，则需要综合能源系统内部有机协调各子系统。

其中，经济效益评价指标包括但不限于装置使用寿命年限、系统设备投资费用、系统运行费用、网损率、能源经济水平、管网热损失率和设备利用率等；社会效益评价指标包括但不限于缓建效益能力、用户端能源质量、用户舒适度、主动削峰负荷量和智能电表普及度等；环境效益评价指标包括但不限于能源转换效率细数、清洁能源功能占比、单位能量二氧化碳排放量和单位能量氮氧化合物排放量等。

6.3 综合能源系统效益评价方法

6.3.1 TOPSIS 法

1. TOPSIS 法简介

TOPSIS 法是系统工程中有限方案多目标决策分析的一种常用方法。该方法的基本思路是定义决策问题的理想解和负理想解,然后在可行方案中找到一个方案,使其距理想解的距离最近,距负理想解的距离最远。即是基于归一化后的原始数据矩阵,找出有限方案中的最优方案和最劣方案(分别用最优向量和最劣向量表示),然后分别计算该评价对象与最优方案和最劣方案的距离,获得各评价对象与最优方案的相对接近程度,以此作为评价优劣的依据。

理想解一般是设想最好的方案,它所对应的各个属性至少达到各个方案中的最好值;负理想解是假定最坏的方案,其对应的各个属性至少不优于各个方案中的最劣值。方案排队的决策规则,是把实际可行解和理想解与负理想解作比较,若某个可行解最靠近理想解,同时又最远离负理想解,则此解是方案集的满意解。

2. 距离的测度

采用相对接近测度。设决策问题有 m 个目标 f_j ($j=1,2,\cdots,m$),n 个可行解 $\mathbf{Z}_i = [Z_{i1} \quad Z_{i2} \quad \cdots \quad Z_{im}]$ ($i=1,2,\cdots,n$);并设该问题的规范化加权目标的理想解是 $\mathbf{Z}$,其中 $\mathbf{Z}^+ = [Z_1^+ \quad Z_2^+ \quad \cdots \quad Z_m^+]$,那么用欧几里得范数作为距离的测度,则从任意可行解 $\mathbf{Z}_i$ 到 $\mathbf{Z}^+$ 的距离为

$$S_i^+ = \sqrt{\sum_{j=1}^m (Z_{ij} - Z_j^+)^2} \quad i=1,\cdots,n \tag{6-1}$$

式中,Z_{ij} 为第 j 个目标对第 i 个方案(解)的规范化加权值。

同理,设 $\mathbf{Z}^- = [Z_1^- \quad Z_2^- \quad \cdots \quad Z_m^-]^T$ 为问题的规范化加权目标的负理想解,则任意可行解 $\mathbf{Z}_i$ 到负理想解 $\mathbf{Z}^-$ 之间的距离为

$$S_i^- = \sqrt{\sum_{j=1}^m (Z_{ij} - Z_j^-)^2} \quad i=1,2,\cdots,n \tag{6-2}$$

那么,某一可行解对于理想解的相对接近度定义为

$$C_i = \frac{S_i^-}{S_i^- + S_i^+} \quad 0 \leq C_i \leq 1, i=1,2,\cdots,n \tag{6-3}$$

于是,若 $\mathbf{Z}_i$ 是理想解,则相应的 $C_i = 1$;若 $\mathbf{Z}_i$ 是负理想解,则相应的 $C_i = 0$。$\mathbf{Z}_i$ 愈靠近理想解,C_i 愈接近于 1;反之,愈接近负理想解,C_i 愈接近于 0。那么,可以对 C_i 进行排队,以求出满意解。

3. TOPSIS 法计算步骤

第一步:设某一决策问题,其决策矩阵为 $\mathbf{A}$,由 $\mathbf{A}$ 可以构成规范化的决策矩阵 $\mathbf{Z}'$,其元素为 Z'_{ij},且有

$$Z'_{ij} = \frac{f_{ij}}{\sqrt{\sum_{i=1}^n f_{ij}^2}} \quad i=1,2,\cdots,n; j=1,2,\cdots,m \tag{6-4}$$

式中,f_{ij} 由决策矩阵给出

$$\mathbf{A} = \begin{bmatrix} f_{11} & f_{12} & \cdots & f_{1m} \\ f_{21} & f_{22} & \cdots & f_{2m} \\ \vdots & \vdots & \cdots & \vdots \\ f_{n1} & f_{n2} & \cdots & f_{nm} \end{bmatrix} \tag{6-5}$$

第二步：构造规范化的加权决策矩阵 $\mathbf{Z}$，其元素 Z_{ij}

$$Z_{ij} = W_j Z_{ij} \quad i=1,2,\cdots,n; j=1,2,\cdots,m \tag{6-6}$$

式中，W_j 为第 j 个目标的权。

第三步：确定理想解和负理想解。如果决策矩阵 $\mathbf{Z}$ 中元素 Z_{ij} 值越大表示方案越好，则

$$\mathbf{Z}^+ = \begin{bmatrix} Z_1^+ & Z_2^+ & \cdots & Z_m^+ \end{bmatrix} = \{\max_i Z_{ij} / j = 1,2,\cdots,m\} \tag{6-7}$$

$$\mathbf{Z}^- = \begin{bmatrix} Z_1^- & Z_2^- & \cdots & Z_m^- \end{bmatrix} = \{\min_i Z_{ij} / j = 1,2,\cdots,m\} \tag{6-8}$$

第四步：计算每个方案到理想点的距离 S_i^+ 和到负理想点的距离 S_i^-。

第五步：按式(6-3) 计算 C，并按每个方案的相对接近度 C 的大小排序，找出满意解。

多目标综合评价排序的方法较多，各有其应用价值。在诸多的评价方法中，TOPSIS 法对原始数据的信息利用最为充分，其结果能精确地反映各评价方案之间的差距，TOPSIS 法对数据分布、样本含量及指标多少没有严格的限制，数据计算亦简单易行，不仅适合小样本资料，也适用于多评价对象、多指标的大样本资料。利用 TOPSIS 法进行综合评价，可得出良好的可比性评价排序结果。

6.3.2　层次分析法

1. 层次分析法简介

层次分析法（analytical hierarchy process，AHP）是美国匹兹堡大学教授撒泰（A. L. Saaty）于20世纪70年代提出的一种系统分析方法。层次分析法可以综合定性与定量分析，模拟人的决策思维过程，来对多因素复杂系统，特别是难以定量描述的社会系统进行分析。目前，AHP 是分析多目标、多准则的复杂公共管理问题的有力工具。它具有思路清晰、方法简便、适用面广、系统性强等特点，便于普及推广，可成为人们工作和生活中思考问题、解决问题的一种方法。将 AHP 引入决策，是决策科学化的一大进步。它最适宜于解决那些难以完全用定量方法进行分析的公共决策问题。

应用 AHP 解决问题的思路主要分为三个步骤。首先，把要解决的问题分层次系列化，将问题分解为不同的组成因素，按照因素之间的相互影响和隶属关系将其分层聚类组合，形成一个递阶的、有序的层次结构模型。其次，对模型中每一层次因素的相对重要性，依据人们对客观现实的判断给予定量表示，再利用数学方法确定每一层次全部因素相对重要性次序的权值。最后，通过综合计算各层因素相对重要性的权值，得到最低层（方案层）相当于最高层（总目标）的相当重要性次序的组合权值，以此作为评价和选择方案的依据。

AHP 将人们的思维过程和主观判断数学化，不仅简化了系统分析与计算工作，而且有助于决策者保持其思维过程和决策原则的一致性，对于那些难以全部量化处理的复杂问题，能得到比较满意的决策结果。因此，它在能源政策分析、产业结构研究、科技成果评价、发展战略规划、人才考核评价以及发展目标分析等许多方面得到广泛的应用。

2. 层次分析法原理及特点

AHP 的基本原理就是把所要研究的复杂问题看作一个大系统，通过对系统的多个因素的分析，划出各因素间相互联系的有序层次；再请专家对每一层次的各因素进行较为客观的判断后，相应给出相对重要性的定量表示；进而建立数学模型，计算出每一层次全部因素的

相对重要性的权值,并加以排序;最后根据排序结果进行规划决策和选择解决问题的措施。

层次分析法具有以下特点:

1) 灵活性和实用性。AHP 可以进行定性和定量两方面的分析。它充分利用人们的经验和决策,采用相对标度对定量与不可定量、有形与无形等因素进行统一测度,能把决策过程中定性和定量因素进行有效的有机结合。此外,AHP 颠覆了最优化技术只能处理定量问题的传统观念,并被广泛应用于资源分配、方案评比、系统分析和规划问题之中。

2) 简单和易于理解。采用 AHP 决策,输入信息主要是决策者的选择与判断,决策过程充分反映决策者对问题的认识;方法步骤简单,决策过程清晰明了,使得以往决策者和决策分析者难以沟通的状况得到改善。在大多数情况下,决策者直接使用 AHP 进行决策,大大增加了决策的有效性。

3) 系统性。决策大体有三种方式:一种是因果推断方式,在相当多的简单决策中,因果方式基本简单,形成了人们日常生活中判断与选择的思维基础;而当决策问题包含不确定因素时,决策过程实际上就成了一种随机过程,人们根据各种影响决策因素出现的概率,结合因果推断方式进行决策;另一种方式的特点是把问题看作一个系统,在研究系统各组成部分相互关系及系统所处环境的基础上进行决策。对于复杂问题,系统方式是一种有效的决策思维方式,相当广泛的一类系统具有递阶层次关系。而 AHP 恰恰反映了这类系统的决策特点,并且可进行扩展以研究更为复杂的系统。

3. 层次分析法的计算步骤

(1) 建立层次结构模型

运用 AHP 进行系统分析,首先要将系统所包含的因素分组,每一组作为一个层次,把问题条理化、层次化,构造层次分析的结构模型,这些层次大体上可分为 3 类。

1) 最高层:在这一层次中只有一个元素,一般是分析问题的预定目标或理想结果,因此又称目标层。

2) 中间层:这一层次包括了为实现目标所涉及的中间环节,它可由若干个层次组成,包括所需要考虑的准则,子准则,因此又称为准则层。

3) 最底层:表示为实现目标可供选择的各种措施、决策、方案等,因此又称为措施层或方案层。

层次分析结构中的各项称为此结构模型中的元素,需要注意的是层次之间的支配关系不一定是完全的,即可以有元素(非底层元素)并不支配下一层次的所有元素而只支配其中部分元素。这种自上而下的支配关系所形成的层次结构,称之为递阶层次结构。递阶层次结构中的层次数与问题的复杂程度及分析的详尽程度有关,一般可不受限制。为了避免由于支配的元素过多而给两两比较判断带来困难,每层次中各元素所支配的元素一般不要超过 9 个,若多于 9 个,可将该层次再划分为若干子层。

(2) 构造判断(成对比较)矩阵

任何系统分析都以一定的信息为基础。AHP 的信息基础主要是人们对每一层次各因素的相对重要性给出的判断,这些判断用数值表示出来,写成矩阵形式就是判断矩阵。判断矩阵是 AHP 工作的出发点,构造判断矩阵是 AHP 的关键一步。

当上、下层之间关系被确定之后,需确定与上层某元素(目标 A 或某个准则 Z)相联系的下层各元素在上层元素 Z 之中所占的比重。

假定 A 层中因素 A_k 与下一层次中因素 B_1，B_2，$\cdots$，B_n 有联系，则我们构造的判断矩阵见表 6-1。

表 6-1 判断矩阵

A_k	B_1	B_2	$\cdots$	B_n
B_1	b_{11}	b_{12}	$\cdots$	b_{1n}
B_2	b_{21}	b_{22}	$\cdots$	b_{2n}
$\vdots$	$\vdots$	$\vdots$	$\vdots$	$\vdots$
B_n	b_{n1}	b_{n2}	$\cdots$	b_{nn}

表 6-2 中，b_{ij} 是对于 A_k 而言，B_i 对 B_j 的相对重要性的数值表示，判断矩阵表示针对上一层次某因素而言，本层次与之有关的各因素之间的相对重要性。填写判断矩阵的方法是：向填写人（专家）反复询问针对判断矩阵的准则，其中两个元素两两比较哪个重要，重要多少。对重要程度采用"1~9 尺度赋值"，见表 6-2。

表 6-2 重要性标度含义表

重要性标度	含义
1	表示两个元素相比，具有同等重要性
3	表示两个元素相比，前者比后者稍重要
5	表示两个元素相比，前者比后者明显重要
7	表示两个元素相比，前者比后者强烈重要
9	表示两个元素相比，前者比后者极端重要
2，4，6，8	表示上述判断的中间值
倒数	若元素 i 与元素 j 的重要性之比为 b_{ij}，则元素 j 与 i 的重要性之比为 $b_{ji} = \dfrac{1}{b_{ij}}$

设填写后的判断矩阵为 $\boldsymbol{B} = \left[b_{ij}\right]_{n \times n}$，则判断矩阵具有如下性质

$$① \ b_{ij} > 0, ② \ b_{ji} = \frac{1}{b_{ij}}, ③ \ b_{ii} = 1 \quad i = 1, 2, \cdots, n \tag{6-9}$$

根据上面性质，判断矩阵具有对称性，因此在填写时，通常先填写 $b_{ii} = 1$ 部分，然后仅需判断及填写上三角形或下三角形的 $\dfrac{n(n-1)}{2}$ 个元素就可以了。

在特殊情况下，判断矩阵可以具有传递性，即满足等式

$$b_{ij} b_{jk} = b_{ik} \tag{6-10}$$

当式 (6-10) 对判断矩阵所有元素都成立时，则判断该矩阵为一致性矩阵。

(3) 层次单排序

对应于判断矩阵最大特征根 $\lambda_{\max}$ 的特征向量，经归一化（使向量中各元素之和等于1）后记为 W。W 的元素为同一层次因素对于上一层次某因素相对重要性的排序权值，这一过程称为层次单排序。能否确认层次单排序，则需要进行一致性检验，所谓一致性检验是指对 A 确定不一致的允许范围。其中，n 阶一致阵的唯一非零特征根为 n；n 阶正互反阵 $\boldsymbol{A}$ 的最

大特征根 $\lambda \geq n$,当且仅当 $\lambda = n$ 时,A 为一致矩阵。

由于 λ 连续的依赖于 a_{ij},则 λ 比 n 大的越多,A 的不一致性越严重,一致性指标用 CI 计算,CI 越小,说明一致性越大。用最大特征值对应的特征向量作为被比较因素对上层某因素影响程度的权向量,其不一致程度越大,引起的判断误差越大。因而可以用 $\lambda - n$ 数值的大小来衡量 A 的不一致程度。定义一致性指标为

$$\text{CI} = \frac{\lambda - n}{n - 1} \tag{6-11}$$

CI = 0,有完全的一致性;CI 接近于 0,有满意的一致性;CI 越大,不一致越严重。

为衡量 CI 的大小,引入随机一致性指标 RI

$$\text{RI} = \frac{\text{CI}_1 + \text{CI}_2 + \cdots + \text{CI}_n}{n} \tag{6-12}$$

其中,随机一致性指标 RI 和判断矩阵的阶数有关,一般情况下,矩阵阶数越大,则出现一致性随机偏离的可能性也越大,其对应关系见表 6-3。

表 6-3 平均随机一致性指标 RI 标准值

矩阵阶数	1	2	3	4	5	6	7	8	9	10
RI	0	0	0.58	0.90	1.12	1.24	1.32	1.41	1.45	1.49

考虑到一致性的偏离可能是由于随机原因造成的,因此在检验判断矩阵是否具有满意的一致性时,还需将 CI 和随机一致性指标 RI 进行比较,得出检验系数 CR,公式如下:

$$\text{CR} = \frac{\text{CI}}{\text{RI}} \tag{6-13}$$

一般,如果 CR < 0.1,则认为该判断矩阵通过一致性检验,否则就不具有满意一致性。

(4)层次总排序

利用同一层次中所有层次单排序的结果,就可以计算针对上一层次而言本层次所有因素重要性的权值,这就是层次总排序。层次总排序需要从上到下逐层顺序进行,设已算出第 $k-1$ 层上 n 个元素相对于总目标的排序为

$$\boldsymbol{w}^{(k-1)} = [w_1^{(k-1)} \quad \cdots \quad w_n^{(k-1)}]^\text{T} \tag{6-14}$$

第 k 层 n_k 个元素对于 $k-1$ 层上第 j 个元素为准则的单排序向量

$$\boldsymbol{u}_j^{(k)} = [u_{1j}^{(k)} \quad u_{2j}^{(k)} \quad \cdots \quad u_{n_k j}^{(k)}]^\text{T} \quad j = 1, 2, \cdots, n; k = 1, 2, \cdots, n_k \tag{6-15}$$

其中不受第 j 个元素支配的元素权重取零,于是可得到 $n_k \times n$ 阶矩阵

$$\boldsymbol{U}^{(k)} = [u_1^{(k)} \quad u_2^{(k)} \quad \cdots \quad u_n^{(k)}] = \begin{bmatrix} u_{11}^{(k)} & u_{12}^{(k)} & \cdots & u_{1n}^{(k)} \\ u_{21}^{(k)} & u_{22}^{(k)} & \cdots & u_{2n}^{(k)} \\ \vdots & \cdots & & \vdots \\ u_{n_k 1}^{(k)} & u_{n_k 2}^{(k)} & \cdots & u_{n_k n}^{(k)} \end{bmatrix} \tag{6-16}$$

其中 $\boldsymbol{U}^{(k)}$ 中的第 j 列为第 k 层 n_k 个元素对于第 $k-1$ 层上第 j 个元素为准则的单排序向量。

记第 k 层上各元素对总目标的总排序为

$$\boldsymbol{w}^{(k)} = [w_1^{(k)} \quad \cdots \quad w_n^{(k)}]^\text{T} \tag{6-17}$$

则

$$U^{(k)} = \begin{bmatrix} u_1^{(k)} & u_2^{(k)} & \cdots & u_n^{(k)} \end{bmatrix} = \begin{bmatrix} u_{11}^{(k)} & u_{12}^{(k)} & \cdots & u_{1n}^{(k)} \\ u_{21}^{(k)} & u_{22}^{(k)} & \cdots & u_{2n}^{(k)} \\ \vdots & \cdots & & \vdots \\ u_{n_k1}^{(k)} & u_{n_k2}^{(k)} & \cdots & u_{n_kn}^{(k)} \end{bmatrix} \begin{bmatrix} w_1^{(k-1)} \\ w_2^{(k-1)} \\ \vdots \\ w_n^{(k-1)} \end{bmatrix}$$

$$= \begin{bmatrix} \sum_{j=1}^{n} u_{1j}^{(k)} w_j^{(k-1)} \\ \sum_{j=1}^{n} u_{1j}^{(k)} w_j^{(k-1)} \\ \vdots \\ \sum_{j=1}^{n} u_{1j}^{(k)} w_j^{(k-1)} \end{bmatrix} \quad (6-18)$$

即有

$$w_i^{(k)} = \sum_{j=1}^{n} u_{ij}^{(k)} w_j^{(k-1)}, i = 1, 2, \cdots, n_k \quad (6-19)$$

(5) 一致性检验

为评价层次总排序的计算结果的一致性如何,需要计算与单排序类似的检验量。

由高层向下,逐层进行检验。设第 k 层中某些因素对 $k-1$ 层第 j 个元素单排序的一致性指标为 $\text{CI}_j^{(k)}$,平均随机一致性指标为 $\text{RI}_j^{(k)}$ (k 层中与 $k-1$ 层的第 j 个元素无关时,不必考虑),那么第 k 层的总排序的一致性比率为

$$\text{CR}^{(k)} = \frac{\sum_{j=1}^{n_k} w_j^{(k-1)} \text{CI}_j^{(k)}}{\sum_{j=1}^{n_k} w_j^{(k-1)} \text{RI}_j^{(k)}} \quad (6-20)$$

同样当 $\text{CR}_j^{(k)} \leq 0.10$ 时,我们认为层次总排序的计算结果具有满意的一致性。

简言之,用层次分析法解决系统问题时,首先,把要解决的问题分层系列化。其次,对模型中每一层因素的相对重要性,依据人们对客观现实的判断给予定量表示,再利用数学方法确定每一层次全部因素相对重要性次序的权值。最后,通过综合计算各层因素相对重要性的权值,得到最低层(方案层)相对于最高层(总目标)的相对重要性次序的组合权值,以此作为评价和选择方案的依据。

6.3.3 模糊综合评价方法

1. 模糊综合评价法简介

模糊综合评价法是一种基于模糊数学的综合评价方法。该综合评价法根据模糊数学的隶属度理论把定性评价转化为定量评价,即用模糊数学对受到多种因素制约的事物或对象做出一个总体的评价。它具有结果清晰、系统性强的特点,能较好地解决模糊的、难以量化的问题,适合各种非确定性问题的解决。

由于评价因素的复杂性、评价对象的层次性、评价标准中存在的模糊性以及评价影响因

素的模糊性或不确定性、定性指标难以定量化等一系列问题,使得人们难以用绝对的"非此即彼"来准确地描述客观现实,经常存在着"亦此亦彼"的模糊现象,其描述也多用自然语言来表达,而自然语言最大的特点是它的模糊性,而这种模糊性很难用经典数学模型加以统一量度。因此,建立在模糊集合基础上的模糊综合评判方法,从多个指标对被评价事物隶属等级状况进行综合性评判,它把被评判事物的变化区间做出划分,一方面可以顾及对象的层次性,使得评价标准、影响因素的模糊性得以体现;另一方面在评价中又可以充分发挥人的经验,使评价结果更客观,符合实际情况。模糊综合评判可以做到定性和定量因素相结合,扩大信息量,使评价数度得以提高,评价结论可信。

传统的综合评价方法很多,应用也较为广泛,但是没有一种方法能够适合各种场所,解决所有问题,每一种方法都有其侧重点和主要应用领域。如果要解决新的领域内产生的新问题,模糊综合法显然更为合适。

2. 模糊综合评价法的原理

模糊综合评判是运用模糊数学工具对某事物做出的综合评判。它的基本原理是:首先确定被评判对象的因素(指标)集 $C = \{c_1, c_2, \cdots, c_n\}$ 和评判集 $V = \{v_1, v_2, \cdots, v_m\}$。其中 u_i 为各单项指标,v_j 为对 u_i 的评判等级层次,一般可分为五个等级(优、良、中、差、劣)。再分别确定各个因素的权向量 $\boldsymbol{W}$ 及它们的隶属度向量 $\boldsymbol{R}$,经过模糊变换,得到模糊评判矩阵 $\boldsymbol{R}$。最后把模糊评判矩阵与因素的权重向量集进行模糊运算并进行归一化,得到模糊综合评判结果集 S,$S = \boldsymbol{WR}$,于是 $(C, V, \boldsymbol{R}, \boldsymbol{W})$ 构成一个综合评判模型。

传统的模糊评判方法的具体步骤如下:

(1) 确定评价对象的评价指标 C

n 个评价指标,$C = \{c_1, c_2, \cdots, c_n\}$。

(2) 确定评判集 V

$V = \{v_1, v_2, \cdots, v_m\}$,每一个等级可对应一个模糊子集。

(3) 建立模糊关系矩阵 $\boldsymbol{R}$(隶属度矩阵)

在构造了等级模糊子集后,要逐个对被评事物从每个因素上进行量化,即确定从单因素来看被评事物对等级模糊子集的隶属度,从而得到模糊关系矩阵

$$\boldsymbol{R} = \begin{bmatrix} r_{11} & r_{12} & \cdots & r_{1m} \\ r_{21} & r_{22} & \cdots & r_{2m} \\ \cdots & \cdots & \cdots & \cdots \\ r_{m1} & r_{m2} & \cdots & r_{mm} \end{bmatrix} \tag{6-21}$$

矩阵 $\boldsymbol{R}$ 中第 i 行第 j 列元素 r_{ij},表示某个被评事物从因素 c_i 来看对 v_j 等级模糊子集的隶属度,所以 $\boldsymbol{R}$ 也成为隶属度矩阵。一个被评事物在某个因素 c_j 方面的表现,是通过模糊关系矩阵 $\boldsymbol{R}$ 来体现的,而在其他评价方法中多是由一个指标实际值来体现,因此,从这个角度讲,模糊综合评价要求更多的信息。

(4) 确定评价因素的权向量 $\boldsymbol{W}$

在模糊综合评价中,使用层次分析法确定评价因素的权向量:$\boldsymbol{W} = \begin{bmatrix} w_1 & w_2 & \cdots & w_n \end{bmatrix}$。

层次分析法确定因素之间相对重要性,从而确定权系数,并且在合成之前归一化。

(5) 合成模糊综合评价结果矩阵 S

实际中最常用的方法是最大隶属度原则，但这种方法的缺点是在某些情况下使用会损失很多信息，甚至得出不合理的评价结果。因此提出使用加权平均求隶属等级的方法，对于多个被评事物可以依据其等级位置进行排序。利用合适的算子将 W 与各被评事物的 R 进行合成，得到各被评事物的模糊综合评价结果向量 S，即

$$S = WR = \begin{bmatrix} w_1 & w_2 & \cdots & w_n \end{bmatrix} \begin{bmatrix} r_{11} & r_{12} & \cdots & r_{1m} \\ r_{21} & r_{22} & \cdots & r_{2m} \\ \cdots & \cdots & \cdots & \cdots \\ r_{m1} & r_{m2} & \cdots & r_{mm} \end{bmatrix} = \begin{bmatrix} s_1 & \cdots & s_n \end{bmatrix} \quad (6\text{-}22)$$

其中 s_i 表示被评事物从整体上看对 v_j 等级模糊子集的隶属程度。

模糊综合评价的特点概括起来，主要有：

1) 模糊综合评判可以进行多层次评判，并且评判过程是可以循环的。前一过程综合评判结果，可以作为后一过程综合评判的投入数据。也就是说，对于一个较为复杂的评判对象可以进行单级模糊综合评判和多级模糊综合评判。

2) 模糊综合评判本身的性质决定了评判结果只能是一个向量，因此评判结果是一个模糊向量，而不是一个点值，并且评判结果对被评对象具有唯一性。因为模糊综合评判的对象是具有中间过渡性或亦此亦彼的事物，所以它的评判结果也就不应该是断然的，而只能用各个等级的隶属度来表示；而模糊综合评判一般都是对被评对象逐个进行的，每个被评对象都可确定一个 R 阵，最终也得到一个 B 向量，所以对同一个被评判对象而言，只要评判指标权数相同，合成算子相同，模糊综合评判的结果是具有唯一性的。不论被评对象处于什么样的被评对象集合中，评判结果都不会改变。

3) 评判的权重处理。模糊综合评判中的权重系数向量 A，是人为的估价权，是模糊向量，不是模糊综合评判过程中伴随生成的。

4) 评判等级论域的设立。在模糊综合评判中，总设有一个评语等级论域，且各等级含义必须是明确的。

6.4 综合能源系统效益评价案例

在原始数据缺乏的情况下，AHP 可以很好地解决不能完全定量分析的问题。熵权法通过熵值反映各指标所包含的信息量，熵值越小则指标信息量越大，其权重亦越大。本节在构建决策矩阵 $A_{n \times m}$ 的标准化矩阵 $B_{n \times m}$ 时做出改进，由于指标可以分为成本型和收益型指标，故将其指标标准化时分别有

$$\begin{cases} b_{ij} = \dfrac{a_{\max,j} - a_{ij}}{a_{\max,j} - a_{\min,j}} \\ b_{ij} = \dfrac{a_{ij} - a_{\min,j}}{a_{\max,j} - a_{\min,j}} \end{cases} \quad (6\text{-}23)$$

式中，$a_{\max,j}$、$a_{\min,j}$ 分别为 m 个方案中第 j 个指标的最大值与最小值；a_{ij} 表示方案 i 的第 j 个指标；b_{ij} 为标准化指标值。进而得到方案 i 第 j 个指标的特征比重 f_{ij} 和熵值 H_j 为

$$\begin{cases} f_{ij} = \dfrac{1 + b_{ij}}{\sum\limits_{i=1}^{m}(b_{ij}+1)} \\ H_j = \dfrac{\sum\limits_{i=1}^{m} f_{ij}\ln f_{ij}}{\ln m} \end{cases} \tag{6-24}$$

式中，指标的标准化值 b_{ij} 加 1 以避免指标的熵值过大而失去价值，由此得到其指标权重 ω_j^2

$$\omega_j^2 = \dfrac{1 - H_j}{n - \sum\limits_{j=1}^{n} H_j} \tag{6-25}$$

综上，可以建立 VIKOR 决策过程中的指标权重，本节由 AHP 和熵权法得到的指标权重矩阵

$\boldsymbol{\omega}^1 = [\omega_1^1 \ \omega_2^1 \ \cdots \ \omega_m^1]^T$ 和 $\boldsymbol{\omega}^2 = [\omega_1^2 \ \omega_2^2 \ \cdots \ \omega_m^2]^T$ 组成基地 $[\omega^1 \ \omega^2]$，取得坐标矩阵 $[\theta^1 \ \theta^2]$ 为

$$[\theta_j^1 \ \theta_j^2] = \left[\dfrac{\omega_j^1}{\omega_j^1 + \omega_j^2} \ \dfrac{\omega_j^2}{\omega_j^1 + \omega_j^2}\right], j = 1, 2, \cdots, n \tag{6-26}$$

式中，θ_j^1、θ_j^2 分别表示指标 j 权重系数 ω_j^1、ω_j^2 的耦合权重。ω_j 为

$$\omega_j = \theta_j^1 \omega_j^1 + \theta_j^2 \omega_j^2 \tag{6-27}$$

由于 ω_j 满足 $\sum\limits_{j=1}^{n} \omega_j = 1$，则对 ω_j 进行归一化处理可得

$$\omega_j^* = \dfrac{\theta_j^1 \omega_j^1 + \theta_j^2 \omega_j^2}{\sum\limits_{j=1}^{n}(\theta_j^1 \omega_j^1 + \theta_j^2 \omega_j^2)} \tag{6-28}$$

VIKOR 是前南斯拉夫学者 Opricovic 提出的一种基于 Lp-metric 聚合函数的多准则决策方法，用以客观地解决多属性、多指标复杂优化系统的综合决策。VIKOR 采用最大化方案的群体效用和最小化方案中指标个体偏差的折衷思想，通过比较实际方案与最理想方案和最不理想方案的接近程度对方案进行排序，具体算法可由以下步骤实现：

决策矩阵 $\boldsymbol{A}_{m \times n}$ 的转置矩阵 $\boldsymbol{A}_{m \times n} = [c_{ij}]$，标准化得到评价矩阵 $\boldsymbol{X}_{m \times n}$，其标准值 x_{ij} 分别为

$$\begin{cases} 成本型指标: x_{ij} = \dfrac{\min\limits_{1 \leq j \leq n} c_{ij}}{c_{ij}} \\ 收益型指标: x_{ij} = \dfrac{\max\limits_{1 \leq j \leq n} c_{ij}}{c_{ij}} \end{cases} \tag{6-29}$$

计算得到所有方案对应的最理想解 x_i^+ 与最不理想解 x_i^-，分别为

$$\begin{cases} x_i^* = \max\limits_{1 \leq j \leq n} x_{ij} \\ x_i^- = \min\limits_{1 \leq j \leq n} x_{ij} \end{cases} \tag{6-30}$$

计算得到方案 j 的群体效用值 S_j 和个体偏差值 R_j。群体效用值 S_j 表示每个方案接近最

理想方案程度的度量；个体偏差值 R_j 表示每个方案中最差指标值的偏离程度。

$$\begin{cases} S_j = \sum_{i=1}^{m} \omega_i \dfrac{x_i^+ - x_{ij}}{x_i^+ - x_i^-} \\ R_j = \max_{1 \leq i \leq m} \omega_i \dfrac{x_i^+ - x_{ij}}{x_i^+ - x_i^-} \end{cases} \quad (6\text{-}31)$$

最大化方案的群体效用值 S_j 和最小化方案中指标的个体偏差值 R_j 加权得到各方案的折衷收益 Q_j，式中，v 是决策方案群体效用的权重系数。

$$Q_j = v \dfrac{S_j - \min\limits_{1 \leq j \leq n} S_j}{\max\limits_{1 \leq j \leq n} S_j - \min\limits_{1 \leq j \leq n} S_j} + (1-v) \dfrac{R_j - \min\limits_{1 \leq j \leq n} R_j}{\max\limits_{1 \leq j \leq n} R_j - \min\limits_{1 \leq j \leq n} R_j} \quad (6\text{-}32)$$

分别根据各方案的群体效用值 S、个体偏差值 R 和折衷收益 Q 对方案进行降序排列。

根据有利性和稳定性条件来判断是否选择折衷收益 Q 最小的方案作为最优方案。记折衷收益 Q 排序第一的方案为 α_1，折衷收益 Q 排序第二的方案为 α_2，若 $Q_{\alpha 1} - Q_{\alpha 2} \geq \dfrac{1}{n-1}$ 成立，或者对于排序靠前的方案 α_i 与排序靠后的方案 α_j 满足 $Q_{\alpha i} - Q_{\alpha j} \geq \dfrac{1}{n-1}$，则称 α_1 或者 α_i 满足有利性条件；若 $S_{\alpha 1}$ 和 $R_{\alpha 1}$ 至少有一个为降序排列第一，则称 α_1 满足稳定性条件。若有利性和稳定性条件都满足，则 α_1 是最优决策方案；若仅满足有利性条件，则 α_1、α_2 均为最优决策方案；若仅满足稳定性条件，那么方案中 α_1、α_2、$\cdots$、α_M 满足 $Q_{\alpha M} - Q_{\alpha 1} < \dfrac{1}{n-1}$，均可作为决策方案。综上，可以得到整个系统方案的综合评价流程图，如图 6-1 所示。

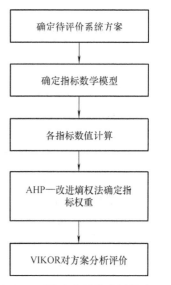

图 6-1 系统方案的综合评价流程

1. 综合能源系统评价指标构建

（1）综合能源系统的组成

综合能源系统是能源互联网落实到不同场景下的具体表现形式。根据不同地理环境和能源禀赋的差异性和特殊性，综合能源系统可以分为跨区级、区域级和用户级三类系统。面向园区微电网的综合能源系统属于用户级综合能源系统，拥有完整的集中式冷热气电能源供给网络，通过分布式 CCHP、空气源热泵等系统实现系统内部的电热耦合，并以微电网作为其终端能源供用与管理系统，配备辅助的混合储能设备参与系统的能量/功率调节，其终端用户面向园区内不同的用户部门，结构示意如图 6-2 所示。

（2）评价指标的确定

根据所研究的用户级综合能源系统的特点，从经济、可靠、能耗、环保 4 个方面建立其评价指标模型。

1）经济性指标。综合能源系统从规划设计到运营投入的全过程中需要考虑设备的投资购置成本、运行维护成本和每年的外购能源成本。通过不同类型的系统方案构建，

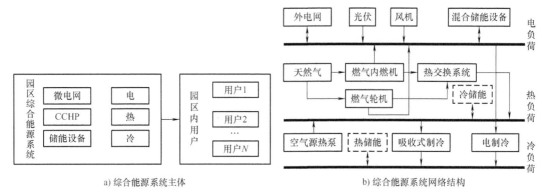

图 6-2 用户级综合能源系统结构示意图

可以得到不同的系统总成本。投资购置成本 C_1 为系统设备的采购与安置费用,其表达式为

$$C_1 = \eta \xi \overline{P_L} \sum_{i=1}^{n_1} \alpha_i k_i c_i + \sum_{i=1}^{l} C_{\text{CCHP},t} k_{e,t} P_{e,t} + E_H \sum_{j=1}^{m} \beta_j C_{b,j} \tag{6-33}$$

式中,η 是可再生能源的渗透率;ξ 是园区负荷峰值系数;$\overline{P_L}$ 是该园区的年平均用电负荷;n_1 是可再生能源的种类数,考虑了风能和光伏两种;α_i 是可再生能源装机比例;c_i 是第 i 种可再生能源发电机组的单位容量成本系数(元/kW);k_i 是第 i 种可再生能源发电机组的考虑安装费用的成本系数;$C_{\text{CCHP},t}$ 是 CCHP 系统内各机组出力的单位购置成本系数(元/kW);l 为机组的种类,包括燃气内燃机、燃气轮机和吸收式制冷机等;$k_{e,t}$ 为 CCHP 系统辅助设备成本附加系数;$P_{e,t}$ 为各机组的装机容量;E_H 是系统所需的储能容量;m 是各储能装置的种类数,只考虑电储能;β_j 是第 j 种储能装置的配比;$C_{b,j}$ 是第 j 种储能装置的购置系数(元/kW)。

将上述购置成本现值转换为等年值 C_{1A},可得

$$C_{1A} = C_1 \frac{k(1+k)^T}{(1+k)^T - 1} \tag{6-34}$$

式中,k 是银行贷款年利率;T 是该系统项目的还款年限。

综合能源系统每年的运行维护成本可以分为固定成本和可变成本。固定成本是相对稳定的人员费用和保证机制平稳运行的管理费用,而可变成本考虑了可再生能源自身的不确定性、发电及储能设备的不确定性。可以得到年运行维护成本 C_{MO} 为

$$C_{\text{MO}} = \eta \xi \overline{P_L} \sum_{i=1}^{n_1} \alpha_i (c_{c,i} + T_i c_{v,i}) + \sum_{j=1}^{n_2} P_j (c_{c,j} + T_j c_{v,j}) \tag{6-35}$$

式中,$c_{c,i}$ 是第 i 种可再生能源发电设备的年单位容量固定成本(元/kW);$c_{v,i}$ 第 i 种可再生能源发电设备的年单位容量可变成本(元/kW·h);n_2 是其他设备类型数,包括储能和其他发电设备;P_j 表示其容量;$c_{c,j}$ 是第 j 种其他设备的年单位容量固定成本;$c_{v,j}$ 第 j 种设备的年单位容量可变成本;T_i、T_j 为各设备的年平均运行时间。

能源外购成本 C_p 主要指系统需要从外电网购买的园区电量缺额以及 CCHP 正常工作所

需的燃气及燃料费用,其表达式为

$$\begin{cases} C_\mathrm{p} = \left[(1-\lambda)(1-\rho)W_{\mathrm{E},T} + \Delta W_\mathrm{c}\right]E_\mathrm{s} + \sum_{i=1}^{l}\tau_i\lambda(1-\rho)\overline{P_\mathrm{L}}\varphi T_{\mathrm{CCHP},i}E_{\mathrm{g},i} \\ \Delta W_\mathrm{c} = (\Delta W_{\mathrm{H},T} + \Delta W_{\mathrm{C},T})/\xi \end{cases} \quad (6\text{-}36)$$

式中,λ 是 CCHP 系统的自发电系数,则 $1-\lambda$ 是外电网购电系数,即除去分布式能源发电量的实际电量需求的比重;ρ 是系统可再生能源部分供电自给率,即可再生能源发电量占实际电量需求的比重;$W_{\mathrm{E},T}$ 表示 T 时段内的园区用电量,但不包括电制冷、电制热的缺额替代电量;ΔW_c 是 CCHP 系统对于冷、热负荷供应不足的缺额替代电量;$\Delta W_{\mathrm{H},T}$、$\Delta W_{\mathrm{C},T}$ 分别表示园区内用户在 T 时段内热负荷和冷负荷的供应偏差量;ξ 是电制冷、电制热的能效比;E_s 是园区从电网购电的单位电价;$E_{\mathrm{g},i}$ 是单位电量的燃气或燃料成本(元/kW·h);τ_i 表示 CCHP 内各发电机组装机容量的配比;$T_{\mathrm{CCPH},i}$ 为 CCHP 系统各燃气发电机的年平均利用小时数;φ 是年利用水平适应度,用以确定园区内 CCHP 实际利用水平,本节取值为 1。

该综合能源系统的单位成本数据见表 6-4。

表 6-4 综合能源系统组件单位成本数据

系统设备	单位购置成本/(元/kW)	年运维固定成本/(元/kW·a)	年运维可变成本/(元/kW·h)	年平均利用小时数/h	燃气成本/(元/W·h)
燃气内燃机	2340	172	0.0021	2500	0.9395
燃气轮机	7800	771	0.0043	2500	0.1620
吸收式制冷机	1200	200	0.0080	1200	/
光伏发电	12600	90	0.0042	1250	/
风力发电	3500	37	0.0050	1400	/
磷酸铁锂	1440	100	0.0029	/	/
超级电容	48000	50	0.0025	/	/
铅酸电池	1200	30	0.0015	/	/

2) 可靠性指标。当用户级综合能源系统工作在并网模式,且与外电网进行双向功率交换,此时外电网支撑综合能源系统中微电网电能质量的稳定,其可靠性将决定园区内系统供能的可靠性。当系统与外电网断开,工作在孤岛运行模式时,此时需要综合能源系统自行稳定运行,消除风电出力间歇不规则的特点可能引起的有功振荡、频率波动以及其他原因引起的无功波动,通过储能系统以及 CCHP 系统对于风光出力的缺额实时平抑。由此可见,并网模式下不能反映综合能源系统本身的坚强性、可靠性,应该主要考虑孤岛模式下的系统充裕度,即在孤岛运行后直至并网运行之前园区综合能源系统满足冷热电负荷的能力,用能源供应不足率(loss of energy supply, LOES)表示,本节定义为

$$P_\mathrm{LOES} = \frac{\Delta W_{\mathrm{E},T} + \Delta W_{\mathrm{H},T} + \Delta W_{\mathrm{C},T}}{W_{\mathrm{E},T} + W_{\mathrm{H},T} + W_{\mathrm{C},T}} \quad (6\text{-}37)$$

假设系统与外电网断开时，不考虑园区内用户负荷的削减与平移，此时由可再生能源实际出力、电储能响应以及 CCHP 系统的联动运行提供冷热电负荷的供给。

$$\begin{cases} \Delta W_{\mathrm{E},T} = \int_0^T \left[P_{\mathrm{L,E}}(t) - \sum_{i=1}^{n_1} P_{\mathrm{o},i}(t) - \sum_{j=1}^{n_3} P_{\mathrm{CCHP,E}}^j(t) - \sum_{k=1}^{m} P_{\mathrm{S},k}(t) \right] \mathrm{d}t \\ \Delta W_{\mathrm{H},T} = \int_0^T \left[P_{\mathrm{L,H}}(t) - P_{\mathrm{CCHP,H}}(t) \right] \mathrm{d}t \\ \Delta W_{\mathrm{C},T} = \int_0^T \left[P_{\mathrm{L,C}}(t) - P_{\mathrm{CCHP,C}}(t) - P_{\mathrm{E,C}}(t) \right] \mathrm{d}t \\ W_{\mathrm{E},T} = \int_0^T P_{\mathrm{L,E}}(t) \mathrm{d}t \\ W_{\mathrm{H},T} = \int_0^T P_{\mathrm{L,H}}(t) \mathrm{d}t \\ W_{\mathrm{C},T} = \int_0^T P_{\mathrm{L,C}}(t) \mathrm{d}t \end{cases} \quad (6\text{-}38)$$

式(6-37)、式(6-38) 反映了系统在 T 时段内能源的综合供给可靠性以及气-电、气-热、气-冷负荷的替代水平。此时，电能供应不足率、热负荷供应不足率和冷负荷供应不足率分别为

$$P_{\mathrm{LOEL}} = \frac{\Delta W_{\mathrm{E},T}}{W_{\mathrm{E},T}}, P_{\mathrm{LOHL}} = \frac{\Delta W_{\mathrm{H},T}}{W_{\mathrm{H},T}}, P_{\mathrm{LOCL}} = \frac{\Delta W_{\mathrm{C},T}}{W_{\mathrm{C},T}} \quad (6\text{-}39)$$

式中，$\Delta W_{\mathrm{E},T}$ 表示园区内用户在 T 时段内电负荷的供应偏差量；$P_{\mathrm{L,E}}(t)$、$P_{\mathrm{L,C}}(t)$、$P_{\mathrm{L,H}}(t)$ 分别表示园区内用户在 t 时刻电负荷、冷负荷和热负荷的需求量；$P_{\mathrm{o},i}(t)$ 为第 i 种可再生能源机组在 t 时刻的实际输出功率；$P_{\mathrm{E,C}}(t)$ 为 t 时刻园区用户的电制冷功率；n_3 为 CCHP 发电机组的台数；$P_{\mathrm{CCHP,E}}(t)$、$P_{\mathrm{CCHP,H}}(t)$、$P_{\mathrm{CCHP,C}}(t)$ 分别为 CCHP 在 t 时刻的电、热、冷输出实际功率；$P_{\mathrm{S},k}(t)$ 为储能装置 k 在 t 时刻的放电功率。上述功率的单位均为 kW。式(6-39) 表明在孤岛运行模式下若 $\Delta W_{\mathrm{E},T} \leqslant 0$、$\Delta W_{\mathrm{H},T} \leqslant 0$、$\Delta W_{\mathrm{C},T} \leqslant 0$ 时，则 P_{LOEL}、P_{LOHL}、P_{LOCL} 均为 0，表示在故障时间内系统对应能源能够可靠供应。

3) 能源利用指标。综合能源系统通过多能流在不同时空中耦合互补，实现能量的梯级高效利用。面向多能协同园区的能源综合利用率不计可再生能源供电量，同传统的一次能源利用率相比，其不仅可以反映传统化石能源的利用水平，并且在一定条件下体现了风光的消纳水平。其值越高，在负荷不变的条件下，化石能源利用效率越高；风光出力消纳的越多，其值也越高。考虑网损率的影响，故可得能源综合利用率 η'

$$\eta' = \frac{W_{\mathrm{E},T} + W_{\mathrm{H},T} + W_{\mathrm{C},T}}{\dfrac{W_{\mathrm{grid},T}}{1-\xi} + W_{\mathrm{des},T}} \quad (6\text{-}40)$$

式中，$W_{\mathrm{E},T}$、$W_{\mathrm{H},T}$、$W_{\mathrm{C},T}$ 分别为园区内用户在一定时期内的电用量、热用量和冷用量；ξ 是一定区域范围内的网损率；$W_{\mathrm{grid},T}$ 是系统从外电网购买的电量；$W_{\mathrm{des},T}$ 是系统内 CCHP 所消耗的天然气耗量，由式(6-36) 可知。

4) 环保性指标。用户级综合能源系统通过多能流的互动提高了可再生能源的消纳水平，与此同时减少了化石能源消耗。因此从环境保护的角度主要考虑园区内消纳风光发电折合等值标准燃烧煤发电所产生的 CO_2、SO_2、NO_x 等气体的排放量，以及 CCHP 燃气机组产

生的 CO_2、SO_2、NO_x 等气体的排放量,并计算其年等值环境收益 I。

$$I = \sum_{i=1}^{x} [W - \sum_{j=1}^{l} \tau_j \lambda (1-\rho) \overline{P_L} \varphi T_{CCHP,j} P_{g,j}] m_i (v_{e,i} + v_{p,i}) \quad (6-41)$$

式中,x 表示污染物的种类;W 是可再生能源发电量;m_i 是折合单位标准煤发电产生的第 i 种污染物的质量（g/kW·h）;$v_{e,i}$ 表示污染气体的环境价值;$v_{p,i}$ 表示第 i 种污染气体的排放惩罚系数（元/kg）;$i=1$、2、3 分别表示 CO_2、SO_2、NO_x。考虑碳排放权交易机制和现代废气过滤技术,传统一次能源消耗的主要排放物为 CO_2,系统碳排放量 D_{CO_2} 主要由外电网和 CCHP 发电两部分组成。

$$D_{CO_2} = [(1-\lambda)(1-\rho)W_{E,T} + \Delta W_e] m_1 + \sum_{j=1}^{l} \tau_j \lambda (1-\rho) \overline{P_L} \varphi T_{CCHP,j} P_{g,j} m_1 \quad (6-42)$$

则该综合能源系统相比于传统火力集中式发电系统,其 CO_2 排放减少量 ΔD_{CO_2} 为

$$\Delta D_{CO_2} = D_{CO_2}^{coal} - D_{CO_2} \quad (6-43)$$

式中,$D_{CO_2}^{coal}$ 为计及电制冷、电制热的等效火电厂 CO_2 排放量（t）。

（3）综合能源系统评价体系的构建

根据（2）确定的 4 类指标模型所体现的层次结构,将经济、可靠、能耗、环保作为准则层,投资购置成本等作为指标层,得到面向园区微电网的综合能源系统的指标评价体系,见表 6-5。

表 6-5 园区综合能源系统的指标评价体系

目标层	准则层	指标层
最优综合能源系统决策方案 S^*	经济性指标 C_1	投资购置成本 x_1
		运行维护成本 x_2
		能源外购成本 x_3
	可靠性指标 C_2	能源供给不足率 x_4
	能源利用指标 C_3	能源综合利用率 x_5
		等值环境收益 x_6
	环保性指标 C_4	碳排放减少量 x_7

2. 算例分析

以某园区的综合能源系统为研究对象,其所处地区年平均辐射强度为 1500kW·h/m²,平均风速为 5m/s。园区占地约为 960 亩（1 亩 = 666.6m²）,其建筑面积约为 57.5 万 m²,采光面积约为 2 万 m²,用电负荷约为 3.70MW,热负荷约为 2.90MW,冷负荷约为 2.40MW,系统用户年用电量约为 4271.95MW·h。

对 CCHP 系统、光气互补、风气互补、风光气互补等系统进行评价比较,具体系统方案见表 6-6。

表 6-6　用户综合能源系统具体方案

编号	综合能源系统具体方案
S1	CCHP 系统：电网 + CCHP 系统 1.6MW + 混合储能系统
S2	光气互补系统：电网 + 光伏机组 2.4MW + CCHP 系统 1.3MW + 混合储能系统
S3	风气互补系统：电网 + 风电机组 2.4MW + CCHP 系统 1.3MW + 混合储能系统
S4	风光气互补系统 I：电网 + 光伏机组 2MW + 风电机组 0.3MW + CCHP 系统 1.3MW + 混合储能系统
S5	风光气互补系统 II：电网 + 光伏机组 0.6MW + 风电机组 1.8MW + CCHP 系统 1.3MW + 混合储能系统

取园区可再生能源供电自给率不低于 40%，银行贷款年利率为 4.90%，项目还款年限为 10 年。假设外购电均来自燃煤火电厂，电网电价为 0.64 元/(kW·h)，网损率为 5%，能效比为 3。混合储能系统中磷酸铁锂容量为 100kW×2h、超级电容容量为 100kW×10s 和铅酸电池的容量为 150kW×1h。其中，CCHP 系统主要由 600kW 燃气内燃机机组、300kW 燃气轮机机组和 400kW

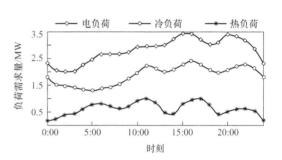

图 6-3　某园区夏季典型日冷热电负荷

吸收式制冷机组构成，S1 在此基础再装机 300kW 燃气内燃机机组。选取该园区夏季某典型日，由 MATLAB 拟和得到其日负荷曲线如图 6-3 所示。

假定因某故障导致系统于 11:00 与外电网断开，至 12:00 故障排除系统再次并网，这段时间的平均用电负荷为 2952.8kW，热负荷约为 935.2kW，冷负荷约为 2192.1kW。综上所述，由式(6-33)~式(6-43)可以计算得到各能源系统方案的指标值见表 6-7。

表 6-7　园区综合能源系统具体方案指标

	S1	S2	S3	S4	S5
投资购置成本/万元	189.8	540.4	258.9	488.9	329.3
运行维护成本/万元	49.8	67.4	55.1	64.9	58.2
能源外购成本/万元	333.6	204.2	226.0	212.3	220.6
能源供给不足率	0.813	0.601	0.604	0.611	0.603
能源综合利用率（%）	47.8	74.9	68.0	72.1	69.6
等值环境收益/万元	-0.82	28.8	23.8	26.9	25.1
碳排放减少量/t	12.2	452.3	366.6	420.4	388.1

（1）指标权重赋值

首先根据 AHP 法，通过 8 位专家的打分得到指标的判断矩阵，从而得到每个矩阵的特征向量，即指标的权重，见表 6-8。

表6-8 8位专家指标权重赋值数据

	x_1	x_2	x_3	x_4	x_5	x_6	x_7
专家1	0.3970	0.1867	0.1368	0.0764	0.0722	0.0579	0.0730
专家2	0.3441	0.1668	0.1054	0.0694	0.1116	0.1305	0.0722
专家3	0.2670	0.1724	0.1157	0.1000	0.1289	0.1491	0.0669
专家4	0.2371	0.1369	0.1483	0.1089	0.1164	0.1662	0.0863
专家5	0.2274	0.1577	0.1407	0.0848	0.1546	0.1546	0.0801
专家6	0.1218	0.1027	0.1075	0.1215	0.2076	0.2613	0.0776
专家7	0.0875	0.0731	0.0986	0.1016	0.1847	0.3437	0.1109
专家8	0.1197	0.0836	0.1311	0.0879	0.1613	0.2957	0.1207

各专家评价矩阵的一致性比例 CR 均小于 0.1，即通过一致性检验。根据专家权重矩阵的相似系数和矩阵 $\boldsymbol{R} = [3.34 \quad 4.47 \quad 4.78 \quad 5.02 \quad 5.03 \quad 3.00 \quad 2.30 \quad 2.85]$，专家7评价偏离程度较大可剔除，得到各指标权重 $\boldsymbol{\omega}^1 = [0.2449 \quad 0.1438 \quad 0.1265 \quad 0.0927 \quad 0.1361 \quad 0.1736 \quad 0.0824]$。

其次，依据改进熵权法实现指标权重的客观赋值，由式(6-23)~式(6-25)可以得到指标权重矩阵 $\boldsymbol{\omega}^2 = [0.1694 \quad 0.1603 \quad 0.1333 \quad 0.1438 \quad 0.1281 \quad 0.1333 \quad 0.1104]$。

通过 AHP 确定的 $\boldsymbol{\omega}^1$ 以及改进熵权法确定的 $\boldsymbol{\omega}^2$ 线性组合，由式(6-26)~式(6-28)可以得到指标权重矩阵为 $\boldsymbol{\omega}^* = [0.2095 \quad 0.1493 \quad 0.1273 \quad 0.1212 \quad 0.1294 \quad 0.1528 \quad 0.1104]$。比较 AHP、改进熵权法和 AHP-改进熵权法得到的指标权重，如图6-4所示，改进熵权法处理后的指标权重依然接近 AHP 法确定的指标权重，可以保证改进的合理性。

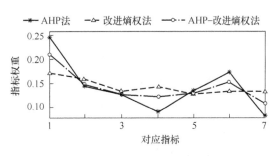

图6-4 3种方法权重赋值比较

(2) 方案排序选择

根据 VIKOR 进行多准则决策时，先由式(6-29)标准化决策矩阵的成本和收益型指标。显然，本书定义的经济、可靠指标属于成本型指标，而能耗指标和环保性标属于收益型指标，由此可得标准评价矩阵为

$$\boldsymbol{X} = \begin{bmatrix} 1 & 0.3512 & 0.7331 & 0.3882 & 0.5764 \\ 1 & 0.7389 & 0.9038 & 0.7673 & 0.8557 \\ 0.6121 & 1 & 0.9035 & 0.9618 & 0.9257 \\ 0.7392 & 1 & 0.9905 & 0.9836 & 0.9967 \\ 0.6382 & 1 & 0.9079 & 0.9626 & 0.9292 \\ -0.0285 & 1 & 0.8264 & 0.9340 & 0.8715 \\ 0.0270 & 1 & 0.8105 & 0.9295 & 0.8581 \end{bmatrix} \quad (6\text{-}44)$$

根据标准评价矩阵 X 中每项指标的最大值和最小值,由式(6-31) 可求得决策的最理想方案矩阵 $x^+ = [\,1\ 1\ 1\ 1\ 1\ 1\ 1\,]$,最不理想方案矩阵 $x^- = [\,0.3512\quad 0.7389\quad 0.6121\quad 0.7392\quad 0.6382\quad -0.0285\quad 0.0270\,]$。取群体效用权重系数 $v = 0.5$,由式(6-31)、式(6-32)计算得到每个方案的群体效用值 S、个体偏差值 R 以及折衷收益 Q,见表 6-9。

表 6-9　方案的 VIKOR 指标值

指标	S1	S2	S3	S4	S5
S	0.6411	0.3589	0.2554	0.3819	0.3058
R	0.1528	0.2095	0.0862	0.1976	0.1368
Q	0.7702	0.6341	0	0.6156	0.2705

由表 6-9 对群体效用值 S、个体偏差值 R 以及折衷收益 Q 进行降序排列,可以得到系统方案的排列序号,见表 6-10。方案 S3 的折衷收益 Q 最小,方案 S5 的折衷收益 Q 位列其次,且 $Q_{S5} - Q_{S3} > 0.25$,所以方案 S3 满足有利性条件;由式(6-31)、式(6-32) 可知,$Q_{S3} = 0$ 反映方案 S3 对应的群体效用值和个体偏差值均为严格最小,严格满足稳定性条件。因此,方案 S3 是群体效用权重系数 $V = 0.5$ 时的最优决策方案。

表 6-10　方案的 VIKOR 指标值排序

指标	S1	S2	S3	S4	S5
S	5	3	1	4	2
R	3	5	1	4	2
Q	5	4	1	3	2

(3) 决策灵敏度分析

对 VIKOR 决策进行灵敏度分析,可以得到如图 6-5 所示的折衷效益随群体效用权重系数。方案 S1 的 Q 对 v 的弹性大于 0,即随着 v 的增大,与最优决策偏差程度亦增加。说明 CCHP 系统作为用户级综合能源系统的能源耦合环节,虽然供电经济性不高,但是与微电网有机结合可以实现系统内供热、供冷的可靠性以及供电的灵活性。计算方案的

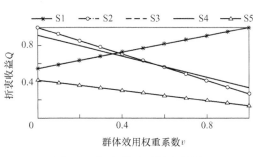

图 6-5　折衷效益灵敏度分析

群体效用值 S、个体偏差值 R 以及折衷收益 Q 并进行降序排列,得到 Q 排序结果见表 6-11,群体效用权重系数 $v = 0.5$ 是一个临界值点,根据 VIKOR 决策的有利性和稳定性条件,在这个临界点之前,方案 S3 是各系统方案中的最优决策,而临界点之后,方案 S5、S3 均可作为决策。

比较方案 S3 与 S5 的具体组成:方案 S3 由风电机组构成微电网系统,虽然其总成本是所有风光渗透的综合能源系统中最低的,但在能耗和环保方面的指标值也是最低。在不考虑系统商业化运营的前提下,该园区的用户级综合能源系统,根据当地风能禀赋,可以选择相较于光伏发电、总成本更低、发电效率更高、环境适应性更好、调峰性能更优的风力机组作

为分布式电源供电。在总成本方面，方案 S5 比方案 S3 多 68.1 万元/年的支出，但是其环境收益优于 S3。考虑商业化运营的用户级综合能源系统，本算例的园区应当考虑选择风光互补的方案 S5 以获取最大的投资回报与环境收益。

表 6-11　方案的折衷效益降序排列

v	S1	S2	S3	S4	S5
0.0	3	5	1	4	2
0.1	3	5	1	4	2
0.2	3	5	1	4	2
0.3	3	5	1	4	2
0.4	5	4	1	3	2
0.5	5	4	1	3	2
0.6	5	4	1	3	2
0.7	5	3	1	4	2
0.8	5	3	1	4	2
0.9	5	3	1	4	2
1.0	5	3	1	4	2

（4）评价结果比较

为验证本节所提评价方法的合理性与优越性，将评价结果与直接评价法、TOPSIS 法、模糊综合评价法得到的评价结果进行比较分析，见表 6-12。

表 6-12　不同准则评价方法的计算结果比较

方法	S1	S2	S3	S4	S5
VIKOR	0.7702	0.6341	0	0.6156	0.2705
直接评价	0.3875	0.6123	0.8058	0.6250	0.7569
TOPSIS	0.4365	0.5000	0.5590	0.5652	0.5882
模糊综合评价	0.3589	0.6411	0.8103	0.6483	0.7676

由表 6-12 可以发现，本文所提的 VIKOR 决策评价法的结果与直接评价法、模糊综合评价法一致，方案优劣顺序均为 S3、S5、S4、S2、S1，而 TOPSIS 法确定的优劣顺序为 S5、S4、S3、S2、S1，与其他方法不一致。事实上，TOPSIS 法确定的 S5、S4 与 S3 评价值差距较小，所得解非严格最优。直接评价法通过权重矩阵与评价矩阵的乘积直接得到评价值，此法没有考虑指标之间可能存在的相关性，不具有一般性。模糊综合评价法通过建立隶属度矩阵对指标值进行规范化，但是其模糊分布的选择相对固化，主观性较强。TOPSIS 法和 VIKOR 法均属于多准则决策，两者最大的区别在于指标值的规范化，前者采用线性规范化，后者采用矢量规范化，使得 TOPSIS 对于指标函数变化的灵敏度较差。TOPSIS 计算得到的相对贴近度并没有考虑最理想解与最不理想解两个基准点的相对重要性，得到的评价值比较接近，可能不是最优解甚至是得到错解；而 VIKOR 考虑了两个基准点的折衷。综上，本节所提的 VIKOR 法规避了上述方法的缺点，所得折衷解是合理的。

6.5 小结

本章先对综合能源系统综合效益进行分析，从经济、安全、环境和社会 4 个方面对综合能源系统外部效应影响进行定性分析，接着介绍了 3 种综合能源系统的效益评价方法，包括 TOPSIS 法、层次分析法和模糊综合评价方法，最后通过具体案例构建了综合能源系统的三级评价指标体系，并对综合能源系统的效益进行分析。

典型综合能源系统案例

基于对综合能源系统建模和优化的研究，综合能源系统对提高能源利用效率、促进可再生能源消纳及实现节能减排目标具有重要意义。考虑每个地区不同的地理位置、可用资源、经济发展情况等因素，本章从实际应用出发，介绍中央创新区、农村、医院和海岛的综合能源系统案例。

7.1 中央创新区

7.1.1 资源分析

中央创新区以江海特色产业科技创新为主导，医疗、文化、会展、休闲、商业、教育等各类功能配套完善。中央创新区的科创小镇占地面积总计为 37.21hm², 总建筑量达到 99.55 万 m², 其中包含 21.55 万 m² 居住、35 万 m² 人才公寓、8 万 m² 商业、5 万 m² 配套及 30 万 m² 科创, 地块总容积率 2.54。

目前区域内有一座 110kV 变电站，自来水管网、燃气管网齐全，地热资源较为丰富，日照时间较为充裕，且区域内河流众多。可以考虑分布式可再生能源的综合开发与利用。

1. 太阳能资源

我国一般根据气象部门测量的年太阳辐照量，将全国划分为 4 个太阳能资源区域：Ⅰ类、Ⅱ类、Ⅲ类、Ⅳ类地区。该中央创新区所处地理位置属于上述Ⅲ类资源一般区（4200～5400MJ/m²·a），年太阳辐射量为 4913.973MJ/m²，年平均日照时数约为 2000h，年日均辐照量为 13.463MJ/m²·d。

中央创新区的太阳能日照条件按季节分布：冬季约为 410h，春季约为 480h，夏季约为 640h，秋季约为 490h，光照时间最低出现在 12 月份，月总日照小时数在 100h 左右，光照时间的高峰期出现在 5 月下旬到 6 月中下旬以及 7 月中旬到 8 月下旬，日照时间分布较为合理。峰值日照小时数为 3.92h/d，光伏每瓦首年发电量为 1.13kW·h/W，年有效利用小时数为 1130.33h。

2. 风能资源

中央创新区的年平均气压在 101.6kPa 左右，冬高、夏低，区内差异较小，年平均风速 3.4m/s 左右，3 月平均风速最大，约为 4.4m/s，而 9、10 月份风速最小，约为 2.5m/s。全年总盛行风向为东风，上半年多西北风，下半年多东南风，其次为东北风。全年风能季节变化为夏秋小、冬春大，秋季风能一般大于夏季。

综上，中央创新区风能的可利用潜力较小，不适宜采用风力发电技术，但可以酌情应用风光互补路灯技术。

3. 地热能资源

中央创新区所处的市区浅层地表温度在17℃左右，全年温度比较适宜，可以采用地源热泵技术满足供冷供热用途。该市近年来加大地热资源勘查开发力度，已在多个地区进行开发利用，证明该市地热资源较为丰富。

4. 燃气资源

目前，中央创新区燃气工程由该市大众燃气有限公司进行统一经营管理。天然气资源主要来自于中石油"西气东输"冀宁联络线南通支线，江苏省如东近海太阳岛建有大型LNG接收站。中创规划区内的燃气气源主要是管道天然气，目前规划区内没有配备瓶装供应站、液化石油气储配站。规划区内天然气输配工程的压力级制为中压（A）级-低压二级供气系统。中压（A）级管道设计压力为0.4MPa，运行压力为0.2~0.4MPa。低压管道设计压力为0.01MPa，运行压力为0.002~0.01MPa。燃气调峰及应急储备设施已纳入南通市主城区燃气系统。

5. 污水热能资源

中央创新区污水处理由下列3座污水处理厂负责。根据污水量预测，中央创新区远期约有4.92万m^3/d污水量，三座污水处理厂远期总处理规模约52.9万m^3/d，中央创新区规划新建污水管道约为51km。

综上，近期中央创新区污水量较少，污水热能资源尚不具备较大规模利用的可能，但可示范性应用污水源热泵系统。

6. 电力资源

中央创新区新区内目前已有110kV中沙变电站，该变电站配置有两台50MV·A的主变压器，目前该站无空余可用间隔，且已达最终设计规模。

本区域东南侧现有220kV沙家圩变电站。变电站配置两台180MV·A主变压器，电压等级为220/110/10kV，远期规划主变容量为3台180MV·A主变压器。区域西侧现有220kV新东郊变电站，该变电站配置主变容量为2台240MV·A主变压器，远期规划为3台主变压器，电压等级为220/110/35kV。区域东北侧现有110kV观音山变电站，该变电站配置主变压器容量为31.5+63MV·A，电压等级为110/10kV，近期有扩建计划。另有110kV军山变电站位于区域西南角，该变电站配置2台50MV·A主变压器，电压等级为110/10kV。

本区内近期规划建设110kV海西变电站，配置3台主变压器，每台容量为50~63MV·A，一期设计配置1~2台主变压器。规划区域西南象限近期重点开发科创中心地块，该地块的用电近期可由中沙变电站和军山变电站提供，远期用电可以由规划中的110kV紫琅湖变电站提供，规划配置规模3台80MV·A主变压器。现阶段电力资源相对紧张，通过综合能源利用可以有效缓解这一问题。

7. 蒸汽资源

中央创新区范围内目前无蒸汽管网覆盖，中央创新区北侧2km处有观音山热电厂，目前蒸汽管网最南端已接近中央创新区北侧红线。中央创新区南侧5km处有开发区美亚热电厂，目前蒸汽管网最北端已接近中央创新区南侧红线。2020年南通市蒸汽价格在190元/t左右，基本可以满足用户全年的连续稳定供应，目前能源价格具有较强的竞争力。

7.1.2 用能负荷预测分析

1. 电力负荷预测

中央创新区电力负荷的预测采用单位建筑面积负荷密度法，《城市电力规划规范》GB/T 50293—2014规定，规划单位建筑面积负荷指标确定见表7-1。

表7-1 单位建筑面积电负荷指标规范

建筑物类型	单位建筑面积负荷指标/(W/m²)
居住建筑	30~70
公共建筑	40~150
工业建筑	40~120
仓储物流建筑	15~50
市政设施建筑	20~50

根据江苏省《居住区供配电设施建设标准》DGJ32/J11—2005规定，商业建筑负荷密度在100~150W/m²之间，办公建筑负荷密度在60~100W/m²之间。全国部分城市地区负荷密度调研情况见表7-2。

表7-2 全国部分城市电负荷指标调研结果

全国部分城市典型单位建筑面积负荷指标调研结果/(W/m²)		
建筑类别	调研城市	负荷指标
居民住宅	北京	35
	上海	30~65
工业	广东	40
	上海	33~70
	苏州	17~98
	青岛	70
	天津	53
商业	无锡	40~123
文化娱乐	无锡	49
医疗卫生	浙江	41~47
	贵阳	60
教育科研	浙江	31
	无锡	33
体育设施	无锡	20
行政办公	上海	50~70
	无锡	42~75

综合考虑，规划区内各建筑物用电负荷（除空调供热制冷电负荷）预测结果见表 7-3。

表 7-3 区内各建筑物用电负荷

类型	名称	总建筑面积/($\times 10^4 m^2$)	负荷指标/(W/m^2)	用电负荷/MW
1 号能源站	科创	13.24	32	4.2368
	人才公寓	35	45	15.75
	配套	5	30	1.5
	总计（同时系数按 0.85 考虑）			18.26
2 号能源站	科创	16.76	32	5.3632
	商业	8	100	8
	居住	21.55	40	8.62
	总计（同时系数按 0.85 考虑）			18.69

2. 用电量预测

本次规划采用常见的负荷利用小时数法预测科创小镇的每年用电量，2019 年该市最大负荷利用小时数是 2500h，科创小镇致力打造"综合体+社区"的组合式园区结构。核心功能是园区的综合服务体，科创小镇未来的用电主要是生活用电和第三产业用电，总体负荷利用小时数偏低，本次工作按照 4500h 考虑。因此，规划园区内所有建筑年用电量为 166275MW·h/a。

3. 用电负荷特性分析

根据已建和在建的科创小镇主体功能和用电性质进行计算，典型日 24h 逐时负荷曲线如图 7-1 和图 7-2 所示。

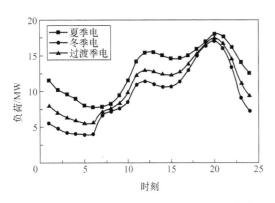

图 7-1 1 号能源站典型日 24h 逐时电负荷曲线

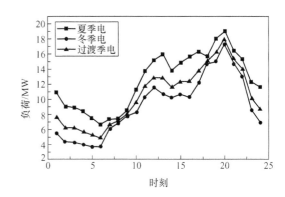

图 7-2 2 号能源站典型日 24h 逐时电负荷曲线

从图中可知，能源站的冷热负荷变化主要受季节变化影响，且冬季夜晚热负荷高，夏季中午冷负荷高。

4. 居住楼宇的冷热负荷预测

根据用地性质、限高、建筑体形等指标，建立典型居住建筑负荷计算模型，建筑的室内动态负荷可以使用 DeST 软件进行模拟，根据模拟结果分析空调热负荷指标；同时对建筑的空调热负荷进行准确计算。将模拟分析结果与计算结果比对，最终确定居住建筑单位负荷指标，确定同时系数。另一方面根据地块建筑面积、净用地面积、建筑密度等参数，确定出各类居住建筑的面积。结合居住建筑单位负荷指标、面积、同时系数，计算出每个地块居住建筑冷热总负荷。

依据土地利用性质、高度限制以及建筑内部的形状等各项指标，可以建立起典型的住宅建筑荷载计算模型。其中利用 DeST 软件可以模拟建筑物的室内动态荷载，进而分析得到需要设定的空气调节器的热负荷；通过仿真与计算结果进行结合分析得到同时系数，用于最终确定单位负荷。此外通过区域建筑面积、净用面积以及建筑的密度等参数来确定各类住宅建筑的面积。各小区住宅的冷热负荷总量通过结合建筑的面积、同时系数以及单位负荷可以得出，如图 7-3 所示。

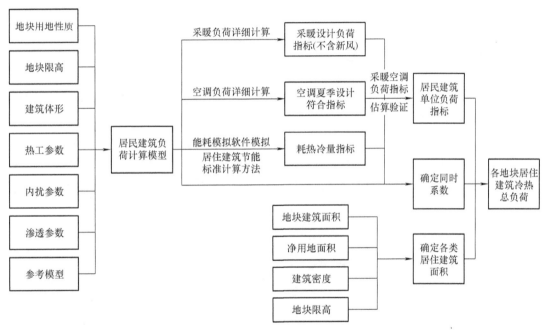

图 7-3　住宅建筑冷热负荷计算方法示意图

在住宅建筑中空调的使用情况比在公共建筑中要复杂得多。在国内室内空调的实际使用中，由于一个住宅建筑会包含很多不同的房间，对于不同房间内的用户，空调的开启和关闭时间不可能完全不同，并且工作和休息规律也完全不一致，因此，空调在整个建筑中的使用是极其不规则的。一般在不同房间之间会存在传热的现象，如果采用与公共建筑区域类似的将每一层都设置为一个大的空间，则这样的设置会导致与实际情况有较大的偏差。

通过对普通住宅的深入调研和分析后，选择经典两居室一厅的住宅，面积 90.5 m^2，同时每一层都具有 4 套这样相同的住宅，在添加室内热扰动因子之前需要完成对建筑模型的建立。在室内的照明、人体以及各种其他设备形成的热源对室内的发热总量可以通过 DeST 软件进行定义。在描述室内发热量时，对每一类热扰设置最大值、作息规律两个参变量。其中，最大值包括人数及人均发热量、设备功率、设备产湿、照明功率等；作息规律采用 DeST 软件中积累的经验数据。

通过 DeST 软件模拟得出的全年不同时段单位面积的冷负荷如图 7-4a 所示，热负荷如图 7-4b 所示。

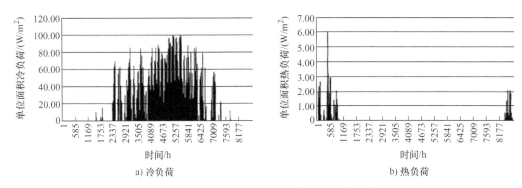

图 7-4 居住建筑全年逐时单位面积冷热负荷

5. 计算公共建筑的冷热负荷

公共建筑用地是指公共文化、体育、娱乐、机关、团体、科研、设计、教育、医卫、慈善等建筑用地。由于不同性质的公共用地具有较大差异，因而采用 3 种不同的负荷计算方法，如图 7-5 ~ 图 7-7 所示。

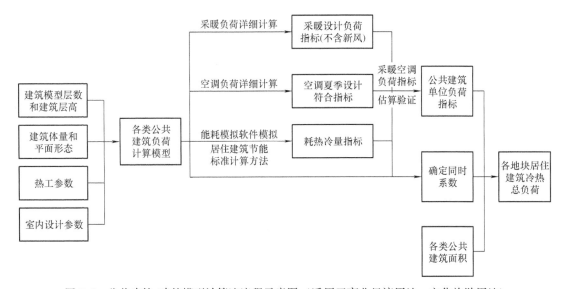

图 7-5 公共建筑-建筑模型计算法流程示意图（适用于商业经济用地，文化旅游用地）

(1) 商业建筑

商业建筑以商场为例。商场模型中每层空间假定不再分割，每层为一个大的房间，房间类型亦各层相同。本文选取了可以反映平均水平的典型商业模型，单层面积为 $8400m^2$。

通过 DeST 软件模拟得出商业建筑全年不同时段单位面积的冷负荷如图 7-8a 所示，热负荷如图 7-8b 所示。

第 7 章 典型综合能源系统案例

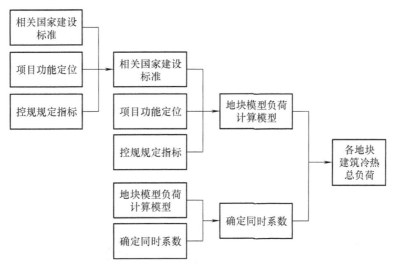

图 7-6 公共建筑-地块模型指标法流程示意图（适用于教育科技用地）

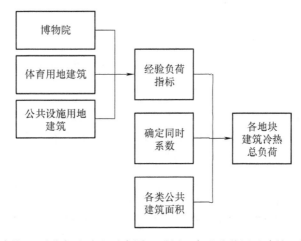

图 7-7 公共建筑-经验指标法流程示意图（适用于市政公共用地建筑、体育用地建筑）

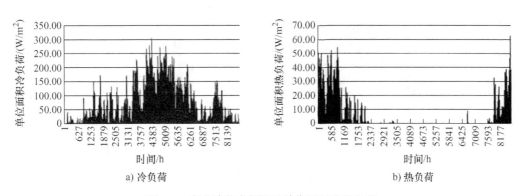

a) 冷负荷　　　b) 热负荷

图 7-8 商业建筑全年逐时单位面积冷热负荷

(2) 人才公寓

人才公寓的建筑模式类似于酒店,室内没有单独的房间,每层的房间类型都是一样的。然而最大的差异在于一般人才公寓的中间部分多为走廊,所以在人才公寓建筑的中间划分出非空调区域。其余的区域被简化视作为一个大房间,并且每层房间的类型都是一样的。

本文选取了可以反映平均水平的典型人才公寓模型,单层面积为720m²。

通过 DeST 软件模拟得出人才公寓建筑全年不同时段单位面积的冷负荷如图7-9a所示,热负荷如图7-9b所示。

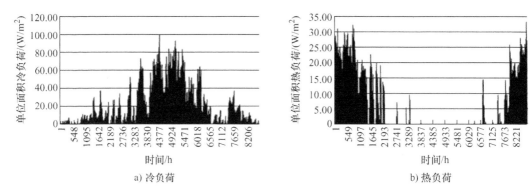

图7-9 人才公寓建筑全年逐时单位面积冷热负荷

(3) 科创建筑

科创建筑用地采用地块模型指标法计算。简单来说,科创用地可以简单地处理为办公写字楼模型,借助 DeST 软件,建立科创用地建筑模型。考虑科创建筑中间部分多为走廊,故在科创建筑内部中间划分出来不供空调的区域,其余区域不设置分割的房间,视作一大间房,房间类型每层均相同,单层面积为2080m²。

与对居住建筑的设置类似,利用 DeST 软件模拟出科创建筑模型的全年逐时冷热负荷,图7-10为科创小镇建筑全年逐时单位面积冷热负荷计算结果。

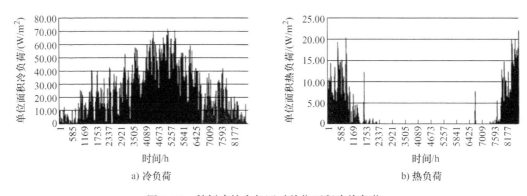

图7-10 科创建筑全年逐时单位面积冷热负荷

(4) 配套用地

另外有5万m²的配套用地,即公共设施用地建筑,该区域的冷热负荷一般通过经验指标法计算。依据《城镇供热管网设计规范》CJJ34—2010 来计算集中式供热区采暖热负荷时，集中供热区范围内建筑物采暖热指标（W/m²）确定见表7-4。

表7-4 各建筑物类型采暖指标规范

建筑物类型	采暖热指标/(W/m²)
住宅区	40
酒店区	50
办公区	55
商业区	60
其他公共建筑	95

根据《城镇供热管网设计规范》CJJ34—2010，计算规划区域制冷热负荷时，空调冷指标（W/m²）见表7-5。

表7-5 各类建筑物空调冷指标规范

建筑物类型	空调冷指标/(W/m²)
住宅区	80
酒店区	85
办公区	90
商业区	125
其他公共建筑	140

参考上述标准，取配套用地建筑单位面积热负荷指标为44W/m²，单位面积冷负荷指标为94W/m²。

6. 供热水的热负荷计算

一般为得到建筑全部的热负荷时还需要对生活中不可缺少的热水供应的热负荷进行单独计算，公式如下：

$$Q_w = M_w C_w (t_{end} - t_i) \tag{7-1}$$

式中，Q_w 为日均热水总耗热量（kJ）；M_w 为日用热水重量（kg）；C_w 为水比热容（定压）[kJ/(kg·℃)]；t_{end} 和 t_i 分别为最终用水温度和水加热前温度（℃）。

生活热水负荷为

$$Q_h = \sum K_h Q_w / (3600 T_d) \tag{7-2}$$

式中，Q_h 为设计小时耗热功率（kW）；Q_w 为热水耗热量最高值（kJ）；T_d 为使用时长；K_h 为小时变化系数。

对于日用水定额的取值需要得根据不同的功能用地进行确定，水的初始温度和用水温度一般设置为17℃和60℃，另外根据插值法对小时变化系数进行取值。

7. 冷水、热水负荷汇总

综合前述科创小镇各类建筑建模结果及单位负荷指标，得到科创小镇1号、2号能源站冷热负荷典型日曲线，如图7-11和图7-12所示。

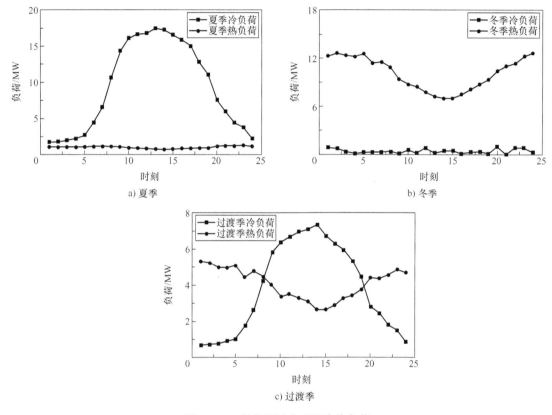

图 7-11 1号能源站典型日冷热负荷

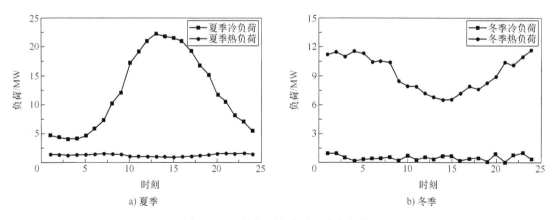

图 7-12 2号能源站典型日冷热负荷

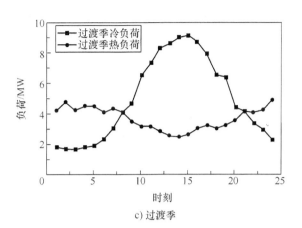

c) 过渡季

图 7-12　2 号能源站典型日冷热负荷（续）

7.1.3　配置方案研究

1. 中央创新区综合能源配置特性

中央创新区具有电、气、冷、热等多种能源供应需求，传统能源规划一般仅面对单一系统进行规划，通常是独立的供电系统加上独立的供热系统与供冷系统，无法实现能源系统的资源整体优化配置。为解决上述问题，按照综合能源规划模型，优先考虑可再生能源的情况下将各能源系统连接耦合，构建多能源综合利用的统一平台，提升整体中创区能源系统的灵活性，增强区域内可再生能源消纳能力和能源系统的综合 COP 值。

2. 配置方案一

配置方案一是以市政电网、燃气和蒸汽作为能源输入，核心设备包括 CHP 机组、蒸汽换热器、电制冷机、电锅炉和吸收式制冷机，此外还考虑了蓄电池作为储能设备，1 号和 2 号能源站的配置母线图如图 7-13 所示，具体设备参数见表 7-6。

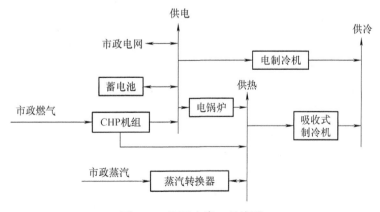

图 7-13　配置方案一母线图

表7-6 配置方案一设备参数

设备名称	物理参数	投资成本	排放因子/(kg/kW·h)	单机容量/kW
CHP机组	发电效率：30% 热电比：1.5	2480元/kW	CO_2：0.19 NO_x：0.32	300
吸收式制冷机	能效比：3.2	380元/kW·h		400/200
电锅炉	能效比：0.98	360元/kW		400
蒸汽换热器	能效比：0.95	240元/kW		1000
电制冷机	能效比：3.2	970元/kW		400/200

3. 配置方案二

配置方案二是常规能源利用形式为市政电网和燃气，没有考虑市政蒸汽，结合南通当地资源禀赋，考虑铺设屋顶光伏，装配水源热泵，此外，储能设备除了常规的蓄电池，还考虑了冰蓄冷技术和储热技术，其母线图如图7-14所示，设备参数见表7-7。

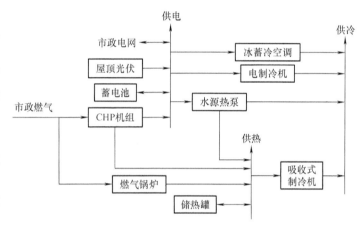

图7-14 配置方案二母线图

表7-7 配置方案二设备参数

设备参数	物理参数	投资成本	排放因子/(kg/kW·h)	单机容量
CHP机组	发电效率：30% 热电比：1.5	2480元/kW	CO_2：0.19 NO_x：0.32	300kW
燃气锅炉	转换效率：95%	277元/kW	CO_2：0.19 NO_x：0.2556	200kW
屋顶光伏	转换效率：13%	5500元/kW		1kW
电制冷机	能效比：3	970元/kW·h		100kW
水源热泵	能效比：3.5	2000元/kW·h		3.7kW
溴化锂吸收式制冷机组	能效比：1.2	1200元/kW·h		50kW
蓄电池	充放电效率：95%	770元/kW·h		1kW·h
冰蓄冷空调	制冰效率：85% 融冰效率：100%	2000元/kW·h		50kW
储热罐	充放电效率：95%	1500元/kW·h		1kW·h

7.1.4 能源站负荷汇总

将 7.1.2 节和 7.1.3 节的负荷预测情况汇总得到图 7-15 和图 7-16。

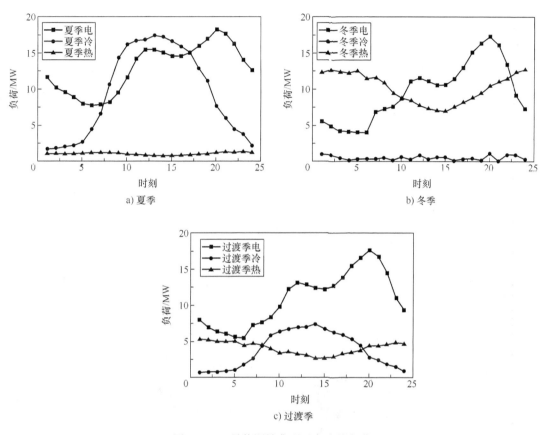

图 7-15　1 号能源站典型日电冷热负荷

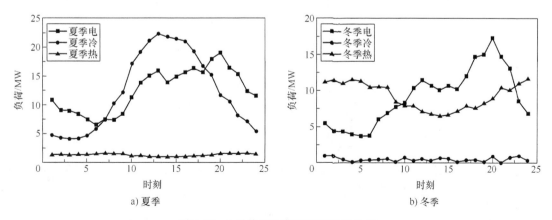

图 7-16　2 号能源站典型日电冷热负荷

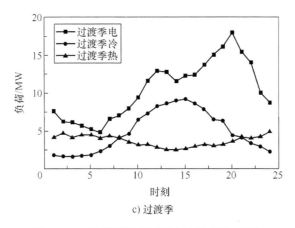

c) 过渡季

图 7-16 2 号能源站典型日电冷热负荷（续）

从图中可知，能源站的冷热负荷变化主要受季节变化影响，且冬季夜晚热负荷高，夏季中午冷负荷高。而电负荷在夏季和冬季一天内的变化趋势基本一致。

7.1.5 综合能源投资及收益分析

配置方案一与配置方案二的经济性、环保性、能效性项指标对比如图 7-17a~f 所示。

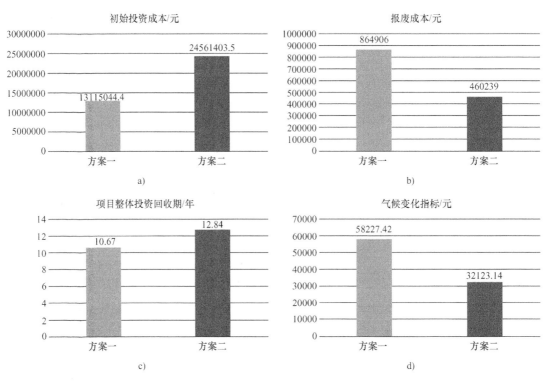

图 7-17 配置方案指标对比

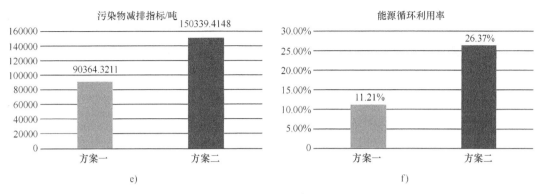

图 7-17 配置方案指标对比（续）

1. 经济性

配置方案一的指标数据见表 7-8，配置方案二的指标数据见表 7-9，结合表 7-8 和表 7-9 的数据可知，方案一的初始投资成本较低，为 13115044.4 元，方案二由于安装了薄膜太阳能电池、水源热泵、冰蓄冷空调等价格较高的可再生能源/储能设备，初始投资成本约为方案一的 1.87 倍；方案一整体投资回收期为 10.7 年，方案二投资回收期较长，约为 12.8 年。单从经济性上看，方案一经济性较好。

表 7-8 配置方案一指标

指标	数值
初始投资成本（等年值）（15 年）	13115044.4 元
报废成本（等年值）（15 年）	864906 元
能源站整体投资回收期	10.67 年
气候变化指标	32123.14 元
污染物减排指标	90364.3211t
能源循环利用率	11.21%

表 7-9 配置方案二指标

指标	数值
初始投资成本（等年值）（15 年）	24561403.5 元
报废成本（等年值）（15 年）	460239 元
能源站整体投资回收期	12.84 年
气候变化指标	58227.42 元
污染物减排指标	150339.4148t
能源循环利用率	26.37%

2. 环保性

方案一和方案二的气候变化指标分别为 32123.14 元和 58227.42 元，方案二约为方案一的 1.8 倍；方案二的污染物减排指标为 150339.4148t，为方案一的 1.66 倍。方案二在环保性方面的表现要优于方案一。

3. 能效性

方案一的能源循环利用效率为 11.21%，而方案二可达到 26.37%，综合 COP 值方案二要更高，方案二能效性方面明显优于方案一。

7.2 农村

7.2.1 基本用能情况

该农村住宅属独立建造的民用住宅，主要用能为水、电，均由政府供应。民居分为上下两层，两层均装设配电箱，采用 3P/63A 断路器（旧称空气开关）作为主开关，一楼 15 个 1P/25A 断路器作为分路开关，二楼 11 个 1P/25A 断路器作为分路开关。民居 2019 年用电量为 5752kW·h。居民用电信息：①配电网；②屋顶光伏为 6.08kW（峰值功率），年发电总量为 5828.7kW·h；③储能为 5kW/7kW·h；④负荷：上一年度年用电量为 4913.6kW·h。碳排放量信息为每节约 1kW·h 电，节约 0.328kg 的煤，减少 0.997kg 的二氧化碳。图 7-18 为居民住宅能流图。

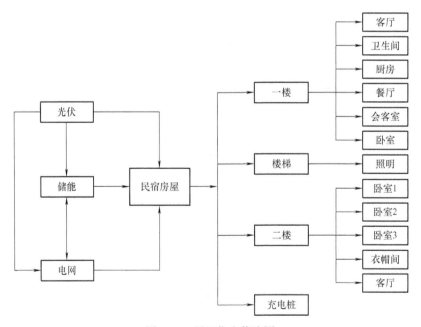

图 7-18　居民住宅能流图

7.2.2 用能负荷预测分析

从数据库中读取气候数据、历史负荷数据和历史发电数据。采用预测方法来对光伏发电功率大小和电负荷功率大小进行预测。将预测得到的结果下发给优化层。

采用 BP 神经网络，利用历史气候数据以及光伏历史发电数据，对预测日光伏发电功率大小进行预测，如图 7-19 所示。

采用 ARIMA（差分自回归滑动平均法）算法，利用历史电负荷用电功率大小，对预测日负荷电功率大小进行预测，如图 7-20 所示。

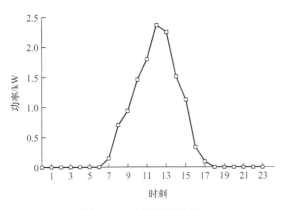

图 7-19　光伏预测曲线

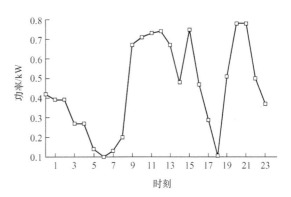

图 7-20　电负荷预测曲线

7.2.3　优化策略研究

1. 优化策略方案一

方案一为经济性最优运行策略，总体运行策略流程如图 7-21 所示。

（1）目标函数

以全年经济性最优为目标，构造目标函数如下：

$$F = \sum_{i=1}^{365} \sum_{t=1}^{24} C_{\text{buy}}(i,t) P_{\text{buy}}(i,t) + C_{\text{sell}}(i,t) P_{\text{sell}}(i,t) \tag{7-3}$$

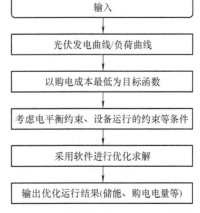

图 7-21　经济性最优运行策略流程图

式中，$C_{\text{buy}}(i,t)$ 为第 i 天 t 时刻的购电电价；$C_{\text{sell}}(i,t)$ 为第 i 天 t 时刻的光伏上网电价，为定值；$P_{\text{buy}}(i,t)$ 为第 i 天 t 时刻的购电电量；$P_{\text{sell}}(i,t)$ 为第 i 天 t 时刻的光伏售电电量。

（2）约束条件

1）电平衡约束

$$P_{\text{pl}}(i,t) + P_{\text{bat}}(i,t) = P_{\text{PV}}(i,t) + P_{\text{net}}(i,t) \tag{7-4}$$

式中，$P_{\text{pl}}(i,t)$ 为居民负荷总功率（kW）；$P_{\text{bat}}(i,t)$ 为储能装置功率（kW）；$P_{\text{PV}}(i,t)$ 为光伏出力功率（kW）；$P_{\text{net}}(i,t)$ 为电网流向居民的交换功率（kW）。

2）传输线功率约束

$$\begin{cases} -60 \leqslant P_{\text{net}}(i,t) \leqslant 60 \\ 0 \leqslant P_{\text{buy}}(i,t) \leqslant 60 \\ -60 \leqslant P_{\text{sell}}(i,t) \leqslant 0 \end{cases} \tag{7-5}$$

式中，$P_{\text{net}}(i,t)$ 为电网流向居民的交换功率（kW）；$P_{\text{buy}}(i,t)$ 为第 i 天 t 时刻的购电电量；$P_{\text{sell}}(i,t)$ 为第 i 天 t 时刻的光伏售电电量。

3）购电电量约束

$$\begin{cases} P_{\text{net}}(i,t) \geqslant 0 \\ P_{\text{buy}}(i,t) = P_{\text{net}}(i,t) \\ P_{\text{sell}}(i,t) = 0 \end{cases} \tag{7-6}$$

4）售电电量约束

$$\begin{cases} P_{\text{net}}(i,t) \leqslant 0 \\ P_{\text{sell}}(i,t) = P_{\text{net}}(i,t) \\ P_{\text{buy}}(i,t) = 0 \end{cases} \tag{7-7}$$

5）蓄电池充放电约束

$$\begin{cases} -5 \leqslant P_{\text{bat}}(i,t) \leqslant 5 \\ 0 \leqslant P_{\text{cha}}(i,t) \leqslant 5 \\ -5 \leqslant P_{\text{dis}}(i,t) \leqslant 0 \end{cases} \tag{7-8}$$

6）蓄电池始末容量约束

$$\sum_{t=1}^{24} (P_{\text{cha}}(i,t) + P_{\text{dis}}(i,t)) = 0 \tag{7-9}$$

7）光伏出力约束

$$P_{\text{PV}}(i,t) \leqslant P_{\text{PVmax}}(i,t) \tag{7-10}$$

(3) 仿真分析

情况1：

输入数据：①该用户全年的负荷用电量数据，年总（购）用电量：4913.6kW·h；②该类用户年总购电费用：2155.07元，进入第二阶梯电价是在第206天，进入第三阶梯电价是在第359天；③该地区6kW光伏全年发电量数据，光伏年发电总量：5828.7kW·h。

结果分析：

1）当购电总量处于第一阶梯时刻，取第一阶梯电价的一天（此处任意取，图7-22取自第58天），可以看出：储能的策略是套"峰谷电价差"，在谷电价时刻进行充电，在下午傍晚时刻进行放电，进行晚充日放。

2）当购电总量处于第二阶梯时刻，取第二阶梯电价的一天（此处任意取，图7-23取自第235天），可以看出：储能的策略是套"峰谷电价差"，在谷电价时刻进行充电，在下午傍晚时刻进行放电，进行晚充日放。

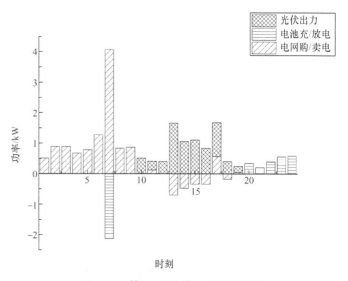

图7-22 第58天的第一阶梯电价图

3) 当购电总量处于第三阶梯时刻，随机取第三阶梯电价的一天（此处任意取，图7-24 取自第 363 天），可以看出：储能的策略是"光伏储电在峰电价时刻放出"，在白天进行充光伏的电，在下午傍晚时刻进行放电，进行套光伏的电价差，进行日充晚放。

采用该控制策略之后可以看出：①年总购电量为 3314.9kW·h；②年总购电费用为 1085.41 元；③光伏上网卖电所得收益为 1756.719 元；④年收益为 2826.379 元；⑤第一阶梯进入第二阶梯时间是在第 304 天，之后一直在第二阶梯，不进入第三阶梯。因此采用优化策略后，可以延缓甚至阻止用户进入第三阶梯电价的时间。

情况 2：

输入数据：①该用户全年 3 倍的负荷用电量数据，年总用电量为 14740.8kW·h；②该类用户年总购电费用为 9757.5 元，进入第二阶梯时间是在第 64 天，进入第三阶梯时间是在第 115 天；③该地区 6kW 光伏全年发电量数据，光伏年发电总量为 5828.7kW·h。

结果分析：

1) 当购电总量处于第一阶梯时刻，取第一阶梯电价的一天（此处任意取，图 7-25 取自第 6 天），可以看出：储能的策略是套"峰谷电价差"，在谷电价时刻进行充电，在下午傍晚时刻进行放电，进行晚充日放。

2) 当购电总量处于第二阶梯时刻，取第二阶梯电价的一天（此处任意取，图 7-26 取自第 81 天），可以看出：储能的策略是套"峰谷

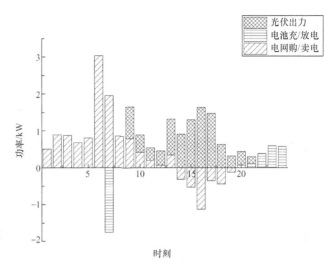

图 7-23 第 235 天第二阶梯电价图

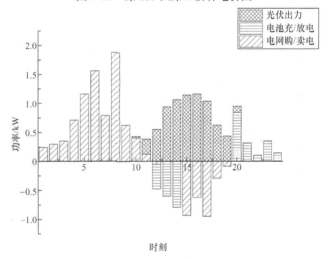

图 7-24 第 363 天第三阶梯电价图

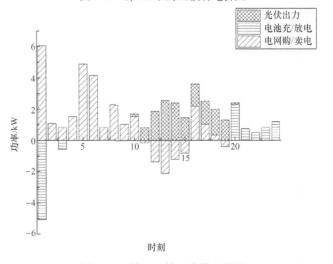

图 7-25 第 6 天第一阶梯电价图

电价差",在谷电价时刻进行充电,在下午傍晚时刻进行放电,进行晚充日放。

3) 当购电总量处于第三阶梯时刻,取第三阶梯电价的一天(此处任意取,图7-27取自第174天),可以看出:储能的策略是"光伏储电在峰电价时刻放出",在白天峰电价进行充光伏的电,在下午傍晚时刻进行放电,进行套光伏的电价差,进行日充晚放。

4) 当购电总量处于第三阶梯时刻,取第三阶梯电价的一天(图7-28取自第217天),可以看出:储能的策略是套"峰谷电价差"和"光伏储电在峰电价时刻放出",在谷电价时刻储能从电网购电进行充电,同时在白天进行充光伏的电,在下午傍晚时刻进行放电,不仅进行套峰谷电价,而且进行套光伏的电价差,进行日充日放和晚充日放。

采用控制策略之后可以看出:①年总购电量为10496kW·h;②年总购电费用为5508.48元;③光伏上网卖电所得收益为701元;④年收益为4350.02元;⑤第一阶梯进入第二阶梯时间是在第78天,进入第三阶梯时间是在第145天。负荷扩大3倍后,采用控制策略,可以延缓用户进入第三阶梯电价的时间。

情况3:

输入数据:①该用户全年10倍的负荷用电量数据,年总用电量为49136kW·h;②该类用户年总购电费用为33618.955元,进入第二阶梯时间是在第20天,进入第三阶梯时间是在第34天;③该地

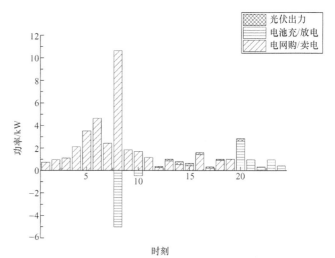

图7-26 第81天第二阶梯电价图

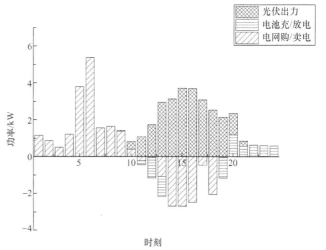

图7-27 第174天第三阶梯电价图

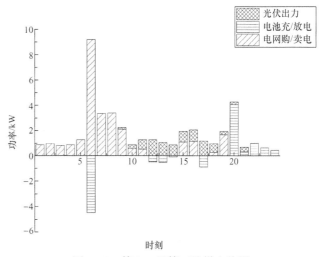

图7-28 第217天第三阶梯电价图

区 6kW 光伏全年发电量数据，光伏年发电总量为 5828.7kW·h。

结果分析：

1）当购电总量处于第一阶梯时刻，取第一阶梯电价的一天（此处任意取，图 7-29 取自第 6 天），可以看出：储能的策略是套"峰谷电价差"，在谷电价时刻进行充电，在下午傍晚时刻进行放电，进行晚充日放。

2）当购电总量处于第二阶梯时刻，任取一天的第二阶梯电价，如图 7-30 所示，可以看出：储能的策略是套"峰谷电价差"在谷电价时刻储能从电网购电进行充电，在傍晚峰电价时刻进行放电，进行套峰谷电价，储能是晚充日放策略。

3）当购电总量进入第三阶梯，任取一天的第三阶梯电价，如图 7-31 所示，可以看出：储能的策略是套"峰谷电价差"和"光伏储电，在峰电价时刻放出"，在谷电价时刻储能从电网购电进行充电，同时在白天进行充光伏的电，在下午傍晚时刻进行放电，不仅进行套峰谷电价，而且进行套光伏的电价差，进行日充日放和晚充日放。

采用控制策略之后可以看出：①年总购电量为 43327kW·h；②年总购电费用为 27838.35 元；③光伏上网卖电所得收益为 16.4 元；④年收益为 5797.005 元；⑤第一阶梯进入第二阶梯时间是在第 22 天，进入第三阶梯时间是在第 38 天。负荷扩大 10 倍后，采用控制策略，可以延缓用户进入第三阶梯电价的时间。

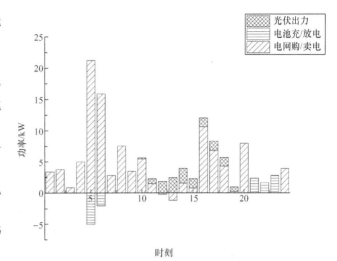

图 7-29 第 6 天第一阶梯电价图（全年的 10 倍负荷用电量）

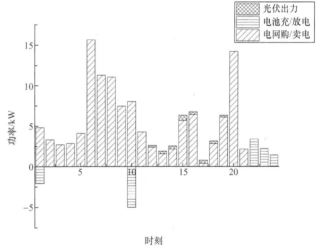

图 7-30 任意一天的第二阶梯电价图

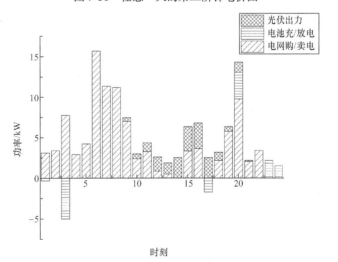

图 7-31 任意一天的第三阶梯电价图

2. 优化策略方案二

方案二为碳排放量最小运行策略，总体运行策略如图 7-32 所示。

（1）目标函数

以碳排放量最小为目标，构造目标函数如下：

$$F = \sum_{i=1}^{365} \sum_{t=1}^{24} T_d(i,t) P_{\text{buy}}(i,t) + T_d(i,t) P_{\text{sell}}(i,t) \tag{7-11}$$

式中，$T_d(i,t)$ 为第 i 天 t 时刻发电厂每发/每节约 1kW·h 电产生的碳排放量；$P_{\text{buy}}(i,t)$ 为第 i 天 t 时刻的购电电量；$P_{\text{sell}}(i,t)$ 为第 i 天 t 时刻的光伏售电电量。

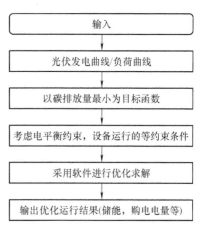

图 7-32 碳排放量最小运行策略流程图

（2）约束条件

同优化策略方案一。

（3）仿真分析

以碳排放量最小为目标情况下取某一天为例，图 7-33 为储能状态图，图 7-34 为电负荷平衡图。该天的碳排放量为 -12.8015kg，购电成本为 -5.6462 元。

若该天以经济性最优为目标，得到的储能状态图和电负荷平衡图分别如图 7-35 与图 7-36 所示。该日的碳排放量为 -12.8015kg，购电成本为 -5.7379 元。

可以看出：在光伏发电一定的情况下，碳排放量是一定的，而以经济性最优为目标，成本更少，收益更大，同时又保证了碳排放量。

由此还可以看出：当光伏发电一定，碳排放量就确定了，不存在最优情况。比如某天光伏发电总量为 20kW·h，用户用电负荷为 12kW·h，当以经济性最优，购电 5kW·h，负荷剩余的 7kW·h 电全部由光伏提供，这样光伏上网的电量为 13kW·h，碳排放为 $5k-13k=-8k$ 为定值（k 为定值，为消耗/发出 1kW·h 电产生的碳排放量）。若以碳排放最优，购电 3kW·h，负荷剩余 9kW·h 电全部由光伏提供，这样光伏上网电量为 11kW·h，

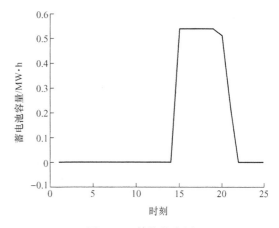

图 7-33 储能状态图

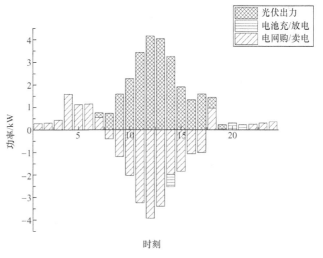

图 7-34 电负荷平衡图

碳排放为 $3k-11k=-8k$ 为定值,等于以经济性最优的碳排放。因此,光伏发电量一定情况下,碳排放量是一定的,不存在最优的问题,因为光伏除了供给负荷就是上网卖电这两种途径。

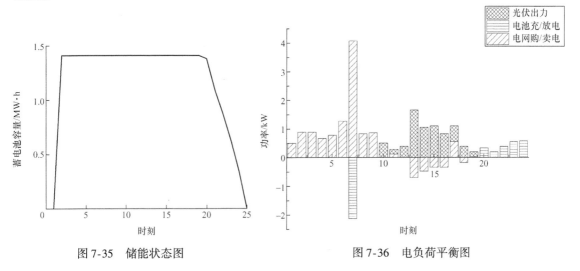

图 7-35　储能状态图　　　　　图 7-36　电负荷平衡图

7.3　医院

7.3.1　基本用能情况

该医院配置了冷水机组,包括 3 台水冷离心式冷水机组(制冷量为 3516kW)和 1 台水冷螺杆式冷水机组(制冷量为 1406kW);风冷热泵机组,包括 4 台风冷螺杆式热泵机组(制冷量 789kW,制热量为 794kW)和 5 台冷热循环水泵(功率为 15kW);卧式燃气冷凝真空热水机组,包括 2 台耗气量为 203N·m³,供热量为 2100kW 的燃气真空热水机组和 2 台耗气量为 296N·m³,供热量为 2800kW 的燃气真空热水机组。医院的太阳能热水系统是 480 块管式平板太阳能集热器,热电联供系统采用 1 台德国 R SCHMITT ENERTEC 公司 ENERGIN M06 CHP G200,电功率为 200kW,热功率为 241kW,综合能源利用率高达 92% 左右,发电效率为 43% 左右,供配电系统配置 12 台 10kV 变 400V 干式变压器,其中 1# ~ 6# 变压器容量为 1600kV·A,7#、8# 变压器容量为 1250kV·A,9# ~ 16# 变压器容量为 800kV·A。

该医院的微网结构如图 7-37 所示。

7.3.2　用能负荷预测分析

对用能负荷的预测分为可控负荷(主要是中央空调)和不可控负荷。为了提高预测的准确性,空调可控负荷以及不可控负荷均采用 BP 神经网络滚动预测方法,对负荷进行超短期预测。利用相关气候条件和历史冷/热/电负荷数据,预测 24h 的用电/热/冷负荷数据大小,时间间隔为 1h。

输入:历史业务量、温度、风速及历史电热冷负荷数据,时间间隔为 1h。

输出:预测日冷热电负荷大小,时间间隔为 1h。

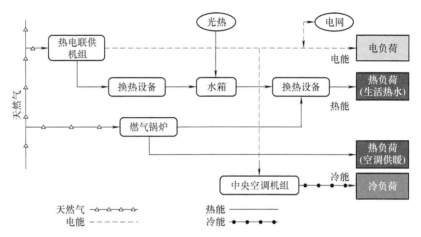

图 7-37 医院微网结构图

对冷热电负荷大小预测的仿真结果如图 7-38a ~c 所示。

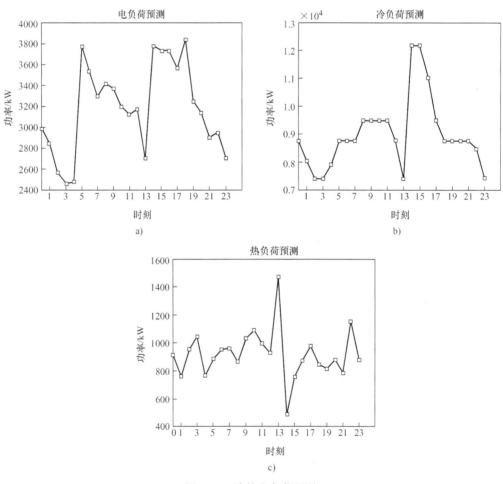

图 7-38 冷热电负荷预测

7.3.3 配置方案研究

1. 配置方案一

场景一供能方式：电负荷由市配电网提供，热负荷由燃气锅炉烧热水提供，冷负荷由水冷机组和风冷机组提供。

(1) 目标函数

以总成本最小为目标，构造目标函数如下：

$$\min F = F_e + F_g \tag{7-12}$$

式中，F_e 为调度时间段从电网购电成本；F_g 为调度时间段购气成本。

调度时间段从电网购电成本为

$$F_e = C_{buy} P_{buy} \tag{7-13}$$

式中，C_{buy} 为分时电价；P_{buy} 为购电电价。

调度时间段购气成本为

$$F_g = C_{ruel} P_G / \eta_g \tag{7-14}$$

式中，C_{ruel} 为燃气价格；P_G 为燃气锅炉输出热功率；η_g 为锅炉产生的热功率。

(2) 约束条件

1) 电平衡约束

$$P_{LJ} + P_{buy} = P_{st} \tag{7-15}$$

2) 热平衡约束

$$H_{solar} + H_{gl} + H_{LJ} = H_s \tag{7-16}$$

3) 冷平衡约束

$$H_{FL} + H_{SL} = H_s \tag{7-17}$$

4) 燃气轮机出力约束

$$P_{gt.min} \leq P_{gt} \leq P_{gt.max} \tag{7-18}$$

5) 燃气锅炉出力约束

$$H_{gb.min} \leq H_{gb} \leq H_{gb.max} \tag{7-19}$$

6) 太阳能设备出力约束

$$H_{eb.min} \leq H_{eb} \leq H_{eb.max} \tag{7-20}$$

7) 风冷热泵机组出力约束

$$H_{FL.min} \leq H_{FL} \leq H_{FL.max} \tag{7-21}$$

8) 水冷机组出力约束

$$H_{SL.min} \leq H_{SL} \leq H_{SL.max} \tag{7-22}$$

(3) 仿真结果

在该配置方案下，以冬季为例，得到的电/热/冷供需平衡曲线如图 7-39a~c 所示。

图 7-40 为在该原始模式下各个设备具体的出力、购电、购气计划。

在冬季冷负荷需求大幅度减小，热负荷需求增长，进而电量需求减小，购气量增加，成本会大大增加，优化控制的必要性更加凸显。

2. 配置方案二

场景二供能方式：电负荷由市配电网和燃气轮机提供，热负荷由太阳能系统、燃气轮机和燃气锅炉烧热水提供，冷负荷由水冷机组和风冷机组提供。

（1）目标函数

以总成本最小为目标，构造目标函数如下：

$$\min F = F_e + F_g + F_{g1} + F_{yunxing} \tag{7-23}$$

式中，F_e 为调度时间段从电网购电成本；F_g、F_{g1} 为调度时间段购天燃气成本；$F_{yunxing}$ 为设备运行维护成本。

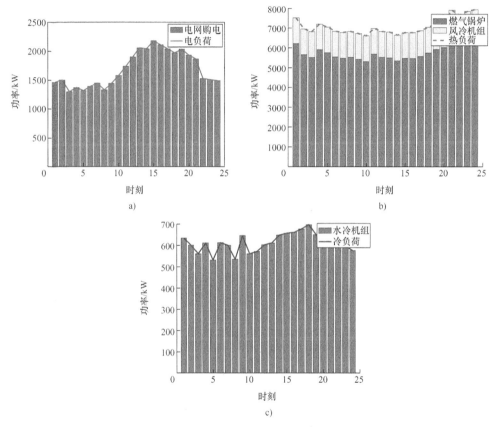

图 7-39　电/热/冷供需平衡曲线图

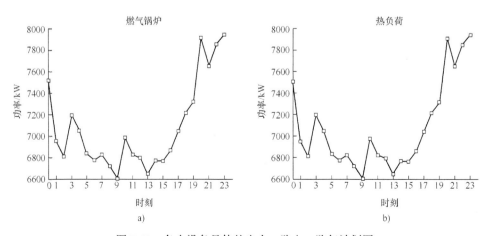

图 7-40　各个设备具体的出力、购电、购气计划图

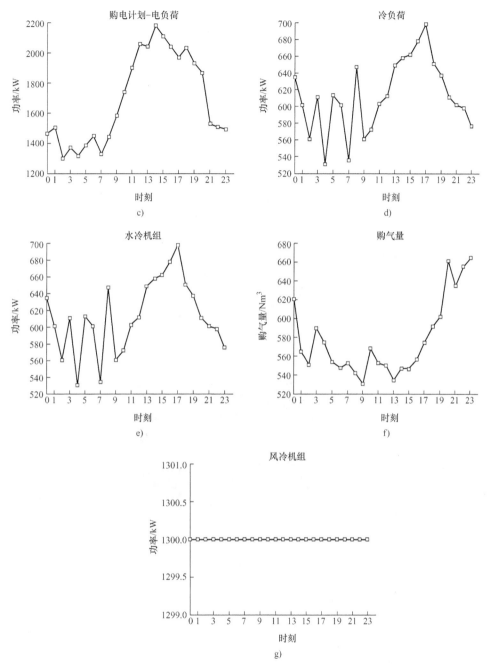

图 7-40 各个设备具体的出力、购电、购气计划图（续）

其中调度时间段从电网购电成本为

$$F_e = C_{buy} P_{buy} \tag{7-24}$$

式中，C_{buy} 为分时电价；P_{buy} 为购电电价。

调度时间段购天燃气成本为

$$F_g = C_{ruel} P_G / \eta_g \tag{7-25}$$

式中，C_{ruel} 为燃气价格（元/m³）；P_G 为燃气锅炉热功率；η_g 为锅炉产生的热功率。

$$F_{g1} = C_{ruel}P_{g1}/\eta_{g1} \tag{7-26}$$

式中，P_{g1} 为燃气轮机电功率；η_{g1} 为每消耗 $1m^3$ 的气燃气轮机的电功率，锅炉产生的热功率。

(2) 约束条件

同配置方案一约束条件。

(3) 仿真结果

在该配置模式下，得到的电/热/冷供需平衡曲线如图 7-41a~c 所示。

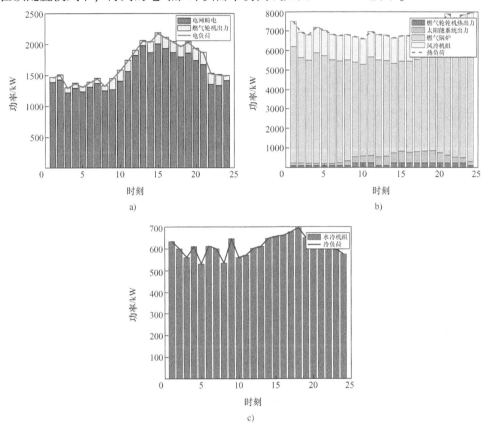

图 7-41 电/热/冷供需平衡曲线图

在该模式下，得到的各个设备的出力、购电、购气计划如图 7-42a~j 所示。

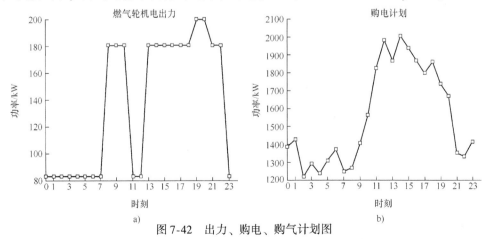

图 7-42 出力、购电、购气计划图

第 7 章 典型综合能源系统案例 179

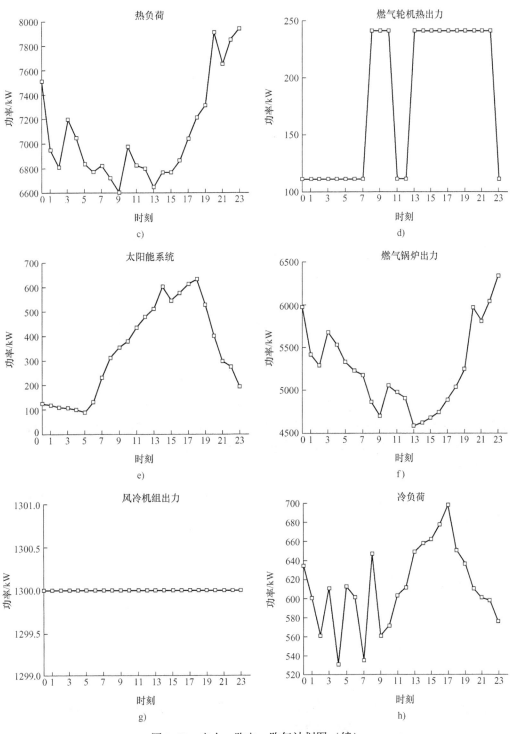

图 7-42 出力、购电、购气计划图（续）

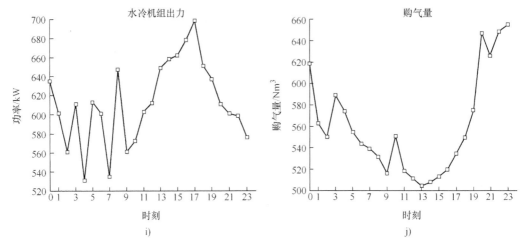

图 7-42 出力、购电、购气计划图（续）

对比配置方案一和配置方案二的仿真结果见表 7-10。

表 7-10 配置方案一和配置方案二对比 （单位：元）

模式	购电成本	购气成本	运行维护成本	总成本
场景一	27755	54758		82514
场景二	25333	53089	439	78456
成本节约				4058

仿真优化结果表明：①电负荷：燃气轮机和配电网进行供电；②热负荷：由燃气轮机、太阳能、燃气锅炉和风冷机组进行提供；③冷负荷：冷负荷相对较小，故由效率较高的水冷机组进行提供。仿真控制结果表明可以达到节约成本的目的。

3. 配置方案三

对可控负荷（空调系统）及相关能源设备进行控制，用电由市电、燃气轮机和光伏机组提供，热由燃气轮机、太阳能以及燃气锅炉提供，加入蓄热罐进行蓄热，冷由水冷机机组和风冷机组提供。

（1）目标函数

以总成本最小为目标，构造目标函数如下：

$$\min F = F_e + F_g + F_{gl} + C(P_{yuce} - P_{pv}) + F_{yunxing} \tag{7-27}$$

式中，$C(P_{yuce} - P_{pv})$ 为弃光惩罚成本。

（2）约束条件

同配置方案一约束条件。

（3）仿真结果

此时的电负荷分为两部分，即可控负荷（主要包括空调系统中水冷机组和风冷机组）和不可控负荷。冷/热负荷仍然保持不变。

电/热/冷供需平衡曲线如图 7-43a~c 所示。

在该模式下，各个设备的出力、购电、购气计划如图 7-44a~k 所示。

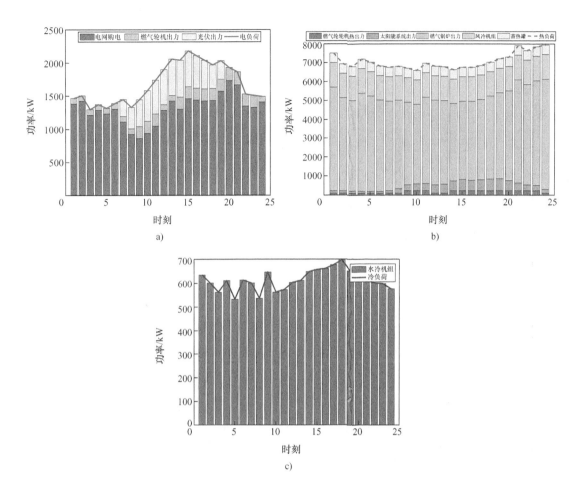

图 7-43 电/热/冷供需平衡曲线

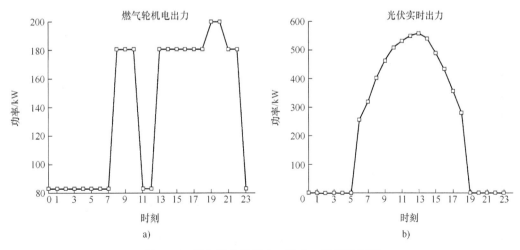

图 7-44 各个设备的出力、购电、购气计划图

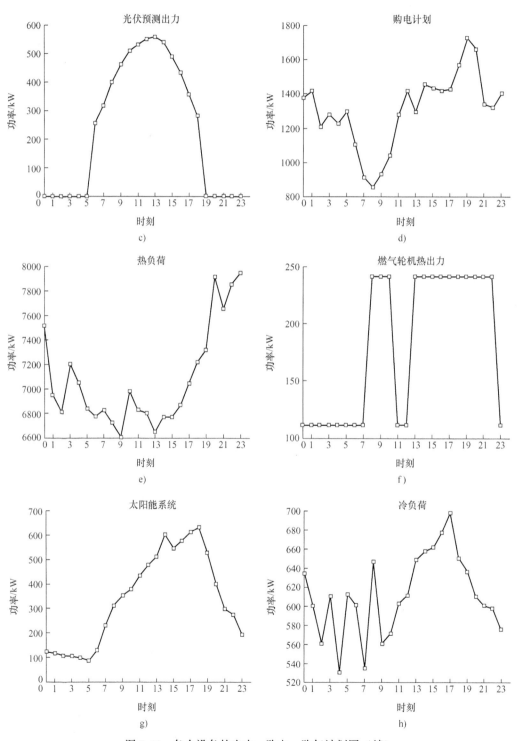

图 7-44 各个设备的出力、购电、购气计划图（续）

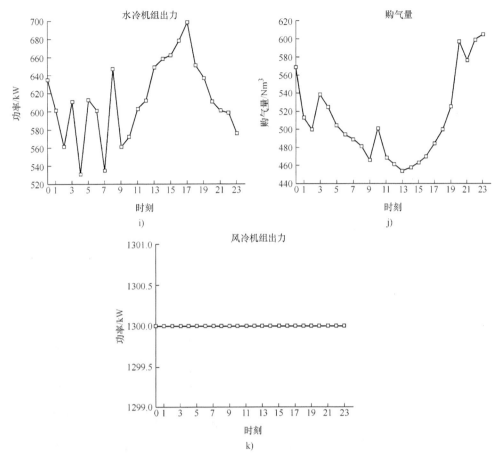

图 7-44 各个设备的出力、购电、购气计划图（续）

对比三种配置方案，所需的成本见表 7-11。

表 7-11 三种配置方案比较 （单位：元）

模式	购电成本	购气成本	运行维护成本	总成本
场景一	27755	54758		82514
场景二	25333	53089	439	78456
场景三	21062	48349	1546.7	70958
场景二与场景一相比节约成本				4058（5%）
场景三与场景一相比节约成本				11556（14%）

仿真优化结果表明：①电负荷：燃气轮机和光伏机组提供，不足的电负荷由配电网进行供电；②热负荷：由燃气轮机、太阳能、燃气锅炉、蓄热罐以及风冷机组进行提供；③冷负荷：冷负荷相对较小，故由效率较高的水冷机组进行提供，蓄热罐的引入可以降低燃气锅炉的出力，从而降低购气成本。仿真控制结果表明可以达到节约成本的目的。

7.4 海岛

7.4.1 资源分析

参与项目试点部分的相关设备主要有风机机组、分布式光伏、集中式储能电站、充电桩 33 个以及海景大酒店、妈祖庙、试验基地等相关的用能设备，该海岛微网的结构图如图 7-45 所示。

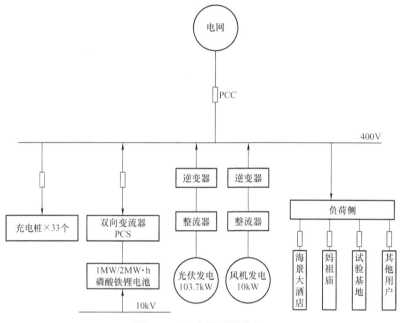

图 7-45 海岛微网结构图

建立符合海岛特征的多能互动控制系统，构建以电能为核心的综合能源服务体系。开展光伏、风电、储能、充电站等设备的集中控制，从而实现对清洁能源的有效利用。在海景大酒店、妈祖庙等重点用能场所，实现与系统的能源互动。实现能源网内多种能源的综合高效利用，实现岛内多种能源的经济运行。

(1) 风机机组

机组具体地址位于岛上的生态海岛高供电可靠性实验基地/电能计量设备典型环境联合实验基地。根据场地的条件和当地的环境要求，建设一台机组容量为 10kW 的风机，ADX10kW 风力发电机组采用垂直轴、三叶片、全风向、阻流板实时调节、交流永磁同步发电机并网的总体设计方案，风机叶轮直径为 8m，轮毂高度为 15m，整体重量约 5t。

垂直轴风机可以实现最低的起动风速（2~2.5m/s）增加发电量，也可以实现 25m/s 风速以上继续发电的优异性能。

功率控制方式采用阻流板实时控制，额定风速以下不需要调节，额定风速以上采用阻流板实时调节。

发电机采用交流永磁同步发电机，自然风冷，无需电网励磁，发电机低速运转，转速范围在 30~100r/min。

变速恒频系统采用 AC-DC-AC 变流方式,将发电机发出的低频交流电经整流转变为脉动直流电（AC/DC）,再经 DC/AC 逆变器变为与电网同频率、同幅值、同相的交流电,最后经变压器并入电网。

（2）分布式光伏

在海景大酒店停车棚上和游泳池建设有装机容量为 103.7kW 的光伏设施,光伏逆变器外挂于停车棚下方,距地约 3m 左右,光伏相关数据已经接入平台中。

（3）储能电站

储能电站位于高可靠性试验基地院内,现有集中式储能电站总装机容量 1MW/2MW·h,以 10kV 电压等级接入湄洲岛配电网,占地 400 多平方米,主要由 1MW/2MW·h 的磷酸铁锂电池储能系统、两台 500kV·A 双向变流器、系统监控及一次接入设备组成。

该储能电站可提高海岛供电末端供电能力,发挥应急供电保障作用,参与湄洲岛区域综合能源系统的运行管理和调度控制,通过需求侧响应、电网削峰填谷等手段,进一步提高海岛综合能源利用效率,妈祖庙总的用电功率为 500kW,储能电站电量 2MW·h,可作为妈祖庙的应急电源,妈祖庙举办重大活动时可保证供电 4 个小时。

（4）充电桩

岛屿现有 3 个充电站点,分别为轮渡码头充电站、湖石淉生态公园充电站、黄金沙滩充电站,充电站数据均由车联网平台独立管理。

充电桩主要是对岛上的 33 辆纯电动车进行供电,确保纯电动公交车运营顺畅。原先的 3 个充电站点,每组 8 个快充桩,数量一共为 24 个,为了满足岛上电动车的用电需求,5 月份在综合服务站内加装 9 个快充桩,合计 33 个。

（5）海景大酒店

在海景大酒店中,用电设备主要是厨房和中央空调的用电,相关设备信息如下：

1）海景大酒店全电厨房设备情况：全电厨房位于 2 楼,现场设备控制柜中安装有 8 个厨房电气设备控制开关。全电厨房的负荷情况见表 7-12。

表 7-12 全电厨房负荷情况

序号	种类	电压/V	额定功率/kW	数量/台	总功率/kW	用途
1	电磁小炒灶	380	15	3	45	盘菜、精品小炒
2	电磁大锅灶	380	20	2	40	焖煮、大批量出餐
3	电磁蒸柜	380	30	1	30	蒸菜、蒸饭
4	四头红外煲仔炉	380	12	1	12	煎、煲汤
5	六头电磁煲仔炉	380	21	1	21	煎、煲
	合计			8	148	

2）中央空调：空调系统中,风冷机组位于海景大酒店附属楼顶楼,共有 3 个风冷机组,独立运行。

其中 3 个启动泵分别对应 2 个风冷机组和 1 个风冷机组螺杆机。1 号启动泵对应 8 台压缩机,2 号启动泵对应 2 台压缩机,3 号启动泵对应风冷机组螺杆机。压缩机功率为 66kW,启动泵电流为 15A。风冷机组螺杆机目前只作生活热水用,未进行制冷工作,作为制冷备用,相关参数见表 7-13。

表 7-13 空调系统设备参数

型号	TCA201CH	名称	模块化风冷式冷热水机组
制冷量	66kW	电源	380V/3N~/50Hz
制热量	72kW	额定输入功率	21.5kW
制冷剂	R22	外形尺寸	2206mm×1030mm×2063mm
充注量	9kg×2	水阻	96kPa
水流量	11.4 m³/h	重量	740kg
COP	3.07	执行标准	
生产许可证编号	XK06-135-00037		

(6) 妈祖庙

妈祖庙中总的用电功率为500kW，在妈祖庙中安装有计量电表、视频监控、红外报警、温湿度、烟雾传感器等装置用于检测妈祖庙环境数据。

7.4.2 用能负荷预测分析

本策略中的预测包括两种：发电预测 + 负荷预测，发电预测通过建立 BP 神经网络模型，负荷预测通过建立 ARIMA 模型（差分自回归移动平均算法）。选用两种不同预测方法主要是因为：①光伏和风机的发电预测影响因素比较多，和气象因素（温度、风速、辐射）等都有关系，这种是多对一的关系，最适合用 BP 神经网络模型；②而电负荷预测，用电行为常年比较规律单一，用电行为比较规律，最适合用 ARIMA 算法模型，预测比较准确。

预测层输出结果：

1) 风机发电预测如图 7-46 所示。

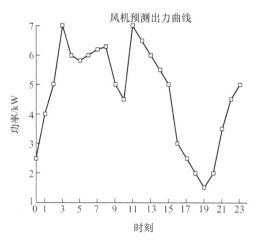

图 7-46 风机发电预测图

2) 光伏发电预测如图 7-47 所示。
3) 电负荷预测如图 7-48 所示。

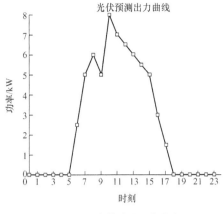

图 7-47 光伏发电预测图

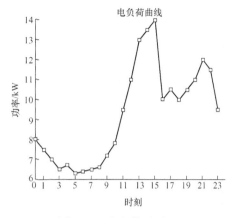

图 7-48 电负荷预测图

7.4.3 优化策略研究

1. 目标函数

以系统日运行成本最小为目标建立目标函数如下：

$$\min F = \min(F_g + F_{om} + F_{re}) \tag{7-28}$$

式中，F 为系统运行总费用；F_g 为购电成本；F_{om} 为运行维护成本；F_{re} 为供电可靠性成本，包括新能源的弃电惩罚成本和负荷中断成本。

（1）系统的购电成本 F_g

$$\min F_g = \sum_{i=1}^{T} C_b P_{net} \tag{7-29}$$

式中，C_b 为 t 时间段从电网购电电价（元/kW·h）；P_{net} 为 t 时间段从电网购电电量（kW）。

（2）运行维护成本 F_{om}

$$\min F_{om} = \sum_{i=1}^{N} K_{omi} P_i(t) \tag{7-30}$$

式中，K_{omi} 为系统第 i 个设备的运行维护系数；$P_i(t)$ 为 t 时间段内第 i 个设备运行功率大小。

（3）供电可靠性成本 F_{re}

$$\min F_{re} = C_{pv} \sum_{i=1}^{T} P_{des} + C_{loss} \sum_{i=1}^{T} P_{loss} \tag{7-31}$$

式中，C_{pv} 为单位弃光惩罚价格；P_{des} 为系统 t 时间段弃光量；C_{loss} 为系统中断负荷时受到的单位惩罚价格；P_{loss} 为系统 t 时间段内中断负荷损失的负荷量的大小。

在此模型的建立中，不仅考虑到了购电成本，而且考虑到了风机、光伏的弃风弃光量，以及负荷中断量提高可靠性，优点如下：

1）经济性好，节约购电的成本。

2）引入弃电惩罚项，能最大限度甚至全部利用光伏、风机所发的电，从电网少购电，从而降低碳排放量，减小对环境的污染。

3）引入负荷中断惩罚项，最大限度的保障用电可靠性。

2. 约束条件

1) 电能平衡约束条件

$$P_{\text{net}.t} + P_{\text{pw}.t} + P_{\text{pv}.t} + P_{\text{DE}.t} = P_{\text{L}.t} \tag{7-32}$$

式中，$P_{\text{net}.t}$ 为 t 时刻电网传输线上的功率大小（kW）；$P_{\text{DE}.t}$ 为储能 t 时刻的充放电功率（kW）；$P_{\text{pv}.t}$ 为 t 时刻光伏的发电功率（kW）；$P_{\text{pw}.t}$ 为风机 t 时刻的发电功率（kW）；$P_{\text{L}.t}$ 为 t 时刻负荷功率大小（kW）。

2) 光伏出力约束

$$0 \leqslant P_{\text{pv}.t} \leqslant P_{\text{pv.max}} \tag{7-33}$$

3) 风机出力约束

$$0 \leqslant P_{\text{pw}.t} \leqslant P_{\text{pw.max}} \tag{7-34}$$

4) 电网联络线约束

$$0 \leqslant P_{\text{net}.t} \leqslant P_{\text{net.max}} \tag{7-35}$$

5) 储能约束。储能的运行约束需要考虑多个时间段的运行约束，主要包括充放电状态、充放电量大小等方面的约束。

充放状态约束为

$$x_{\text{DES}} + x_{\text{CES}} \leqslant 1 \tag{7-36}$$

充放电功率约束为

$$x_{\text{DES}} P_{\text{DES}}^{\min} \leqslant P_{\text{DES}} \leqslant x_{\text{DES}} P_{\text{DES}}^{\max} \tag{7-37}$$

$$x_{\text{CES}} P_{\text{CES}}^{\min} \leqslant P_{\text{CES}} \leqslant x_{\text{CES}} P_{\text{CES}}^{\max} \tag{7-38}$$

容量约束为

$$E_{\text{soc}}^{\min} \leqslant E_{\text{soc}} \leqslant E_{\text{soc}}^{\max} \tag{7-39}$$

$$E_{\text{soc,end}} = E_{\text{soc,start}} \tag{7-40}$$

式中，x_{DES} 表示储能放电状态；x_{CES} 表示储能充电状态；x_{DES}、x_{CES} 为 0-1 状态变量（其中 1 代表工作状态，0 代表非工作状态）；$P_{\text{DES}}^{\max}$、$P_{\text{DES}}^{\min}$ 分别为储能站的放电功率的上下限值；$P_{\text{CES}}^{\max}$、$P_{\text{CES}}^{\min}$ 分别为储能站的充电功率的上下限值；$E_{\text{soc}}^{\max}$、$E_{\text{soc}}^{\min}$ 分别为储能站的储存能量的上下限值；其中式(7-40)表示储能电站在结束时刻和初始时刻储存电量值要保持相等。

3. 仿真分析

（1）优化层输出结果

执行优化策略后，用电平衡结果如图 7-49 所示。

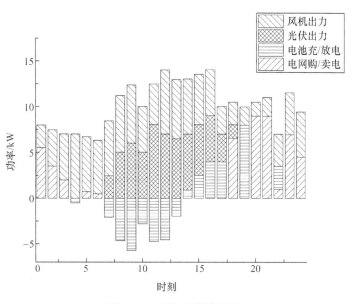

图 7-49 用电平衡结果图

储能充放电状态如图7-50所示。

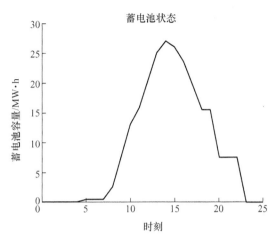

图7-50 储能充放电状态图

(2) 仿真结果分析

预测层结果：预测层主要是风机、光伏的发电预测和电负荷预测。在这里预测所用的数据采用已有案例的常用数据，应用于本案例中按照实际的气象数据去修改具体的数值，但这仅仅影响定量的结果，即具体的数值大小，而不影响对后续优化调度模型的求解。

优化层结果如图7-51所示。

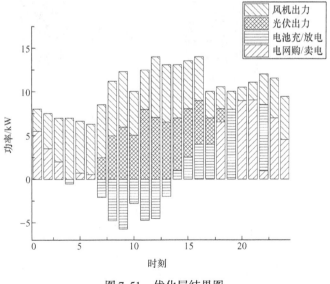

图7-51 优化层结果图

本图中在夜间00：00—3：00时刻，风机出力不能满足用电要求，此时不足的部分需要按低谷电价从电网进行购电；在夜间4：00时刻风机出力大于用电需求，此时多余的电能向蓄电池进行充电，蓄电池储存电能；7：00—13：00新能源发电充足，大于用电负荷需求，此时多余电能向储能进行充电；14：00—22：00时电负荷需求升高，储能将储存的电能释放,用于电负荷需求。需要注意的是:储能不管是充电还是放电,要保证储能是"浅充浅放",这样有利于延长储能的使用寿命。

经模型的建立分析,储能的充放电原则:

1)"浅充浅放":充电深度、放电深度不能过大,以免影响电池使用寿命。浅充浅放有利于延长电池的使用寿命。

2)"晚充日放":夜晚处于电价低谷期,以低价购电,白天电价高峰期,尽可能地少从电网进行购电,此时在新能源发电不足以满足用电需求时,储能尽可能地放电以满足基地的用电需求,降低购电成本。

3)储能在此主要是:
- 能够利用峰谷电价来进行套利,进而节约成本。
- 储存新能源多余的发电,在用电高峰或电价高峰期放出,进而减小购电的成本。
- 最大限度的消纳新能源的发电量,间接减少从电网购电,减小成本,减少碳排放,减小污染。

以该天的用电、发电情况为例,储能采取此策略运行,前后年成本对比柱状图如图7-52所示,说明该策略具有有效性。

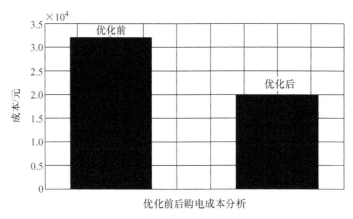

图7-52 前后年成本对比图

7.5 小结

本章介绍了几类典型综合能源系统应用的案例,首先对中央创新区、农村、医院以及海岛地区所拥有的资源以及用能情况进行分析,然后对其用能负荷进行预测分析,最后制定适合当地用能的配置方案和优化策略。综合能源系统建模与优化的理念和技术在落地的过程中要尽可能地实现匹配,才能获得预期的技术、环境、经济效益,进而推动综合能源系统的应用示例和规模化发展。

参 考 文 献

[1] 张立东. 区域综合能源系统规划及园区级规划应用研究 [D]. 镇江：江苏大学, 2020.
[2] 张世翔, 吕帅康. 面向园区微电网的综合能源系统评价方法 [J]. 电网技术, 2018, 42（8）: 2431-2439.
[3] 陈柏森, 廖清芬, 刘涤尘, 等. 区域综合能源系统的综合评估指标与方法 [J]. 电力系统自动化, 2018, 42（4）: 174-182.
[4] 蒋文超. 考虑电-气-热的能源枢纽运行优化问题研究 [D]. 上海：上海交通大学, 2018.
[5] 曾鸣, 等. 综合能源系统 [M]. 北京：中国电力出版社, 2020.
[6] 古哲源, 苏小林, 秦宏, 等. 综合能源系统储能规划研究 [J]. 电气自动化, 2019, 41（5）: 31-34.
[7] 封红丽. 国内外综合能源服务发展现状及商业模式研究 [J]. 电器工业, 2017, 23（6）: 34-42.
[8] 李赟, 黄兴华. 冷热电三联供系统配置与运行策略的优化 [J]. 动力工程学报, 2006, 28（6）: 894-898.
[9] 王静雯, 李华强, 李旭翔, 等. 综合能源服务效用模型及用户需求评估 [J]. 中国电机工程学报, 2020, 40（2）: 411-425.
[10] 丁煜蓉, 陈红坤, 吴军, 等. 计及综合能效的电-气-热综合能源系统多目标优化调度 [J]. 电力系统自动化, 2021, 45（2）: 64-73.
[11] 徐筝, 孙宏斌, 郭庆来. 综合需求响应研究综述及展望 [J]. 中国电机工程学报, 2018, 38（24）: 7192-7205.
[12] 潘华, 梁作放, 肖雨涵, 等. 多场景下区域综合能源系统的优化运行 [J]. 太阳能学报, 2021, 42（1）: 484-492.
[13] 陈柏森, 廖清芬, 刘涤尘, 等. 区域综合能源系统的综合评估指标与方法 [J]. 电力系统自动化, 2018, 42（4）: 174-182.
[14] 贾宏杰, 王丹, 徐宪东, 等. 区域综合能源系统若干问题研究 [J]. 电力系统自动化, 2015, 39（7）: 198-207.
[15] 王英瑞, 曾博, 郭经, 等. 电-热-气综合能源系统多能流计算方法 [J]. 电网技术, 2016, 40（10）: 2942-2951.
[16] 黎静华, 朱梦姝, 陆悦江, 等. 综合能源系统优化调度综述 [J]. 电网技术, 2021, 45（06）: 2256-2272.